Inge und Isabel Kloepfer

Glucken, Drachen, Rabenmütter

Wie junge Menschen erzogen werden wollen

| Hoffmann und Campe |

1. Auflage 2012
Copyright © 2012 by Inge Kloepfer
www.hoca.de
Satz: Pinkuin Satz und Datentechnik, Berlin
Gesetzt aus der Palatino und Beret
Druck und Bindung: Friedrich Pustet, Regensburg
Printed in Germany
ISBN 978-3-455-50251-0

HOFFMANN
UND CAMPE

Ein Unternehmen der
GANSKE VERLAGSGRUPPE

Inhalt

Prolog

Ehrlich gesagt: Wenn Erwachsene über Erziehung sprechen, stimmt irgendetwas nicht. Immer bekomme ich dann das Gefühl, dass das nur die halbe Wahrheit ist. Ich habe öfter darüber nachgedacht, warum eigentlich – bis mir klar wurde, dass die Wahrheit der Kinder fehlt. Unsere Sicht der Dinge kommt einfach nicht vor. Deshalb habe ich vor einem Jahr angefangen, meine Altersgenossen zu befragen. Dass dann aber aus 30 einfachen Fragen ein ganzes Buch entstehen könnte, hätte ich mir nicht vorstellen können. Das liegt am wenigsten an mir. Denn ich habe mir schließlich nur die Fragen ausgedacht. Es liegt vielmehr an all denen, die sich auf meine Fragen eingelassen haben. Deswegen will ich an dieser Stelle sagen: Für die vielen spannenden und oft auch nachdenklichen Antworten danke ich euch sehr herzlich.

Berlin, im Januar 2012   *Isabel Kloepfer*

Protest und 30 Fragen

Geplagte Kinder und andere Phantome

»Kinder müssen lernen, lernen, lernen! Und wenn sie nicht lernen, dann setzt es Hiebe, Hiebe! Hiebe sind gesund, viel gesünder als Essen und Trinken. Kinder dürfen nicht toben, müssen stillsitzen. Immer brav stillsitzen und lernen!«

Solche Grausamkeiten können nur Drachen von sich geben. Wer erinnert sich nicht an diese Sätze von Frau Mahlzahn, die ihr von einem phantasievollen Drehbuchschreiber der Augsburger Puppenkiste für die Verfilmung des Kinderbuchs *Jim Knopf und Lukas der Lokomotivführer* in den Mund gelegt wurden. Mit Entsetzen saßen wir als Kinder vor dem Fernseher und zitterten vor den zischenden Lauten der unerbittlichen Drachenlehrerin aus Kummerland, die die Kinder ihrer Drachenschule allesamt von einer Räuberbande gekauft hatte. So auch die entführte chinesische Prinzessin Li Si, der sie ihr hartes pädagogisches Credo mit diesen Worten entgegenschleuderte. Und wir alle verteufelten die grässliche Drachenfrau, die Kinder an die Kette legte, um sie den »Ernst des Lebens« und damit das Lernen zu lehren.

Michael Endes Kinderbuch ist 1960 erschienen. Bis heute ist es eines der beliebtesten und erfolgreichsten Kinderbücher in Deutschland. Von Hieben steht in Endes Buch zwar nichts geschrieben – diese Androhung findet sich nur in der Verfilmung –, dafür ziert Frau Mahlzahns Schule aber ein Türschild mit einem Totenkopf als Türklopfer. Dahinter führen die gefangenen Kinder ein tristes Dasein. Sie haben keine andere Welt mehr als die, die ihnen die schreckliche Lehrerin zugesteht. Ihre eigentliche Grausamkeit besteht nicht in den Hieben, sondern in dem Versuch, ihren angeketteten Schülern das Falsche aufzuzwingen. »Wie viel ist drei und vier?«, fragt sie lauernd im 21. Kapitel. »Sieben«, antwortet Li Si verzweifelt. »Und wenn ich dir sage, dass es achchcht ist?«, faucht der Drache furchteinflößend zurück.

Kinder sollen nicht denken, sondern lernen, lernen, lernen. Auch wenn das Buch von Michael Ende, das 15 Jahre nach dem Untergang des »Dritten Reiches« erschien, vor diesem speziellen Hintergrund erdacht und geschrieben wurde, überkommt den heutigen Leser das Gefühl erschreckender Aktualität. Zumindest dann, wenn man sich der Meinung eines öffentlich kreierten Mainstreams anschließt, kann man sich der Assoziation mit Frau Mahlzahn nicht erwehren und auf die Idee kommen, sie habe sich in die Kinderzimmer und Schulklassen zurückgeschlichen. Nicht als Drache, sondern im Gewand unerbittlicher Mütter, Lehrer und hin und wieder auch Väter, die ihre Kinder heute mehr denn je unter Leistungs- und Erfolgsdruck setzen. Sie drohen natürlich nicht mehr mit Hieben, sondern gehen ihr Werk subtiler an. Lernen auf Teufel komm raus – koste es, was es wolle.

Genau das wird auf allen Kanälen gesendet und diskutiert: Im Zentrum stehen Deutschlands geplagte Kinder, denen die durch den verschärften internationalen Bildungswettbewerb verunsicherten Eltern, Pädagogen und Politiker angeblich ihre Kindheit und Jugend rauben – durch eine gnadenlose Erziehung zur Disziplin, durch zu viel Drill, Überforderung und Überförderung. Die Quälerei beginne, so heißt es immer wieder, ja schon im Kleinkindalter, in dem Vierjährige zwar nicht derartigen Nonsens wie drei plus vier gleich acht lernen müssten, aber chinesische Silben singen, bis Frau Mahlzahn zufrieden ist.

In der Schule gehe es weiter: Klassenarbeiten, Tests, Referate, Vergleichsarbeiten, Lernstandserhebungen, Lernerfolgskontrollen und immer wieder Noten – da bleibt dann auch das bisschen Chinesisch vom Kindergarten auf der Strecke. Schade. Nur: Ist der Nachwuchs wirklich so arm dran?

Bei meinen eigenen Kindern kann ich von überbordendem Leistungsdruck nichts feststellen. Sie klagen zwar am laufenden Band über zu viel Arbeit in der Manier alter Vinylschallplatten mit einem dicken Kratzer, an dem die Nadel immer wieder hängen bleibt. Besonders bedrückt erscheinen sie allerdings nicht. Ich habe Lehrer und Trainer gefragt, die Eltern ihrer Freunde, die Großeltern und auch den Kinderarzt. Nichts. Ehrlich gesagt, wussten die Befragten nicht einmal, worauf ich hinauswollte. Mit ihrer Lebensfreude sind unsere Kinder nicht allein. Sie bringen ihre Freunde und Freundinnen mit nach Hause. Die sind fröhlich, munter und unbeschwert und strotzen nur so vor Energie. Sie alle gehen neben der Schule verschiedenen Hobbys und Interessen nach.

Auch meine Neffen und Nichten wirken alles andere als niedergeschlagen. Sie haben viele Pläne. Ich laufe an Fußballplätzen vorbei, auf denen sich in dichtem Gedränge Unmengen quirliger Jungen und Mädchen verschiedener Altersklassen die Bälle hin und her passen. Fast könnte man meinen, der ganze Häuserblock sei hier versammelt. Die Nachfrage nach dem Sport ist dort so groß, dass sich die Vereine kaum zu helfen wissen. In den Tennisclubs der Stadt sieht man die jungen Menschen nicht nur trainieren, sondern auch in den Clubrestaurants langmütig plaudernd ihre Zeit verbringen. Auf den Schulhöfen wird getobt, gebrüllt und unentwegt Tischtennis gespielt. Und vor den Gymnasien stehen die Elft- und Zwölftklässler, rauchen ihre Pausenzigaretten oder auch nicht und verabreden sich für Samstagnacht. Und wenn man sie nicht sieht, dann sitzen sie zu Hause, allerdings nicht ausschließlich an den Hausaufgaben, sondern tummeln sich auf Facebook, oft stundenlang, und spinnen an ihren sozialen Netzen im Internet. Auch dafür haben viele sehr viel Zeit.

Alle Welt über Erziehung

Als vor einiger Zeit die öffentliche Diskussion um Deutschlands »geplagte« Kinder einen weiteren Höhepunkt erreichte, wollte ich es von meiner Tochter genauer wissen: Wie gestresst seid ihr wirklich? Isabel geht in die 8. Klasse eines Berliner Gymnasiums und wird gerade noch mit 17 Jahren Abitur machen – anderthalb Jahre früher als ich. Wenn alles gutgeht. Statt 13 muss sie nur noch 12 Jahre lang die Schulbank drücken, hat phasenweise, wie auch ich finde, viel zu tun und sitzt manchmal noch um 21 Uhr an ihren Mathematikaufgaben. Das allerdings oft nur, weil sie nach der Schule erst mal mit ihren Hobbys beschäftigt ist. Ihre unbändige Lebensfreude scheint ihr das nicht zu nehmen. Und so treibt ihr meine Frage das Erstaunen ins Gesicht: »Ach, seit wann willst du das wissen?« Eine Antwort bleibt sie mir fürs Erste schuldig.

Natürlich hat sie mitbekommen, dass viel über Leistungs- und Erfolgsdruck geredet wird und über erzieherische Trends neurotischer Drachenmütter, die an den Interessen ihrer Kinder gänzlich vorbeizuschießen drohen. Sie weiß auch, dass die Glucken-Eltern unter Beschuss stehen, jene Mütter und Väter, die ihre Kinder behüten und in Watte packen, um sie vor aller Unbill des Lebens zu bewahren. Sie kennt so ziemlich jede Windung der emotional geführten Diskussionen. In einem Journalisten-haushalt ist das kein Wunder. Internet, Radio, Fernsehen, Zeitungen – auf jedem erdenklichen Weg finden die öffent-lichen Debatten zu uns nach Hause. Morgens Nachrichten, abends Nachrichten. Und weil sie immer als Erste am Frühstückstisch sitzt und ihr noch nicht unbedingt nach einer Unterhaltung zumute ist, lauscht sie den häufig aus-gestrahlten Beiträgen über Eltern und Erziehung im Radio und über den so sehr geplagten Nachwuchs. Bisher hat sie dazu geschwiegen. Doch als sich morgens im Info-Kanal wieder einmal zwei Väter an der Deutung der Seelenlage ihrer ach so gestressten Kinder versuchen, bricht es aus ihr heraus: »Sag mal, warum fragt uns Kinder eigentlich niemand?« Ich zucke mit den Schultern, was sie offenbar richtig in Fahrt bringt, mir ihre Frage ziemlich wortreich zu begründen:

Alle Welt redet über Erziehung. Permanent. Überall sind wir immer wieder Thema: unser schlechtes oder gutes Benehmen, unsere Widerspenstigkeit, unsere Leistungen und vor allem der Druck, den wir zu ertragen haben. Sie klagen, und sie loben, sie jammern und geben unentwegt Empfehlungen und Ratschläge von sich, als ob es sich bei uns um schwere Problemfälle handelte. Sie feuern uns an und schimpfen, sie vergleichen und verzwei-feln. Sie – das sind die Erwachsenen; und wir – das sind meine Freunde, meine Geschwister und ich. Damit meine ich eigentlich alle Kinder und Jugendliche, deren Eltern nur das Beste für sie wollen, sie aber nie danach fragen, was denn das Beste für sie sein könnte. Das tun auch die Lehrer und Psychologen nicht. Wir sollen und dürfen nicht mitreden, wie wir erzogen werden wollen. Nach meiner Meinung wurde ich jedenfalls noch nie gefragt. Meinen Freunden geht es genauso. Und in den öffent-lichen Diskussionen kommen wir erst recht nicht zu Wort. Das ist einfach unfair.

Ich bin zugegebenermaßen verblüfft. Was haben Kindermeinungen in einer Erziehungsdebatte verloren? Eigentlich doch gar nichts. Jedenfalls kommen sie in der einschlägigen Literatur nicht vor. Allenfalls ist von Regeln die Rede, auf die man sich mit seinen schon etwas älteren Kindern verständigen sollte, um das Familienleben irgendwie in der Balance zu halten. Aber dass sich der Nachwuchs in die Programmdebatte einschaltet, sich mit darüber Gedanken macht, wie viel Disziplin und Fleiß ihm anzuerziehen wäre, habe ich noch nirgends gelesen.

Ganz von der Hand zu weisen ist der Einwand meiner Tochter natürlich nicht. Junge Menschen kommen in den immer wieder aufwallenden öffentlichen Diskursen über Erziehung und Bildung eigentlich nie zu Wort. Dabei müssten doch gerade sie im Zentrum stehen, wenn die erwachsene Generation mal wieder hochemotional über ihren Nachwuchs streitet und alles durcheinandergeht. Jeder redet mit und hat etwas zu sagen, denn all diejenigen, die mit jungen Menschen umzugehen haben, sind ja selbst irgendwann einmal erzogen worden und damit zu Experten avanciert. Inzwischen wird so viel über Erziehung geredet wie nie zuvor, aber eben nur unter Erwachsenen.

Das Thema bewegt die Menschen schon seit Jahrhunderten. Denn seit jeher haben sich Erwachsene über Kinder den Kopf zerbrochen und vielfach ihr Bestes gegeben, wohl wissend, dass die Kinder nun einmal die Zukunft sind. Und wer seine künftigen Lebensumstände in irgendeiner Weise beeinflussen möchte, der wird das wohl oder übel zunächst mittels der Erziehung seiner Kinder versuchen müssen. Schließlich werden auch sie erwachsen und schon nach zwei Jahrzehnten in allen Dingen ordentlich mitreden und -gestalten. Ihr Gestaltungswille wird also bald auf unser Leben zurückwirken.

Kant und der Zwang zur Freiheit

Einer der wohl radikalsten Vordenker auf dem Gebiet der Pädagogik war Immanuel Kant (1724–1804). Er war Philosoph, nicht Pädagoge. Seine Gedanken zur Erziehung sind so grundsätzlich, dass es lohnt, sie noch einmal zu reflektieren, wenn man, wie der Philosophieprofessor Andreas Luckner in einem Aufsatz über Kant und Erziehung schrieb, »den Wald vor lauter Bäumen nicht mehr sieht wie mitunter in der gegenwärtigen Bildungsdebatte«. Genau an diesem Punkt befinden wir uns ja gerade. Und jetzt will auch noch meine Tochter ein Bäumchen in diesen übervollen Wald hineinsetzen!

Kants Erziehungsziel ist das der Freiheit im Sinne der Selbstbestimmung. Schon in der Schule stand er auf dem Lehrplan, und wir haben gelernt: »Habe Mut, dich deines eigenen Verstandes zu bedienen.« Wir haben uns mit den Ideen Immanuel Kants zur Aufklärung befasst und begriffen, dass ebendiese Aufklärung »der Ausgang des Menschen aus seiner selbstverschuldeten Unmündigkeit« bedeutet. Und Unmündigkeit ist nach Kant das Unvermögen, »sich seines Verstandes ohne die Leitung eines anderen zu bedienen«. Die Konsequenzen dieser Auffassung für die Erziehung sind weitreichend und radikal. Erziehung kann demnach nichts anderes sein, als Menschen zu befähigen, der eigenen Unmündigkeit zu entkommen, um selbstbestimmt und eigenständig zu leben. Was für eine Herausforderung an die Erziehenden! Sie werden in die Pflicht genommen, alles Erdenkliche zu tun, damit ihnen ihre Zöglinge alsbald entwachsen.

Wenn wir unsere Kinder, und nicht wie so häufig uns selbst, ins Zentrum der Erziehungsbemühungen stellten, dann wäre es vielleicht nicht ganz falsch, sie ernsthaft in die Debatten um Erziehungsmethoden einzubeziehen.

Trotzdem bin ich mir nicht sicher, ob das im Sinne des großen Philosophen gewesen wäre. Womöglich ist es doch keine gute Idee, Kinder und Jugendliche auch noch nach ihrer Meinung in Erziehungsdingen zu fragen. Sie reden sowieso schon überall mit. Ausgestattet mit einem gerüttelt Maß an Selbstbewusstsein, genauen Kenntnissen über Kinderrechte und einem Verhandlungsgeschick, das jenes selbst ausgebuffter Gewerkschafter um Längen schlägt, machen sie einem das Leben schwer genug. Immer wieder muss man sich rechtfertigen, diskutieren und erklären, nur um am Ende mit seinen eigenen Waffen geschlagen zu werden. Sie halten uns einen Spiegel vor, bringen jede Inkonsequenz ans Licht, stellen uns gern auch einmal öffentlich bloß und sollen jetzt nach der Aufforderung von Isabel noch in Sachen der eigenen Erziehung ihre Meinung zum Besten geben?

Schließlich ist Erziehung nach Kant ja auch mit einem gewissen Zwang verbunden, der den so debattierfreudigen Heranwachsenden einfach nicht gefallen kann. Protest und Widerstand sind also vorprogrammiert, wenn man ihnen die Gelegenheit zur Stellungnahme bietet. »Eines der größten Probleme der Erziehung ist, wie man die Unterwerfung unter den gesetzlichen Zwang mit der Fähigkeit, sich seiner Freiheit zu bedienen, vereinigen könne. Denn Zwang ist nötig! Wie kultiviere ich die Freiheit bei dem Zwange? Ich soll meinen Zögling gewöhnen, einen Zwang seiner Freiheit zu dulden, und soll ihn selbst zugleich anführen, seine Freiheit zu gebrauchen«, schreibt der Philosoph aus Königsberg. Eine fast unauflösbare Situation.

Will ich meine Kinder zu urteilsfähigen und damit freien Menschen erziehen, muss ich sie über Jahre ordentlich gängeln. Lasse ich ihnen zu viel Freiheit, kann ihre Erziehung zu selbstbestimmten Menschen nicht gelingen. Zwang und Freiheit gehen nicht zusammen. Und doch gibt es eine Möglichkeit, dieses Paradoxon von Zwang und Freiheit aufzulösen. Und zwar dann, wenn der Nachwuchs in der Lage ist, einzusehen, dass der ihm auferlegte Zwang notwendig war, damit er seine Freiheit als Selbstbestimmung überhaupt ergreifen kann. »Dies kann natürlich nur aus der Perspektive des schon mündigen Individuums geschehen, welches die Richtigkeit der pädagogischen Zwangsmaßnahme nachträglich autorisiert«, schreibt Philosophieprofessor Luckner. Und schon wieder überkommt mich ein leiser Schauder: Habe ich diese bevorstehende nachträgliche Autorisierung durch meine Kinder denn bisher bei meinen Erziehungsbemühungen wirklich immer im Blick gehabt?

Nicht ohne eigene Meinung

Die Vorstellung, dass wir uns irgendwann der Bewertung unserer Erziehungsbemühungen werden stellen müssen, wirft mich jedenfalls in ein Wechselbad der Gefühle. Natürlich erscheint es verlockend, von den Kindern im Nachhinein für all die Gängelei »entlastet« zu werden. Nur, was passiert, wenn sie uns für den ihnen angetanen Zwang gerade keine Absolution erteilen? Immer wieder würden wir uns dann mit Vorwürfen unserer irgendwann erwachsenen Kinder konfrontiert sehen, was wir so alles falsch gemacht hätten. Haben wir das unseren Eltern nicht auch angetan? Die erhoffte nachträgliche Absolution für all die zwanghaften Erziehungsbemühungen wird also nicht mehr als lediglich Leitlinie für unser Tun sein können, um uns, wenn wir denn aufgrund kindlicher Renitenz wieder einmal in Rage sind, zur Raison zu bringen. Trotzdem erscheint es vor diesem Hintergrund nachträglicher Autorisierung opportun, sich mit seinen heranwachsenden Kindern zumindest mal über seinen Erziehungsstil zu unterhalten. Vielleicht hat Isabel ja recht.

Doch ist es nicht zu früh, Jugendliche im zarten und vollkommen unausgegorenen Alter von 13 oder 14 Jahren bereits über Erziehungsmethoden urteilen zu lassen? Müssen sie wirklich mitreden? Ich bin hin und her gerissen. Vielleicht ist es ja eine Chance, um noch ein letztes Mal Korrekturen vorzunehmen oder zumindest das eine oder andere ins rechte Licht zu rücken. Die einschlägige Ratgeberliteratur vermittelt einem sowieso, dass die Erziehung in diesem Alter abgeschlossen sein müsste. »Wenn die Kinder etwa zwölf Jahre alt sind, ist es für Erziehung zu spät«, schreibt Jesper Juul in seinem Buch *Pubertät. Wenn Erziehung nicht mehr geht.* »Das sagen die Kinder uns auch, aber wir hören es nicht.« Von diesem Alter an solle man sich gelassen zurücklehnen und genießen, was aus dem Nachwuchs geworden sei, rät Juul, als könnte man sich von heute auf morgen so einfach seiner Verantwortung und dem inneren Drang zur permanenten Einmischung entledigen.

Ich beginne mich selbst zu hinterfragen. Bin ich zu streng? Zu ungeduldig? Zu autoritär? Zu unwirsch? Es geht ja nicht wirklich immer nur mit Samthandschuhen zu in unserer Familie. Bin ich zu leistungsorientiert? Oder zu nachlässig und desinteressiert, weil ich mit meiner Tochter nicht zu Mittag esse, wenn sie aus der Schule kommt, sondern lieber noch am Schreibtisch sitzen bleibe? Kümmere ich mich vielleicht zu sehr um mich selbst, weil ich relativ viel arbeite, Artikel und Bücher schreibe, Interviews führe, viel unterwegs bin und auf all das nicht verzichten will? Kann es in Ordnung sein, dass ich mich samstags mit meinem Mann auf ein Glas Wein auf und davon mache, weil die Sportschau meine Kinder anderthalb Stunden in Bann hält? Ist meine Tochter mit sich selbst zufrieden, oder zeichnet sich jetzt schon ein späteres Kindheitstrauma ab? Ist zu erwarten, dass sie und ihre Geschwister mir später alle möglichen Vorwürfe machen werden und wir irgendwann zusammen auf der Couch liegen, um die Vergangenheit zu bewältigen? Ist sie womöglich völlig überfordert mit unseren Erwartungen an eine optimale Tochter? Mehr noch, will sie sich rächen für all das, was wir ihr täglich abverlangen, wenn sie meint, uns jetzt die Meinung sagen zu müssen? Oder für das, was uns nicht interessiert?

Die Sache wird im Sande verlaufen, denke ich mir. Der Alltag mit seinen Klassenarbeiten wird sie einholen. Und tatsächlich bleibt die befürchtete Generalabrechnung aus. Dabei hatte ich mich gedanklich bereits gewappnet. Über die Jahre hatte ich das eine oder andere über Erziehung gelesen, kannte die einschlägigen Argumente und die Werke der gängigsten Psychologen, die mir meine Freundinnen in schöner Regelmäßigkeit empfahlen. Ich hatte aus Erfahrung und aus der Literatur gelernt, dass Erziehung immer auch mit Verletzungen einhergeht, und wollte dies meiner Tochter entgegenrufen, sollte sie sich in allem und jedem missverstanden, missachtet, missinterpretiert oder insgesamt falsch behandelt fühlen. Remo Largos *Kinder- und Schülerjahre* hatte ich gelesen, etliche Bücher von Jesper Juul. Michael Winterhoff und die Sache mit den Tyrannen hörte ich mir beim Autofahren auf einer CD an, und Wolfgang Bergmanns *Drama des modernen Kindes* ersparte ich mir ebenso wenig. Ich informierte mich über die *Gesetze des Schulerfolgs* bei Adolf Timm, lernte bei Manfred Spitzer unendlich viel über das Gehirn und hatte in einer Phase des völligen Unverständnisses meiner Kinder sogar schon mal in dem entwicklungspsychologischen Standardwerk von Gerd Mietzel geblättert. Ich war also gewappnet.

Eines Abends gehe ich zu meiner Tochter ins Zimmer, weil ihre Schreibtischlampe kurz vor 23 Uhr immer noch ihr kühles blaues Licht verstrahlt. Die Sache mit der Meinungsäußerung ist längst vergessen. Isabel sitzt an ihrem Rechner. Ich werfe einen Blick auf die geöffnete Datei und entdecke Fragen über Fragen. Wie immer lässt sie sich zunächst nicht weiter stören. Dann dreht sie sich langsam um. »Dass wir nichts zu unserer Erziehung sagen dürfen, wird sich jetzt ändern. Und zwar so.« Sie scrollt über eine Reihe säuberlich aufgelisteter Fragen, in denen ich zu meinem Entsetzen solche Worte wie »Druck«, »Notenvorgaben« und »Strafe« entdecke, zum Anfang ihrer Datei.

Liebe »Leidensgenossen«,
im Moment tobt mal wieder eine Erziehungsdebatte in Deutschland. Das habt Ihr sicherlich mitbekommen. Die Erwachsenen (meist unsere Eltern) diskutieren über die verschiedenen Erziehungsmethoden – streng oder nicht streng, leistungsorientiert oder locker. Das Ganze hat allerdings einen Haken: Uns fragt dabei – wie immer – niemand, weder danach, wie es uns dabei geht, noch danach, wie wir gern erzogen werden wollen. Genau das ärgert mich immer wieder. Als hätten wir keine eigene Meinung! Deshalb habe ich einen Fragebogen entworfen, mit dem ich herausfinden möchte, was Ihr eigentlich denkt. Und es wäre äußerst freundlich, wenn Ihr ihn ausfüllen könntet und mir zurückschicktet. Ich habe ihn schon mal beantwortet, so als Beispiel für Euch. Nehmt Euch am besten etwas Zeit, um darüber nachzudenken; und lasst Euch bloß nicht von den Eltern reinreden. Denn schließlich seid Ihr gefragt. Ich schicke den Bogen an rund 100 Jugendliche und Kinder. Wenn ich in drei oder vier Wochen viele interessante Antworten bekomme, werde ich sie auswerten und etwas dazu schreiben. Ich gebe Euch auf jeden Fall Bescheid. Viele Grüße und vielen Dank schon mal.
Isabel

Sie hatte also wirklich eine Vielzahl von Fragen zusammengetragen, die sie, wie sie sagte, gern einmal gestellt bekommen hätte. Ob sie diese denn selbst schon beantwortet habe, frage ich zaghaft. »Nein, Frau Mahlzahn, habe ich noch nicht. Aber keine Sorge, das werde ich als Nächstes tun.«

Der Fragebogen

1. Wie heißt du?
2. Wie alt bist du?
3. Wo lebst du?
4. Wie viele Geschwister hast du, und wie alt sind sie?
5. Welche Sprachen sprichst du zu Hause?
6. In welche Schule und Klasse gehst du?
7. Welches sind deine Lieblings-, welches deine Hassfächer?
8. Lernst du viel für die Schule?
9. Wie verhalten sich deine Eltern in Sachen Schule – machen sie Druck, überlassen sie dir alles allein, helfen sie dir?
10. Bekommst du Notenvorgaben von deinen Eltern?
11. Spielst du ein Instrument? Wenn ja, welches?
12. Wie lange übst du und wie oft?
13. Zwingen dich deine Eltern dazu, machen sie Druck, oder ist alles freiwillig?
14. Verpflichten dich deine Eltern zum Sport?
15. Wie oft trainierst du?
16. Nimmst du gern an Wettbewerben und/oder Turnieren teil?

17. Treiben dich deine Eltern grundsätzlich an?

18. Wenn ja, wer ist dein Motor: deine Mutter oder dein Vater?

19. Was machst du sonst noch, wenn du nicht in der Schule bist?

20. Wie laufen bei dir die Wochenenden ab?

21. Streitest oder diskutierst du oft mit deinen Eltern?

22. Bekommst du Ärger bei schlechten Leistungen/Noten?

23. Macht es dir etwas aus, wenn deine Eltern unzufrieden mit dir sind?

24. Wie wirst du bestraft und wofür?

25. Macht dir dein Leben richtig Spaß?

26. Was machst du, wenn du nichts machst?

27. Bist du zufrieden mit deiner Erziehung?

28. Was würdest du gern an deinem Leben jetzt ändern?

29. Was würdest du bei deinen Kindern später anders machen?

30. Welche Note würdest du deinen Eltern für ihre Erziehung geben?

Bei diesen Fragen wurde ich zugegebenermaßen ziemlich nervös. Der Gedanke, dass ich alsbald mit Antworten meiner Tochter konfrontiert sein würde, ließ mich nicht mehr los. Ich hatte mit ihr nie direkt über meine Erziehungsmethoden gesprochen. Natürlich handelten wir täglich Dinge aus, stritten und diskutierten. An ihrer Reaktion konnte ich wunderbar ablesen, ob sie mich gerade als zu desinteressiert oder zu streng empfand. Aber nie wäre ich auf die Idee gekommen, mich einer Art Generalbeurteilung stellen zu müssen.

Wie ich bald feststellte, war ich mit meiner Sorge vor allzu viel jugendlicher Offenheit nicht allein. So sprach mich die Mutter einer Freundin, der meine Tochter offenbar ihren Fragebogen gegeben hatte, auf diese Aktion an und zog dabei ein fast schmerzverzerrtes Gesicht. »Um Himmels willen«, stöhnte sie. »Ich möchte nicht wissen, was da herauskommt. Ich glaube, ich bin ziemlich autoritär.«

Meine Tochter hatte also tatsächlich begonnen, ihre Altersgenossen zu befragen. Zunächst nur wenige, deren Reaktion auch erst mal einige Zeit auf sich warten ließ. Als dann aber die ersten Fragebogen zurückkamen und sie sie mir stolz zu lesen gab, war ich verblüfft. Das, was als Antworten ins Haus flatterte, war mehr als erstaunlich. Es war anrührend, aufwühlend, mitreißend. Und es passte so gar nicht in das Bild, das derzeit alle Welt von Deutschlands Nachwuchs zeichnet. Das Projekt bekam auf einmal seine ganz eigene Dynamik. Mein Mann war ganz vernarrt in die Idee, der Jugend ein Mitspracherecht zu gewähren. Er motivierte unsere Tochter sogar noch, fand, man solle die Sache zu einem richtigen kleinen Feldversuch ausbauen und den Fragebogen ein wenig weiter streuen. Nicht alle Kinder sollten aus Berlin kommen und schon gar nicht aus der Klasse meiner Tochter. Und auch meine Zweifel in Bezug auf den Sinn, Kinder zu befragen, wie sie gern erzogen werden wollen, wichen schrittweise meinem wachsenden Interesse an ihren Antworten, von denen ich alsbald gar nicht genug bekommen konnte.

Fragebogen

»Und wir lachen auch viel«

1. Wie heißt du?
   Isabel Kloepfer.

2. Wie alt bist du?
   13 Jahre.

3. Wo lebst du?
   Berlin, Germany.

4. Wie viele Geschwister hast du, und wie alt sind sie?
   Zwei (10, 10).

5. Welche Sprachen sprichst du zu Hause?
   Deutsch und Spanisch.

6. In welche Schule und Klasse gehst du?
   Ins Gymnasium, in die 8. Klasse.

7. Welches sind deine Lieblings-, welches deine Hassfächer?
   Musik, Physik, Mathe sind meine Lieblingsfächer. Biologie, Französisch mag ich nicht besonders.

8. Lernst du viel für die Schule?
   Nein, finde ich nicht. Ich mache meine Hausaufgaben. Für Arbeiten lerne ich natürlich. Und bei Referaten gebe ich mir viel Mühe. Das ist dann schon zeitaufwendig.

9. Wie verhalten sich deine Eltern in Sachen Schule – machen sie Druck, überlassen sie dir alles allein, helfen sie dir?
   Das meiste erledige ich allein. Manchmal helfen mir meine Eltern, machen mir aber keinen besonderen Druck. Sie finden oft ja auch nicht so toll, was uns in der Schule vermittelt wird und auch, wie unterrichtet wird.

10. Bekommst du Notenvorgaben von deinen Eltern?
    Na ja. (Meine Eltern sind bei schlechten Noten etwas ent-

*täuscht, finden es aber nicht weiter schlimm). Aber eigent-
lich gibt es unausgesprochen schon die Vorgabe, möglichst
keine Dreien auf dem Zeugnis zu haben. Das gelingt nicht
immer, weil ich doch recht wenig Zeit habe, mich immer auf
alle Fächer gut vorzubereiten.*

11. Spielst du ein Instrument? Wenn ja, welches?
Ja, Klavier und Flöte.

12. Wie lange übst du und wie oft?
*Jeden Tag (falls möglich); ich brauche 45 Min. für jedes In-
strument.*

13. Zwingen dich deine Eltern dazu, machen sie Druck, oder ist
alles freiwillig?
*Sie machen schon Druck. Wenn wir nicht üben, dann
dürfen wir auch nicht am Unterricht teilnehmen. Das ist
die Regel. Deshalb üben wir ja. Auch meine Geschwister.
Man fühlt sich ja besser, wenn man gut vorbereitet ist. Aber
wegen der Überei gibt es oft Stress. Meistens kommt erst
das Üben und dann die Schule.*

14. Verpflichten dich deine Eltern zum Sport?
*Ja, Tennis und Fußball. Allerdings will ich das so. Ich muss
nicht zwei Sportarten machen.*

15. Wie oft trainierst du?
Zweimal Tennis, zweimal Fußball.

16. Nimmst du gern an Wettbewerben und/oder Turnieren
teil?
*Tennis: Verbandsspiele, Fußball: Turniere + Punktspiele.
Das macht Spaß. Dann gibt es noch Vorspiele mit den Instru-
menten oder Musikwettbewerbe. Eigentlich bin ich ein Wettbewerbstyp – auch wenn ich wirklich nicht immer gewinne.*

17. Treiben dich deine Eltern grundsätzlich an?
*Ja. Im Grunde permanent. Sie achten darauf, dass ich mich
nicht hängenlasse.*

18. Wenn ja, wer ist dein Motor: deine Mutter oder dein Vater?
Häufig meine Mutter, manchmal (eher selten) mein Vater.

19. Was machst du sonst noch, wenn du nicht in der Schule bist?
Eigentlich immer Sport oder Musik.

20. Wie laufen bei dir die Wochenenden ab?
Mit Sport, Üben und Unterricht. Eigentlich ist immer irgendetwas zu tun. Oft mache ich auch Hausaufgaben oder lerne für Tests und Klassenarbeiten.

21. Streitest oder diskutierst du oft mit deinen Eltern?
Diskutieren: ja; immer wieder, weil ich manchmal auch keine Lust habe, zu üben oder zu lernen. Allerdings streiten wir nicht so oft.

22. Bekommst du Ärger bei schlechten Leistungen/Noten?
Nein. Ich werde getröstet. Es reicht, dass ich selbst enttäuscht bin.

23. Macht es dir etwas aus, wenn deine Eltern unzufrieden mit dir sind?
Ganz ehrlich: Ja, ich habe dann das Gefühl, versagt zu haben. Aber eigentlich sind meine Eltern mit mir ganz zufrieden. Sagen sie jedenfalls.

24. Wie wirst du bestraft und wofür?
Für schlechtes Benehmen, mit der Stimme meiner Mutter, und ich muss in mein Zimmer gehen.

25. Macht dir dein Leben richtig Spaß?
Ja, es wird nie langweilig bei so vielen Aktivitäten. Und wir lachen auch viel. Es ist immer was los.

26. Was machst du, wenn du nichts machst?
Gar nichts. Ich lese oder höre Musik. Oder wir unterhalten uns. Manchmal treffe ich mich mit Freunden. Aber eher selten, weil ich nicht so viel Zeit habe. Für so Dinge wie das

Internet oder Facebook habe ich wenig Zeit. Ich chatte auch nicht; manchmal bin ich auf Skype.

27. Bist du zufrieden mit deiner Erziehung?
Grundsätzlich ja; auch wenn andere manchmal sagen, dass ich viel zu viel Stress habe und zu viel machen muss. Aber das empfinde ich gar nicht so sehr.

28. Was würdest du gern an deinem Leben jetzt ändern?
Mehr Sport! Ich habe immer Lust, mich zu bewegen.

29. Was würdest du bei deinen Kindern später anders machen?
Definitiv: mehr Musikunterricht, damit man mit dem Üben nicht so alleingelassen ist. Es gibt Kinder, die haben mehrmals in der Woche Unterricht.

30. Welche Note würdest du deinen Eltern für ihre Erziehung geben?
1-, manchmal aber auch nur 2 bis fast 3; vor allem, wenn meine Eltern so ungeduldig sind und ihnen nichts gut genug ist.

Gequält, geknechtet, grenzenlos überfordert?

Bildungsbürgerkinder

Kinder nehmen selten ein Blatt vor den Mund. Schon gar nicht die 15-jährige Lorena. »Eigentlich machen meine Eltern schon richtig Druck«, schreibt sie an meine Tochter. Ihren Eltern, die ihre Antworten nicht kennen, wäre diese Aussage wahrscheinlich ziemlich peinlich. Wer will schon eingestehen, dass er seine Kinder unter Druck setzt? Lorena aber verblüfft dann mit der Antwort auf die Frage, ob ihr das Leben Spaß mache: »Ja, richtig! Auch wenn es manchmal stressig ist.« Damit hat sie offenbar überhaupt keine Probleme. An ihrem Leben würde sie derzeit jedenfalls nichts ändern. »Es ist schon ziemlich gut so, wie es ist.« Und ihre Eltern kommen bei ihr auch unglaublich gut weg. Am Ende gibt sie Bestnoten.

Leistungsdruck und Lebensfreude sind für jemanden wie Lorena keine Gegensätze. Im Gegenteil, sie gehören irgendwie zusammen, weil das Leben nun einmal mehr Spaß macht, wenn man irgendetwas zustande bringt. Lorena ist nicht die Einzige, die sich so äußert. Die überwiegende Mehrheit der Jugendlichen, die bereit waren, auf die 30 Fragen meiner Tochter zu antworten, teilt ihre überaus positive Lebenseinstellung – und das trotz des Leistungsdrucks, der von den Eltern der meisten der Befragten ganz offensichtlich ausgeübt wird. Gequält, geknechtet, grenzenlos überfordert – nichts von dem, was wir Eltern stets zu hören bekommen, scheint wirklich wahr. Aus den Antworten der Jugendlichen lässt es sich jedenfalls nicht herauslesen. Das Stimmungsbild, das sich aus diesem Feldversuch ergeben hat, steht der öffentlichen Wahrnehmung und Larmoyanz über Deutschlands vermeintlich gedrillte und so überforderte Kinder diametral entgegen. Von unverhältnismäßig hohem Leistungsdruck, Überförder- und Überforderung ist hier jedenfalls nichts zu lesen. Die Jugendlichen sind nicht überfordert, sie sind nicht gedrillt, sie sind leistungsstark, sie sind ehrgeizig. Sie sind witzig und gut gelaunt. Sie arbeiten viel und feiern gern. Sie sind trotz oder gerade wegen der hohen Leistungsanforderungen ziemlich lebensfroh.

Kaum zu glauben. Wer sind diese jungen Menschen, die sich gegen alle Gesetze der öffentlichen Meinungsmache freiheraus als zufrieden und glücklich beschreiben? Welcher Schicht gehören sie an? Und: Ist die Umfrage überhaupt repräsentativ? So viel vorweg: Repräsentativ ist sie nicht. Sie orientiert sich auch nicht an wissenschaftlichen Maßstäben. Schon die gestellten Fragen wären von Pädagogen, Soziologen, Entwicklungspsychologen und Jugendforschern sicherlich zu beanstanden. Es sind eben einfach die Fragen, die meine neugierige Tochter selbst gern einmal gestellt bekommen hätte. Bevor wir in diesem Kapitel einen Überblick über die Trends der vielen Antworten geben, also ein paar Worte zu der Befragung selbst.

Geantwortet haben Jugendliche der großen Gesellschaftsschicht, die man heute wohl als neues Bildungsbürgertum bezeichnen würde. Es handelt sich um eine höchst zufällige Umfrage in einer Gruppe 12- bis 18-jähriger Teenager, die schon mit ihrer Geburt in den Genuss der Fürsorge bildungsambitionierter, aber nicht immer besonders wohlhabender Eltern gekommen sind. Es sind Kinder von freiberuflichen Musikern, selbständigen Journalisten, angestellten Apothekern, Taxifahrern, Lehrern, Ärzten, Managern, Beratern und Bankvorständen, von Alleinerziehenden und Paaren aus ganz Deutschland.

Viele sind zweisprachig aufgewachsen – mit Eltern unterschiedlicher Nationalität. Sie sprechen zu Hause nicht nur Deutsch, sondern auch Französisch, Englisch, Spanisch, Italienisch, Griechisch, Polnisch, Koreanisch, Chinesisch, Farsi, Türkisch und andere Sprachen. Die Umfrage zeigt Stimmungen auf und das individuelle Lebensgefühl von 120 jungen Menschen, die bereit waren, darüber nachzudenken. Nicht mehr und nicht weniger. Bis auf eine Ausnahme besuchen alle befragten Teenager das Gymnasium – in Nordrhein-Westfalen, Berlin, Brandenburg, Bayern, Baden-Württemberg, Hessen, Bremen und Hamburg. Der Befragung liegt keine Hypothese zugrunde, kein Anfangsverdacht, schon gar nicht die Intention irgendeiner neuen Hiobsbotschaft über den angeblich desaströsen Zustand in Deutschlands Familien, noch nicht einmal eine Ahnung, sondern nur das pure Interesse einer 13-Jährigen am Lebensgefühl ihrer Generation und ihrer Meinung dazu, wie sie eigentlich erzogen werden wollen.

Leistungsdruck und Lebensfreude

Mit der Zeit füllten die beantworteten Fragebogen einen ganzen Ordner, den Isabel akribisch verwaltete. Mit Begeisterung las sie die Antworten ihrer Altersgenossen. In den Herbstferien begann sie, die Antworten auszuwerten und genau darüber Buch zu führen, wer sich zu welcher Frage wie geäußert hatte, und notierte:

Mädchen sind fleißiger als Jungen. Oder offener. Ein bisschen zumindest. Das zeigt die Auswertung der 120 beantworteten Fragebogen. Jedenfalls kommen die Antworten zu 60 Prozent von Mädchen und nur zu 40 Prozent von Jungen. 35 Prozent

derer, die geantwortet haben, wachsen bilingual auf; vergleichs-
weise wenig, finde ich. In meiner Klasse sprechen gut 80 Prozent
zu Hause mindestens noch eine andere Sprache als Deutsch –
und das auf einem Charlottenburger Traditionsgymnasium.
Die weit überwiegende Mehrzahl der Befragten ist zwischen 13
und 16 Jahren alt. 76 Prozent spielen ein Instrument, manche
auch mehrere. Fast alle sind sportlich aktiv. Einige wenige be-
treiben Leistungssport. Fast vier Fünftel werden zu Hause von
ihren Eltern angetrieben oder zu höheren Leistungen motiviert –
meistens von den Müttern (wer hätte anderes gedacht?) und nur
in 11 Prozent der Fälle allein von den Vätern. Doch oft mischen
sich auch beide ein. Zu Hause wird diskutiert und gestritten,
was das Zeug hält. Dabei kommen die Eltern trotz vieler Dis-
kussionen richtig gut weg. 42 Prozent geben ihren Eltern eine
Eins, 44 Prozent eine Zwei, 11 Prozent eine Drei, 3 Prozent eine
Vier. Das ergibt einen Bewertungsdurchschnitt von 1,55. Darin
enthalten sind allerdings auch Doppelbewertungen, wenn die
Befragten – so wie ich selbst auch – sagen, dass sie eine Eins
geben, aber auch schon mal die Drei.

Die überwiegende Mehrzahl der Jugendlichen aus dieser
Umfrage zeigt sich also über die Maßen zufrieden mit dem
Leben, den Eltern und sich selbst. Sie sind äußerst aktiv
und keinesfalls nur mit der Schule beschäftigt. Sie empfinden ihre Lage als wesentlich weniger problematisch, als sie
sich im Spiegel der Medien gemeinhin darstellt. Sie trauen
sich mehr zu, sind weniger empfindlich und viel unbe-
schwerter als die von der Bürde der Erziehungsverant-
wortung offenbar schwer niedergedrückten und vielfach
verunsicherten Eltern. Wer von uns hätte darüber hinaus
gedacht, dass wir derart gut beurteilt werden? Schließlich
wird auf Eltern von allen Seiten gefeuert. Die ganze Gesellschaft hat sie ins Visier genommen: Politiker, das Heer von
Erziehungsexperten, Lehrer und die sich ewig beschwe-

renden Rentner. Dazu kommen von der anderen Seite die eigenen Kinder, die jede häusliche Ansage in Frage stellen und ausdiskutieren müssen, was man gemeinhin auch als Dauerkritik verstehen könnte.

Wenn man die Antworten der 12- bis 18-Jährigen auf die diversen Fragen verknüpft, wenn man also ihre Aussagen über Leistungsdruck zu Hause und in der Schule mit ihrem Lebensgefühl in Verbindung setzt, dann wird klar: Die große Mehrheit der Befragten ist Leistungsdruck oder eine relativ hohe Leistungserwartung – um es einmal etwas positiver auszudrücken – seit Jahren gewöhnt. In dieser Hinsicht sind sie offenbar von klein auf regelrecht trainiert. Ihre Eltern haben ihnen schon immer einiges abverlangt. Anders wäre es wohl kaum zu erklären, dass sie den Druck oder die Erwartungshaltung ihrer Eltern als nicht besonders belastend empfinden, sondern ihn sich vielmehr zu eigen gemacht haben. Der Mathe- und Physikliebhaber Luca (16) weiß zum Beispiel ziemlich genau, was er will oder was von ihm erwartet wird. Er bekommt keine Notenvorgaben von seinen Eltern. »Nein«, schreibt er dazu, »die gebe ich mir selbst!« Veronika (14) ist nicht minder ehrgeizig. Sie weiß, was ihre Eltern von ihr verlangen. »Ich möchte sie und mich selbst nicht enttäuschen, somit spornen sie mich indirekt an.« Vor allem aber hat genau diese Gruppe in ihrem Leben richtig Spaß.

Lebensfreude und Leistungsdruck passen eben viel besser zusammen, als uns viele Vertreter der erziehungswissenschaftlichen Zunft glauben lassen, wenn sie den verunsicherten Eltern Liebe und Gelassenheit predigen und so versuchen, ihnen den »Förderwahn« auszutreiben. Wahrscheinlich bedingen sie sich sogar gegenseitig, weil die Voraussetzung für den Erfolg nun einmal die Bereitschaft ist, etwas zu leisten. Nur, wer tut genau das wirklich freiwillig? Andererseits: Wer wollte nicht erfolgreich sein? Marlene (16) zum Beispiel spielt exzellent Klavier – und das seit Jahren. Sie nimmt kein Blatt vor den Mund. »Erst war es Zwang«, gesteht sie freimütig und setzt hinzu: »Darüber bin ich heute froh!« So übt sie immer noch regelmäßig – inzwischen natürlich freiwillig. Sie liebt ihr Instrument.

Um Leistungsbereitschaft und Erfolg, Drill und Lebensfreude wird es noch öfter in diesem Buch gehen. An dieser Stelle deshalb nur so viel: Jugendliche in Deutschland sind wahrscheinlich viel leistungsstärker, als man es ihnen gemeinhin zuschreibt. Es sind die Jugendlichen eines postindustriellen Bildungsbürgertums, deren Eltern ihnen mit ihrem Förderwahn und mit hoher Leistungserwartung angeblich die Lebensfreude abtrainieren. Befragt wurden hier vor allem Gymnasiasten, die immerhin gut 40 Prozent der Kinder in Deutschland ausmachen, die die Grundschule hinter sich haben. Und gerade um die sorgt sich derzeit das ganze Land – nicht nur aus Gründen der Schulzeitverkürzung, sondern auch wegen ihrer angeblich überambitionierten Eltern. Glaubt man dem Stimmungsbild, das sich aus Isabels Umfrage ergeben hat, ist es um diese jungen Menschen aber gar nicht so schlecht bestellt. Sie sind vielfach erfolgshungrig und bereit, sich einzusetzen. Und sie wissen mehrheitlich, dass Erfolg ohne den permanenten Antrieb und die Kontrolle durch ihre Eltern, ohne mühsam erlernte Selbstdisziplin und Übung gar nicht möglich ist.

Kontrollwahn oder Laisser-faire?

Offensichtlich nehmen sie ihren Eltern deren Antriebs- und Kontrollwut schon deshalb nicht übel. »Meine Mutter kontrolliert mich dauernd«, klagt Konstantin (13), ist dann aber trotzdem ziemlich zufrieden mit seiner Erziehung. Katharina (14) berichtet, dass ihr ihre berufstätige Mutter in schulischen Angelegenheiten ostentativ permanent ihre Hilfe anbiete, sie dann aber weitgehend in Ruhe lasse. Die Motivation dieser derart zur Schau gestellten Hilfsbereitschaft ist mehr als offensichtlich. Es ist die permanente Aufforderung an die Tochter, sich nicht hängenzulassen, sondern ordentlich anzustrengen. Und die tut das offenbar auch. Marilena (17) muss ihre Eltern immerzu darüber informieren, wie es in der Schule läuft, und im Fall von abfallenden Leistungen darlegen, »wie ich mich verbessern möchte«. Und das, um den elterlichen Nervositätsgrad nicht allzu sehr ansteigen zu lassen. Der kann nämlich unangenehm werden. Mit 17 weiß man offenbar, wie man Stress in der Familie nach Möglichkeit vermeidet und dass man sich seine Eltern weder aussuchen noch ändern kann. Auch Isabel hat dazu eine dezidierte Meinung:

Kontrollieren und einen unter Druck setzen – das beherrschen auch meine Eltern nur allzu gut. Nach vielen Jahren bin ich zwar daran gewöhnt. Trotzdem kostet mich das hin und wieder noch den letzten Nerv. Dann überkommt mich der Gedanke, diese häufigen Aufforderungen, mich anzustrengen, seien Zeichen des Misstrauens in meine eigene Leistungs- und Motivationsfähigkeit. Da bin ich mir mit vielen meiner Freunde einig. Sie empfinden das ebenso. Aber so streng sollte man mit seinen Eltern vielleicht auch nicht ins Gericht gehen. Der Tritt in den Hintern gehört manchmal einfach dazu.

Die Zahlen, die sich aus den Antworten der Jugendlichen ergeben, sprechen eine deutliche Sprache: 77 Prozent der befragten Jugendlichen und damit fast vier Fünftel geben an, von ihren Eltern grundsätzlich unter Leistungsdruck gesetzt und regelrecht angetrieben zu werden, direkt oder indirekt. Manche nennen es »Ansporn« oder »Motivation«. Doch alle haben sie ihre Eltern so ziemlich permanent im Nacken. Die verbleibenden 23 Prozent werden nach eigenen Angaben von ihren Eltern indes weder angetrieben noch unter Druck gesetzt.

Von der großen Gruppe derer, die sich seit Jahren mit einer hohen Leistungserwartung auseinandersetzen müssen, sind wiederum gut 90 Prozent mit ihrer Situation zufrieden oder sogar sehr zufrieden. Die Frage, ob ihnen ihr Leben richtig Spaß mache, beantworten sie grundsätzlich positiv, zum Teil mit sogar großem Enthusiasmus. Sie benoten ihre Eltern für deren Erziehungsleistung ausnahmslos mit »sehr gut« oder »gut«. Manche würden bei ihren eigenen Kindern die Schrauben sogar noch stärker anziehen – ganz nach der Devise: Noch mehr wäre möglich. Nur knapp 10 Prozent dieser Gruppe sind nicht ganz so glücklich – weder mit ihrem Leben noch mit der Erziehung durch ihre Eltern. Sie leiden darunter, zu mehr Leistung in Schule und Freizeit gedrängt zu werden. Sie wünschen sich mehr Freiheit. Vereinzelt geben sie an, ihren Kindern später einmal mehr Freiheit zu lassen.

Auf der anderen Seite stehen die Jugendlichen, deren Eltern weniger Druck ausüben oder ihre Erwartungen nicht allzu hoch schrauben. Diese Gruppe ist deutlich kleiner und macht gerade mal gut ein Fünftel der Befragten aus. Verblüffend fielen hier die Antworten der Kinder zu ihrer eigenen Befindlichkeit und ihr Urteil über den Erziehungsstil ihrer Eltern aus. Weder mit Letzterem noch mit ihrem eigenen Leben sind sie wirklich zufrieden. Zu der Frage »Macht dir dein Leben richtig Spaß?« äußern sie sich nicht ganz so positiv oder begeistert wie diejenigen, die sehr viel mehr unter Leistungsdruck stehen. »Was ist das denn für eine Frage???«, schreibt Nele (12), um dann hinzuzufügen: »Manchmal.« Und sie benoten ihre Eltern weniger gut. Rund ein Drittel dieser Minderheit würde die eigenen Kinder später leistungsorientierter und deutlich strenger erziehen. So wie Tobias (18), der mit seiner Erziehung total unzufrieden ist. »Die inkonsequente Erziehung schadet einem nur«, schreibt er hinreichend kritisch.

Horrormeldungen und ihre Folgen

Nicht ein einziges Mal hat sich einer der Befragten übrigens über die so heftig umstrittene Verkürzung der Gymnasialzeit um ein Jahr (G8) und die damit verbundene höhere Arbeitsbelastung beklagt. Natürlich wurde nicht explizit danach gefragt. Isabel kam eine Frage dazu anscheinend überhaupt nicht in den Sinn. Wahrscheinlich, weil sie und ihre Altersgenossen sich eine Schulzeit von 13 Jahren gar nicht mehr vorstellen können, von den wenigen 18-Jährigen einmal abgesehen, die mit ihren um ein Jahr älteren Mitschülern in Doppeljahrgängen die Schulbank drücken. Allerdings hat sich auch kein einziges Kind über eine unerträglich hohe Arbeitsbelastung beklagt. Nur 20 Prozent behaupten von sich, dass sie derzeit hart für die Schule arbeiten, 55 Prozent hingegen befinden das glatte Gegenteil. Sie tun relativ wenig. Über überbordende Arbeitsbelastung lamentieren meistens nur die Eltern. Ihnen macht die Schule offenbar sehr viel mehr zu schaffen als den Jugendlichen selbst.

Schulstress ist ein Dauerbrenner in den Medien, aber keinesfalls bei der Mehrheit der Schüler, die jetzt im Rennen sind. Die Eltern stöhnen mehr als ihre Kinder. Verständlicherweise: Schule kann für Eltern unglaublich herausfordernd sein, viel anstrengender als für den Nachwuchs, weil sie sich viel zu viele Gedanken um die Zukunft ihrer Kinder machen und sich mehr als notwendig mit ihnen identifizieren. Wenn meine drei Kinder kurz vor den Herbstferien je fünf Klassenarbeiten oder Tests schreiben und dies zu Hause auch ordnungsgemäß mitteilen, sind das für mich gefühlte 15 Prüfungen, mit denen ich mich auseinandersetze, obwohl es gar nicht meine Sache ist. Und schon bin ich am Ende meiner Kräfte. Dann klage ich lauthals über Stress und Magenschmerzen und würde, wenn man mich in solchen Phasen befragte, natürlich zum Besten geben, welch unmenschlicher Druck auf unserem Nachwuchs laste. Aber den empfinde zu Hause eigentlich nur ich. Mein Mann, der immer schon der Meinung war, Schule sei nicht wirklich seine Angelegenheit, ihm habe ja auch niemand unter die Arme gegriffen, ist meistens entspannt. Und meine Kinder sind sowieso viel gelassener. Vor allem Isabel:

Schule ist wirklich nicht alles. Dass also Hobbys neben der Schule nicht mehr möglich sind, wie oft behauptet wird, ist – glaube ich – einfach nicht wahr. Die große Mehrheit der Befragten empfindet die Schule nämlich nicht als besonders stressig. Das sind fast 60 Prozent. 20 Prozent sehen sich in der Schule einem mittelmäßigen Druck ausgesetzt, weitere 20 Prozent meinen, dass sie eine ganze Menge arbeiten müssen. Das sind vor allem die Älteren, die ein oder zwei Jahre vor dem Abitur stehen. Zwei Drittel scheint die Schule ja geradezu zu unterfordern, denn sie nehmen nebenher gern oder sogar sehr gern an Wettbewerben teil und stellen sich damit weiteren Prüfungssituationen. Das können Punktspiele oder Turniere genauso gut sein wie Konzerte, Vorspiele oder Musikwettbewerbe.

Ganz anders hört sich an, was wir Eltern online, über Rundfunk oder Fernsehen vermittelt bekommen: 10 Prozent der Jugendlichen, so war unlängst wieder zu vernehmen, litten aufgrund des erhöhten schulischen Leistungsdrucks durch die Schulzeitverkürzung bereits unter Depressionen. Viele mehr seien zumindest latent belastet – durch den Dauerstress. Dazu kommen dann noch andere denkwürdige Feststellungen wie etwa: Kinder müssten liebgewonnene Hobbys aufgeben, weil ansonsten die Zeit zum Lernen nicht reiche. Warum aber ist bei 120 Befragten keiner dabei, der genau das einmal zum Thema macht? Und das, obwohl hinreichend in diese Richtung gefragt wird? Die überwiegende Mehrheit der Jugendlichen empfindet wahrscheinlich keinen überbordenden schulischen Druck. Sie erledigt die Hausaufgaben, lernt vor Klausuren, gibt sich hin und wieder Mühe, wenn es um eine Präsentation oder ein Referat geht. Aber das war's auch schon.

Nimmt man die Antworten der Jugendlichen auf die 30 Fragen einer ihrer Altersgenossen für bare Münze, dann herrscht weit mehr Gelassenheit in Sachen Schule, als wir glauben sollen. Psychologen, Pädagogen und Sozialforscher haben – mit Hilfe der medialen Flüstertüten – an dieser Stelle ganze Arbeit geleistet und den vermeintlichen schulischen Leistungsdruck, der den Kindern und Jugendlichen angeblich ihre glücklichsten Jahre raubt, zu einem Popanz aufgeblasen. Sie haben die Eltern damit derart verunsichert, dass diese immerfort glauben, ihren heranwachsenden Kindern womöglich zu viel zuzumuten. Da muss ein Teenager nur mal ein paar Krokodilstränen herausdrücken, heftig den Kopf schütteln und ein flehentliches »Mama, ich schaff das alles nicht« hauchen, damit seine Eltern das volle Mitleid mit dem so »überlasteten« Kind ergreift. Und schon macht man sich ernsthaft darüber Gedanken, ob nicht doch alles viel zu viel ist. Ob man sein Kind nicht seit Jahren hemmungslos überfordert, angetrieben vom eigenen Ehrgeiz. Kinder würden zum Projekt, heißt der Vorwurf an uns Eltern dann, sie müssten unbedingt gelingen, um mit ihrem Glanz dann auch die Eltern ins rechte Licht zu rücken. Genau das nehme ihnen ihre Lebensfreude und sowieso den letzten Nerv. Und sofort steht die Erziehung als Ganzes in Frage. Eltern von heute – sie machen offenbar mehr falsch als richtig. Die Kinder sehen das allerdings ziemlich anders. Isabel findet:

Eltern sollten sich viel weniger den Kopf darüber zerbrechen, was sie richtig oder falsch machen. Dass sie alles falsch machen, ist nämlich absurd. Das sage nicht nur ich, sondern die meisten meiner befragten Altersgenossen. Denn auch das zeigen die Antworten: Wir alle können uns ziemlich gut in die Lage unserer Eltern hineinversetzen. Wir wissen, dass man als Schüler oft anders denkt, als wenn man selbst Verantwortung für eigene Kinder trägt. Wir können sehr gut verstehen, warum uns unsere Eltern manchmal viel zu streng und dann wieder irgendwie zu lasch erziehen. Eltern eben! Wir wissen, dass wir Grenzen brauchen, selbst wenn sie uns manchmal in den Wahnsinn treiben und nicht gerade angenehm sind. Irgendwie wollen wir diese Grenzen aber auch. Nichts ist unangenehmer, als wenn Eltern sagen, dass ihnen etwas egal ist.

Anders als die Experten gehen die Jugendlichen mit ihren Eltern und deren Erziehungsstil nicht allzu kritisch um. Außerdem wissen sie genau, wie schwierig deren Aufgabe ist. Bei ihren Kindern würde sie sicher nicht so streng sein, schreibt etwa Sophie (16) und setzt hinzu: »Aber auch da bin ich mir nicht so sicher.« Und die ein Jahr jüngere Lorena sieht es ähnlich. Sie würde ihren Kindern zwar aus heutiger Sicht mehr Freiheiten geben, »aber bestimmt denke ich darüber später ziemlich anders«. Viele würden ihre Kinder kaum anders erziehen, als sie selbst erzogen worden sind. Vielleicht würden sie in Fragen des Ausgehens am Abend ihren eigenen Kindern weniger enge

Grenzen setzen. Das jedenfalls wünschen sich viele. So wie Leonie (13), die sich – wie so viele andere auch – vor allem in diesem Punkt an ihren Eltern abarbeitet. Und doch bleibt sie versöhnlich: »Aber ich verstehe sie da auch irgendwie. Sie haben schließlich das Sorgerecht.«

Die Angepassten

Wie angepasst! Das könnte man meinen, wenn man die Antworten der 120 Jugendlichen liest. Wie langweilig! Kaum Krisen, keine Opposition, keine Überforderung, keine Revolte, als würden die Jugendlichen in der miefigen Tradition der fünfziger Jahre zur Konformität erzogen. Wer den Seelenzustand von Deutschlands Kindern und Jugendlichen partout problematisieren möchte, würde das wahrscheinlich an dieser Stelle tun und gegen die junge Generation mit verbaler Schärfe zu Felde ziehen: Das seien junge Menschen, die weder rebellierten noch nachdächten, die es sich mental mit ihren Eltern ganz bequem eingerichtet hätten, weil sie deren Werte und Lebenskonzept nicht hinterfragten. Aus so einer Jugend, deren Lebensmaxime Spaß und mentale Bequemlichkeit sei, könne nichts werden. Wenn Elvira (15) mit sich und der Welt so sehr im Reinen ist und das vor allem ihrer Erziehung zuschreibt, könnte einem ja angst und bange werden. »Obwohl ich manchmal dachte, meine Erziehung sei zu streng, finde ich immer wieder Vorteile. Ich bin mit mir zufrieden und finde, dass sie mich gut geformt hat.«

Um Himmels willen! Wenn Jugendliche nicht ordentlich rebellieren, werden sie nie erwachsen. Sicher gibt es genügend Erziehungswissenschaftler oder Entwicklungspsychologen, die in dieser Hinsicht den Untergang des

Abendlandes propagieren würden. Ganz nach der Devise: Irgendwann muss man doch den Aufstand proben. Andere werfen den Teenagern von heute vor, sie interessierten sich nur für ihren eigenen Erfolg und den Spaß, seien zu gnadenlosen Egoisten erzogen worden, die nichts anderes im Sinn hätten als ihr eigenes Fortkommen und Amüsement. Als würden Ehrgeiz und Leistungsbereitschaft automatisch den Charakter verderben, sodass den jungen Leuten der Sinn für ihre Mitmenschen und eine gesellschaftlich notwendige Solidarität verlorengeht! Noch nie sind Erwachsene mit der Jugend zufrieden gewesen. Für irgendetwas wird der Nachwuchs seit jeher kritisiert: zu rebellisch, zu bequem, zu phlegmatisch, zu egoistisch, und immer wurde dem Untergang des Abendlandes das Wort geredet. Wie sollte sie denn am besten sein, die Jugend von heute? Und auch für uns ewig besorgte Eltern gäbe es wieder einen Grund, nervös zu werden. Hilfe, ich habe ein angepasstes, opportunistisches, womöglich gar gedrilltes Kind!

Doch so angepasst sind die Jugendlichen gar nicht. Mit Drill und der Erziehung zur Konformität, wie sie in vielen asiatischen Gesellschaften noch heute gang und gäbe ist, hat das, was sich in Deutschlands postindustriellem Bildungsbürgertum vollzieht, nicht viel zu tun. Zu Hause wird gestritten und vor allem diskutiert. »Wir sind praktisch nur am Diskutieren«, bekennt ein 16-Jähriger. Und die vermeintlich angepasste Elvira schreibt an anderer Stelle: »Ich diskutiere oft mit meinen Eltern, da ich Sachen ungerecht finde. Ich streite mich auch manchmal mit ihnen, doch später klärt es sich, und wir machen einen Kompromiss.« Sinah (13) bekommt sich vor allem mit ihrem Vater in die Haare. »Weil er denkt, er ist der Boss, aber das ist er nicht.«

Andere berichten von regelrechten Phasen der Auseinandersetzung – und sehen das doch eher gelassen. Dorian (14) versucht, Streit zu vermeiden, und würde seine eigenen Kinder »auf keinen Fall provozieren«. Und Niklas (16) bekennt zum Thema Streit: »An manchen Tagen gar nicht, an anderen fast nur. Das schwankt sehr, aber grundsätzlich gibt es mehr Diskussionen als Streitereien.« Rosa (14) streitet dauernd und über alles. »Und manchmal wird es bei uns auch ganz schön heftig!« Da wird eben geschrien und gebrüllt. Dann geht es zum Beispiel ums Shoppen, wenn Dinge erstanden werden, die die Eltern ablehnen. Und Katharina (14) findet alles harmlos, würde dann aber schon mal gern wissen, wie ihre Eltern das eigentlich sehen. Doch nicht immer wird um Freiräume und Grenzen gerungen; nach Angaben der Befragten geht es in den Diskussionen häufig auch um öffentliche oder politische Themen. Und auch da können die Meinungen zwischen den Generationen ziemlich auseinanderdriften.

Aber zurück zu dem Generalvorwurf an bildungsambitionierte Eltern, sie würden ihre Kinder permanent überfordern. Überfordert zeigen sich die Jugendlichen wirklich nicht. Natürlich wird gelernt, vor allem vor Arbeiten, und zwar auch immer wieder den ganzen Sonntag. Die Frage, wie die Wochenenden ablaufen, beantworteten fast alle mit einer Auflistung von Aktivitäten, unter denen sich häufig eben auch das Lernen an vorderer Stelle befindet – aber nicht, ohne dass am Samstag erst einmal ordentlich gefeiert wurde. Vom »Lernen im Akkord«, von dem unlängst wieder in einer Fernsehsendung die Rede war, die den Titel »Gedrillte Kinder« trug, kann keine Rede sein. Kein einziger der Teenager hat sich über die Lernbelastung beklagt. Es bleibt genügend Zeit für Freunde, Sport und Musik. Im Gegenteil: Sie halten offenbar noch mehr für möglich. Leonhard (14), der auf eines dieser klassischen, konservativen Privatgymnasien geht, vor dem Eltern seit Jahren Schlange stehen, ist längst nicht am Ende seiner Kräfte. Er wünscht sich noch ein »klein wenig strengere Eltern«, weil er selbst »eher faul« ist und noch deutlich mehr leisten könnte. Seinen eigenen Kindern würde er jedenfalls mehr abverlangen.

Aber das ist heutzutage gar nicht opportun. »Lasst endlich eure Kinder in Ruhe« – das bekommt man als Eltern entgegengeschleudert von so namhaften Erziehungswissenschaftlern wie dem gerade verstorbenen Wolfgang Bergmann, der Liebe anstelle des Leistungsdrucks das Wort redet. Sein Aufruf richtet sich freilich an die Eltern jüngerer Kinder, die diese schon im Vorschulalter mit Förderkursen malträtierten, »bis in der Seele alles leer ist«. Natürlich haben die Eltern vieler der hier befragten Jugendlichen diese von vornherein gefördert und gefordert, in die Mangel genommen und unter Druck gesetzt. Sie haben mit ihnen Rechnen geübt, wenn die Kinder eigentlich nur spielen wollten. Sie waren wahrscheinlich beim Babyschwimmen und beim Frühenglisch, im Instrumentenkarussell an der Musikschule und womöglich auch schon in der Ergotherapie und beim Logopäden. Sie haben ihre Kinder zur Nachhilfe gebracht, bevor die überhaupt nötig wurde, sind zum Tennisclub oder zu Ruderwettkämpfen quer durch die Republik gefahren.

Wahrscheinlich haben sie das alles nicht verkehrt gemacht. Sie haben ihre Kinder seit Jahren auf eine gewisse Leistungsbereitschaft hin trainiert. Da möchte man nach dieser Befragung am liebsten erwidern: Lasst eure Kinder nicht in Ruhe, fördert sie, fordert sie heraus, bringt sie an ihre Leistungsgrenzen und zeigt ihnen dann, wie man diese noch überwinden kann. Und wissen Sie, warum? Weil sie es gar nicht anders wollen. Kinder und Jugendliche lieben die Herausforderung, die Anstrengung und den

Erfolg. Sie brauchen ihn. Je mehr sie von ihren Eltern gefordert werden, desto zufriedener sind sie. Das jedenfalls ist sehr deutlich aus den 120 Antworten herauszulesen.

Was für eine seltsame Umfrage, die so ein Ergebnis zutage fördert, wird man denken. Und in der Tat ist die Verblüffung über die Ergebnisse bei so manchem Erwachsenen groß. Das betrifft aber weniger den Umgang der Kinder mit der Leistungserwartung, sondern vielmehr die Benotung der eigenen Eltern. Dass vor allem die Unnachgiebigen unter ihnen besonders gut wegkommen, halten diese für fast nicht möglich. Denn irgendwie plagt sie aufgrund ihrer wohl eher leistungsorientierten Erziehung ein schlechtes Gewissen, seit Begriffe wie »Disziplin«, »Drill« und »Leistungsdruck« zum Arsenal der »schwarzen Pädagogik« zählen.

Immer wieder haben mich Eltern auf die Umfrage angesprochen. Und fast jedes Mal manifestierte sich ihre große Verunsicherung über die Gedanken- und Gefühlslage ihrer eigenen Kinder in unseren Gesprächen. Mal wurde sie zaghaft vorgetragen, mal ganz explizit, wie auf einer privaten Einladung, der mein Mann, unsere Kinder und ich – eher zufällig ausgestattet mit einigen wenigen Kopien des Fragebogens – folgten. Damals hatte das Projekt gerade richtig Fahrt aufgenommen. Auf der Party lernte ich die 16-jährige Tochter des Hauses und einige ihrer ganz unterschiedlich alten Freunde kennen. Ich erwähnte den Fragebogen. Und schon wenig später saßen die jungen Leute über den Zetteln und diskutierten heftig. Irgendwann kam eine Dame auf mich zu, um sich nach dieser Aktion zu erkundigen. Sie war offenbar eine der Mütter. Sie wollte nicht nur sichergehen, dass bei der Beantwortung der Fragen die Gesetze der Anonymität gewahrt blieben, sondern fragte mich zudem reichlich verunsichert, ob sie die Antworten ihrer Tochter denn zu lesen bekomme, bevor mir diese den ausgefüllten Bogen für meine Tochter in die Hand drücke. »Da müssen Sie Ihre Tochter fragen«, gab ich zurück. Sie lächelte schief. »Das kann ich nicht machen. Das hieße ja, ich würde ihr nicht vertrauen.« Auch sie plagte plötzlich das Gefühl, in der Erziehung aus Sicht ihrer Kinder nichts mehr richtig zu machen. Ich konnte sie kaum beruhigen, denn natürlich wussten weder Isabel noch ich zu der Zeit, was die Auswertung der Antworten ergeben würde.

Ein Herz von Theresa

Und noch ein verblüffendes Ergebnis: Die Eltern dieser fleißigen, fröhlichen und leistungsbereiten Jugendlichen sind – trotz des Leistungsdrucks, den sie ausüben – offenbar völlig inkonsequent. Das wird ihnen von ihrem Nachwuchs dann gern mal vorgehalten. »Sie drohen in unseren Diskussionen immer etwas an, dann vertragen wir uns wieder, und es kommt zu keinen Konsequenzen«, beantwortete Rosa (14) zum Beispiel die Frage danach, wie sie bestraft wird und wofür. Die meisten Kinder werden nämlich gar nicht bestraft. 75 Prozent antworten auf die konkrete Frage danach mit einem dezidierten: »Ich werde nicht bestraft.« Andere zählen ein paar harmlose Sanktionen auf, die sich ihre Eltern mit mehr oder weniger schlechtem Gewissen haben einfallen lassen. Aber viel kommt da nicht zusammen. Schlechte Stimmung zu Hause ist den Kindern meistens Strafe genug. Vor allem aber die Enttäuschung der Eltern und die Unzufriedenheit mit sich selbst machen ihnen zu schaffen. Da müssen Eltern offenbar gar nicht mehr nachlegen.

Fassen wir also zusammen: Die Ergebnisse dieser klei-

nen Aktion stehen ganz offensichtlich im Widerspruch zu
dem, was über Kinder und Jugendliche in Deutschland
kolportiert wird. Sie vermittelt ein völlig anderes Stimmungsbild: Die Jugendlichen sind nicht über die Maßen
gestresst. Sie sind alles andere als verweichlicht. Sie sind
leistungsbereit und überaus leistungsstark. Sie sind weitgehend erfolgsorientiert. Sie sind ziemlich ehrgeizig und
wettbewerbswillig. Sie gewinnen und können gut verlieren. Sie sind selbstironisch und wissen, was gut für sie
ist. Sie sind eigenwillig und meinungsstark. Sie haben viel
Spaß am Leben – trotz zum Teil recht strikter Notenvorgaben und erheblicher Leistungsanforderungen. Sie sind
ihren Eltern dankbar dafür. Sie interpretieren den Druck,
der zu Hause ausgeübt wird, offenbar als Unterstützung
und liegen damit sicher richtig. Sie haben die Leistungserwartung ihrer Eltern regelrecht internalisiert. Das ist
die positive Botschaft, die zu den Klagen des gesellschaftlichen Mainstreams einfach nicht passen will. Sie ist so
überaus positiv, dass sie uns Eltern – diese verunsicherte
Klasse – regelrecht anrühren sollte, nicht zuletzt, weil es
Antworten gibt wie die von Theresa (15), die sich weigerte,
ihren Eltern eine Note zu erteilen. »Unnötig«, schrieb sie,
»ich geb ihnen mein Herz.«

»Eine seeehr schwierige Frage«

1. Wie heißt du?
   Jonathan.

2. Wie alt bist du?
   16.

3. Wo lebst du?
   Bremen.

4. Wie viele Geschwister hast du, und wie alt sind sie?
   1 Bruder (14).

5. Welche Sprachen sprichst du zu Hause?
   Deutsch, manchmal Englisch, manchmal Chinesisch.

6. In welche Schule und Klasse gehst du?
   Ins Gymnasium, 11. Klasse

7. Welches sind deine Lieblings-, welches deine Hassfächer?
   Sport ☺, Wirtschaft, Englisch, Geschichte (eher so semi-toller Lehrer ☺).

8. Lernst du viel für die Schule?
   Joa, an sich schon.

9. Wie verhalten sich deine Eltern in Sachen Schule – machen sie Druck, überlassen sie dir alles allein, helfen sie dir?
   Kein Druck, ich mache so ziemlich alles selbständig, Hilfe nur, wenn ich drum bitte.

10. Bekommst du Notenvorgaben von deinen Eltern?
    Nein, aber ich geb mir selber Mühe, das Beste draus zu machen.

11. Spielst du ein Instrument? Wenn ja, welches?
    Nein, hab mal Klavier gespielt, aber ich war zu faul zum Üben.

12. Wie lange übst du und wie oft?

    –

13. Zwingen dich deine Eltern dazu, machen sie Druck, oder ist alles freiwillig?

    –

14. Verpflichten dich deine Eltern zum Sport?

    Nein, aber das mache ich sehr gern auch selbst. Sport ist so ziemlich der wichtigste Ausgleich für Schule für mich.

15. Wie oft trainierst du?

    So ungefähr sechs Mal die Woche.

16. Nimmst du gern an Wettbewerben und/oder Turnieren teil?

    Ja, ziemlich oft, manchmal zu viel für den Geschmack meiner Eltern.

17. Treiben dich deine Eltern grundsätzlich an?

    Ja. Aber ich bin auch einfach zu begeistern.

18. Wenn ja, wer ist dein Motor: deine Mutter oder dein Vater?

    Beide, aber auf unterschiedliche Art und Weisen.

19. Was machst du sonst noch, wenn du nicht in der Schule bist?

    Freunde treffen natürlich und zu Hause chillen.

20. Wie laufen bei dir die Wochenenden ab?

    Entweder Party, Sport, Chillen oder Family.

21. Streitest oder diskutierst du oft mit deinen Eltern?

    Nicht so oft, aber die Streits sind unvermeidbar. ☺

22. Bekommst du Ärger bei schlechten Leistungen/Noten?

    Nein. Aber ich erzähl auch nicht alles. ☺

23. Macht es dir etwas aus, wenn deine Eltern unzufrieden mit dir sind?

    Ja schon, aber meistens bin ich schneller unzufrieden mit mir selbst als meine Eltern.

24. Wie wirst du bestraft und wofür?

    Ich werde selten bestraft, aber wenn, dann für die absurdesten Dinge (Eltern eben, ne ☺).

25. Macht dir Leben richtig Spaß?

    An sich, JA!

26. Was machst du, wenn du nichts machst?

    Das sagt doch die Frage! ☺ hahaha.

27. Bist du zufrieden mit deiner Erziehung?

    Ja, auf jeden Fall. So viel Freiheiten wie nötig und möglich.

28. Was würdest du gern an deinem Leben jetzt ändern?

    Weiß nicht, bin nicht 100 % sicher, aber an sich bin ich schon sehr zufrieden, was mein Leben angeht.

29. Was würdest du bei deinen Kindern später anders machen?

    Weiß ich nicht genau, ist aber auch eine seeehr schwierige Frage. Man hat jetzt leicht reden, wenn man mal über etliche Streits über z. B. Ausgehen nachdenkt. Aber wenn ich ehrlich bin, gibt es nicht sooo viel, was ich ändern würde.

30. Welche Note würdest du deinen Eltern für ihre Erziehung geben?

    1 ganz klar! ☺

Die Dankbarkeit der Unbestraften

Schwere Zeiten für Eltern

Keine guten Zeiten für Eltern. Erziehung wird in der Öffentlichkeit weitgehend als Schadensfall diskutiert. Nicht zuletzt, weil wir Eltern offenbar jedes Maß verloren haben. Wir sind – so die Dauerunterstellung – nicht in der Lage, unsere Kinder in einer gewissen Balance von Grenzen und Freiheit zu selbstverantwortlichen Menschen zu erziehen. Entweder wir vernachlässigen sie, oder wir tun genau das Gegenteil und erdrücken sie mit unserem Förderwahn. Unsere Reputation bei Experten und in den Medien ist auf ein unterirdisches Niveau gesunken. Wie soll da aus den Kindern was werden?

So richtig gut waren die Zeiten für Eltern allerdings nie. Immer standen sie und ihre Erziehungsversuche in der Kritik. »Es gibt keine problematischen Kinder«, ließ der radikal revolutionäre Pädagoge Alexander Summerland Neill zum Beispiel Ende der sechziger Jahre wissen, »sondern nur problematische Eltern.« Neill hatte in den zwanziger Jahren die bald weltberühmte Internatsschule Summerhill in England gegründet, die er bis zu seinem Tod 1973 leitete. Summerhill war eine Art Schulversuch der Reformpädagogik oder – wie man in England sagen würde – der radical education, die auf den beiden Grundprinzipien der Freiheit und Selbstorganisation aufbaute. Das Modell stand und steht für antiautoritäre Erziehung, für eine Pädagogik ohne Zwang und Unterdrückung und damit auch für so etwas wie die Erziehungskrise, die vor allem die Verfechter von Unterordnung und Disziplin Deutschlands Kindern und Eltern derzeit andichten.

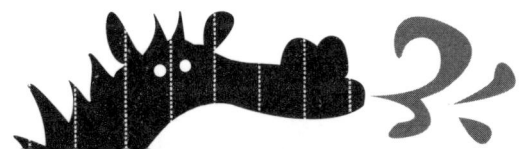

Doch die Vorwürfe an Eltern reichen viel weiter zurück. Schon der Philosoph und Naturforscher Jean-Jacques Rousseau (1712–1778) ließ kaum ein gutes Haar an den Erwachsenen – und das vor fast 250 Jahren. »Viele Kinder haben schwer erziehbare Eltern«, soll er gesagt haben und revolutionierte mit seinen Erziehungsprinzipien die Pädagogik. Man solle die Kindheit als eigenständige, wichtige Lebensphase anerkennen und nicht als Durchgangsstadium zum Erwachsenensein, schrieb er. Kinder sollten nicht mehr Sklaven elterlicher Bedürfnisse und eines falschen Ehrgeizes sein. Glaubt man dem, was augenblicklich über die »gedrillten Kinder« berichtet wird, könnte Rousseaus Kritik auch von heute sein.

Schlecht also stand es damals um die Erziehungskompetenz von Eltern nach Meinung des bedeutenden Aufklärers. Vorwürfe kamen allerdings auch aus anderen Richtungen: »Ach, was muss man nicht von bösen Buben hören oder lesen«, schrieb Wilhelm Busch über die aus heutiger Sicht wohl stark vernachlässigten »Chaoskinder« Max und Moritz. Dass die beiden den anderen das Leben zur Hölle machten, muss wohl am Versagen ihrer Eltern gelegen haben. In seinem Spätwerk *Die fromme Helene* dichtete er: »Zwar man zeuget viele Kinder, doch man denkt sich nichts dabei. Und die Kinder werden Sünder, wenn's den Eltern einerlei.« Moderner klingen da die pädagogischen Vorhaltungen der Experten, die behaupten, eine Erziehung, die den Namen auch verdiene, finde heute überhaupt nicht mehr statt. Sie zielen in die gleiche Richtung wie das Lamento von Wilhelm Busch. Erziehung sei durch Diskussionen ersetzt worden, in denen weder gemaßregelt noch gestraft werde.

Vorwürfe bekommen Eltern eigentlich immer. Damals wie heute – und die kommen aus jeder erdenklichen Ecke. Zu lasch seien wir oder zu streng. Regelmäßig mischt sich auch der Deutsche Kinderschutzbund ein, der einen Teil seiner Arbeit darin sieht, Kinder vor ihren Eltern zu schützen. Frühzeitig gelte es Gefährdung von Kindern in ihrem familiären Umfeld abzuwenden. Schließlich stellen Eltern, wenn man seinen Berichten glaubt, noch immer die größte Gefahr für Kinder dar: Immerhin wendeten 60 Prozent von ihnen häufig leichte körperliche Strafen wie Ohrfeigen an, um ihre Kinder zur Raison zu bringen. Und fast 14 Prozent erzögen regelrecht »gewaltbelastet«. Da klingt es wenig tröstlich, wenn wir lesen dürfen: »Wir im Deutschen Kinderschutzbund wissen, dass die allermeisten Eltern nicht aus Überzeugung schlagen und bestrafen.«

Oft führten Situationen der Überforderung und des Alleingelassenseins zu Gewalt, obwohl über 90 Prozent der Eltern einer gewaltfreien Erziehung das Wort reden. Arbeit an Eltern gibt es offenbar reichlich, weil deutsche Kinder – anders als zum Beispiel schwedische – von ihren Eltern besonders schlecht behandelt werden. Dort schaffen es immerhin 76 Prozent, ihre Kinder »körperstrafenfrei« zu erziehen. Aber Achtung: Elterliche Gewalt gegenüber ihren Kindern habe viele Gesichter, schreibt der Kinderschutzbund weiter. Gewalt werde den Kindern auch verbal angetan durch Beschimpfungen, »ständiges Kleinmachen«, durch Einschüchterung, durch Ignoranz oder auch durch das Gegenteil, die Überbehütung, was einem Entzug des Rechts auf selbständige Entwicklung gleichkomme. Denn Überbehütung mache Kinder nicht stark, sondern klein. »Auch berichten Kinder häufig von drakonischen Strafen wie einer Woche Hausarrest«, heißt es dort weiter.

Gute Zeiten für Kinder

Zumindest der Alarmismus der Kinderschützer steht im krassen Gegensatz zu den Antworten der 12- bis 18-Jährigen auf die Frage von Isabel, wie sie bestraft werden und wofür. Verblüffenderweise geben drei Viertel der Befragten an, überhaupt nicht bestraft zu werden. Hausarrest, Computer- oder Fernsehverbot, Ausgangssperren oder Taschengeldentzug sind aus dem Katalog der Erziehungsmethoden offenbar weitgehend verschwunden oder werden, wenn überhaupt, so eingesetzt, dass Kinder dies verstehen und sich dadurch nicht gedemütigt fühlen. Den meisten der 120 befragten Jugendlichen fällt es schwer, sich daran zu erinnern, wann und ob ihre Eltern irgendeine ihrer angedrohten Sanktionen überhaupt umgesetzt haben.

Nehmen wir Aussagen wie zum Beispiel die von Cara (15) einfach für bare Münze. Ganz offensichtlich hat sie über das Thema Bestrafung noch nie richtig nachgedacht. Wahrscheinlich, weil es in ihrer Familie keine dominierende Rolle spielt. »Bestraft?«, fragt sie. »Nein, das werde ich nicht. Fällt mir übrigens jetzt erst gerade auf.« Andere ihrer Altersgenossen können sich kaum noch daran erinnern, irgendwann einmal die elterliche Strenge zu spüren bekommen zu haben.

Tatsächlich hat sich in der Erziehung in den vergangenen Jahrzehnten so viel verändert, dass man getrost von einem Paradigmenwechsel sprechen kann. Und nirgends zeigt er sich deutlicher als in der sinkenden Bedeutung von Bestrafung. Eltern scheinen das verlernt zu haben, oder besser gesagt: Die vielen gesellschaftlichen Diskussionen über den adäquaten Umgang mit Kindern haben bei Eltern zu einem Bewusstseinswandel geführt. Dazu kamen dann noch Kinderschutzkonventionen und eine veränderte Rechtslage. Nicht zuletzt haben uns die antiautoritären Nichterziehungsversuche der Achtundsechziger die Gewohnheit des Strafens abtrainiert, die bei uns als Kinder womöglich noch an der Tagesordnung war. Und das ist auch gut so.

War es bis in die sechziger Jahre hinein noch pädagogischer Mainstream, die Kinder zu Respekt gegenüber den Erwachsenen, zu Gehorsam und Unterordnung zu erziehen, hat sich dies in sein Gegenteil verwandelt. Nun sollen Eltern Respekt vor ihren Kindern haben. Und nur noch davon ist in den vergangenen Jahren die Rede gewesen. Wurde Kindern früher Wohlverhalten auf dem Befehlsweg verordnet und im Notfall mit physischer Gewalt erzwungen, müssen Eltern heute versuchen, ihre Vorstellungen und Ziele auf dem Weg der Einsicht in die Notwendigkeiten des Lebens zu erreichen. Gar nicht so einfach. War die Prügelstrafe in Bildungsanstalten und Familien bis in die siebziger Jahre hinein noch weit verbreitet und als wenig schädlich für die Kinderseelen akzeptiert, so ist die körperliche Züchtigung in den Schulen seit 1973 und in den Familien seit dem Jahr 2000 endgültig verboten. Gleiches gilt natürlich für die Anwendung psychischer Gewalt.

Gewalt – in welcher Form auch immer – darf seit der Verabschiedung des »Gesetzes zur Ächtung von Gewalt in der Erziehung« nicht mehr eingesetzt werden. Kinder haben ein Recht auf gewaltfreie Erziehung. Körperliche Bestrafungen, seelische Verletzungen und andere entwürdigende Maßnahmen sind unzulässig.

Das Postulat einer in jeder Hinsicht gewaltfreien Erziehung bedeutet in erster Linie einen Verlust an Möglichkeiten, sich auf einfachem Wege Autorität zu verschaffen. Kein Wunder also, dass da manch ein rückwärtsgewandter, von der eigenen Autoritätskrise erschütterter Pädagoge vergangenen Zeiten nachweint und das Hohelied auf die Disziplin und Strafen anstimmt. »Wer Strafen skeptisch gegenübersteht, wählt das Gespräch, um Kindern und Jugendlichen zu Einsichten zu verhelfen«, schrieb der Internatsleiter Bernhard Bueb in seinem Buch *Lob der Disziplin* vor einigen Jahren. So weit, so gut. »Doch vornehmlich darüber das Verhalten von jungen Menschen zu beeinflussen, es gar zu verändern, übersteigt die Kräfte von Eltern, Erziehern und Lehrern.« Will heißen: Wer seine Kinder erziehen will, muss auch bereit sein, sie zu bestrafen. Und das klingt schon nicht mehr so schön.

Die verrücktesten Situationen haben wir erlebt bei dem krampfhaften Versuch, unseren elterlichen Willen auf gesetzeskonformem Weg durchzusetzen. Und das ging schon ziemlich früh los. So hievte ich meine unerhört laut schreiende Tochter irgendwann in meiner Verzweiflung hoch oben auf den Wohnzimmerschrank. Gedacht war das als »time-out«, kleine Auszeit, die in einschlägigen Elterntrainings regelmäßig empfohlen wird. Die hochrote Rebellin sollte in den nächsten Minuten ein wenig zur Besinnung kommen. So, dachte ich, hätte ich sie im Blick und sie mich, sie wäre nicht mutterseelenallein und grausam ausgegrenzt in ihrem Zimmer, könnte allerdings auch nicht weiter Theater machen, sondern sich auf ihre Beruhigung konzentrieren.

Im Nu wurde es still. Konzentration stellte sich denn auch in kürzester Zeit ein, aber nicht so, wie ich es erwartet hatte. Umgehend wurde darüber nachgedacht, wie man diese entwürdigende Sitzposition hoch oben auf dem Schrank schnellstmöglichst beenden könnte. Und schon eine Minute später musste ich mit ansehen, wie die kleine »Zora« an der Gasleitung unseres Altbaus einfach von oben herunterrutschte, sich vor mir aufbaute und bekannt gab, ich solle sie jetzt bloß nicht aufs Zimmer schicken und ihr verbieten, dieses wieder zu verlassen. Das hätte ich nach dieser Aktion sicher nicht getan, weil ich doch wusste, dass direkt neben ihrem Fenster im zweiten Stock die Regenrinne vom Dach auf den Boden führte.

Urängste und Autoritätsverlust

Die Zeiten des bedingungslosen Gehorsams sind endgültig vorbei. Genauso wie die, in denen noch die Rolle als solche zur Autorität verhalf. Kinder haben heutzutage vielerlei Rechte und keinesfalls die Pflicht, den Eltern oder Lehrern nur deshalb zu folgen, weil sie in ihrer spezifischen Rolle stecken. Sie haben nicht nur das Recht auf eine gewaltfreie Erziehung, sondern auch auf den Schutz vor Ausbeutung, ein Recht auf Bildung, Entfaltung der Persönlichkeit, auf staatliche Unterstützung bei Erziehungsproblemen und natürlich ein Recht auf die Beteiligung an Entscheidungen, die sie betreffen. Es gibt noch viele weitere Rechte, die ihnen gesellschaftlich und juristisch zugebilligt werden. Kinder und Jugendliche haben übrigens, genau wie wir Erwachsene, ein Recht auf freie Meinungsäußerung – eben auch in Erziehungsfragen. Ich vermute, kaum einer derer, die den Fragebogen beantwortet haben, hat die Antworten vorher mit seinen Eltern abgesprochen.

Dieser Paradigmenwechsel ist in mehrfacher Hinsicht herausfordernd. Nicht nur weil die Diskussionen und die Überzeugungsarbeit unglaublich viel Zeit, Energie und Durchhaltevermögen erfordern; Eltern – und auch Pädagogen – müssen die Veränderungen im Generationenverhältnis zunächst überhaupt erst einmal verstehen. Und sie müssen den Rechten und Bedürfnissen der Kinder gerecht werden. Gar nicht so einfach. Verkompliziert wird die Erziehungsaufgabe dadurch, dass sich der früher herrschende materielle Mangel zu Zeiten, als noch Zucht und Ordnung angesagt waren, in sein Gegenteil verkehrt hat. Mittlerweile gibt es viel mehr, als man sich leisten kann. Nicht nur an Konsumgütern, sondern auch an Möglichkeiten, sich die Zeit zu vertreiben.

Wir Eltern kämpfen nicht nur gegen die von der Unterhaltungsindustrie geschaffenen Gelüste der Kinder nach mehr, sondern auch gegen die Versuchungen, die meiste Zeit im Netz zu verbringen. Verzicht allerdings will heute erörtert und auf dem Verhandlungsweg vermittelt anstatt autoritär einfach durchgesetzt werden. Erziehung ist dadurch zu nervenzehrender Schwerstarbeit geworden, noch dazu in dem harten Wettbewerb mit unseren medialen Miterziehern. Ist es da ein Wunder, dass sich Eltern aus Sicht der Jugendlichen »über viel zu viele Dinge einfach viel zu sehr einen Kopf machen«, wie Clemens (18) schreibt? Sie wollen nur das Beste, wobei sie »manchmal ziemlich verkrampfen«, anstatt autoritär ein Machtwort zu sprechen.

Der Paradigmenwechsel auf dem großen Feld der Erziehung weckt die Urängste eines jeden Erwachsenen, der mit Kindern umzugehen hat: die Befürchtung, sie könnten angesichts eines fehlenden Über-/Unterordnungsverhältnisses irgendwann außer Rand und Band geraten. Kein Wunder, dass öffentliche Debatten über Gehorsam und Disziplin, Autorität und Leistungsbereitschaft in regelmäßigen Abständen hohe Wellen schlagen. Überall ist zu hören und zu lesen, dass Kinder und Jugendliche heute so gut wie gar nicht mehr konsequent erzogen würden. Da ist dann schnell von »Erziehungskatastrophen« und »Erziehungsnotständen« die Rede, von Kindern, die zu »Monstern« und »Tyrannen« werden, denen man im Erwachsenenalter dann lieber nicht mehr begegnen würde. Kulturpessimisten haben ebenso Hochkonjunktur wie das Verfallsvokabular, mit dem sie die aktuelle Lage in den Familien und Klassenzimmern beschreiben. Schon lange sorgen sie sich nicht mehr um die individuelle Notlage des Kindes oder der Eltern. Sie sehen bereits den Fortbestand und Zusammenhalt der Gesellschaft als Ganzes in Gefahr. Eine ganze Generation sei im Begriff, Deutschland schlicht und ergreifend verlorenzugehen, wenn sich an den Erziehungsstilen nicht schnellstens etwas ändere.

Die Stoßrichtung der sich in den bürgerlichen Feuilletons tummelnden Schlechtredner ist eindeutig: zurück zu Disziplin, Unterordnung und Gehorsam. Zurück zu fast bedingungsloser Akzeptanz von Autorität, die sich nicht nur an Personen, sondern vor allem an gesellschaftliche Rollen knüpft. Erziehung dürfe sich nicht weiter als Diskussionsprozess gestalten. Das »Maßregeln« gehöre in das Repertoire erzieherischer Maßnahmen, mit denen die Jugend zur Ordnung gerufen werden müsse. Und das, so der einschlägige Tenor, weil Erziehung ohne Strafen eine permanente Überforderung von Kindern, Jugendlichen und Erwachsenen mit sich bringe. »Häufig neigen pädagogisch tätige Menschen dazu, zu beobachten und zu diagnostizieren, anstatt Kinder in ihren Verhaltensweisen zu spiegeln und zu maßregeln, obwohl gerade Letzteres eigentlich das Entscheidende wäre, um der unreifen Psyche des kleinen Kindes durch stetige Wiederholung die Möglichkeit zu geben, Reifeprozesse ständig neu zu durchlaufen und damit psychische Funktionen zu bilden«, schreibt zum Beispiel der Kinder- und Jugendpsychiater Michael Winterhoff.

Die Sache mit der Überforderung klingt überzeugend, die mit dem Maßregeln sehr verlockend. Wie viel

Zeit und Energie könnte ich einsparen, wenn ich nicht immer wieder alles diskutieren und verhandeln müsste, sondern einfach anordnete? So wie Frau Mahlzahn, die ihre Kinder an Ketten zu legen pflegte. Doch der autoritäre Erziehungsstil hat ausgedient – zu Recht. Die Zeiten sind wohl endgültig vorbei, auch wenn sich so manch einer wieder zurücksehnt nach mehr Zucht und Ordnung. Autorität muss sich heute anders herleiten als durch das Maßregeln – oder nennen wir es Bestrafen – bestimmter kindlicher Verhaltensweisen, durch das sich die psychische und physische Überlegenheit des Erwachsenen manifestiert. Nur: Zu welchen Methoden greifen die meisten Eltern heute? Was ist ihr Stil? Und vor allem: Wie bringen sie es fertig, diese leistungsbereiten und doch ziemlich diskussionsfreudigen Jugendlichen weitgehend ohne direkte Bestrafung ins Leben zu schicken? Isabel empfindet ihre Erziehung offenbar als weitgehend straffrei:

Es gibt ein paar ziemlich klare Ansagen, nicht nur bei uns zu Hause. Man soll ehrlich sein, hilfsbereit, einigermaßen fleißig und nicht immer ein Smartphone in der Hand haben. Ich glaube, das erwarten fast alle Eltern von ihren Kindern. Es entsteht sozusagen ein moralischer Druck. Dazu kommen die Erwartungshaltung und der Glaube daran, dass wir unsere Aufgaben auch wirklich gut erledigen können. Meine Eltern vermitteln mir das jedenfalls. Das spornt an. Mit Verboten wird dagegen weniger gearbeitet. Wenn meine Mutter etwas nicht möchte, erklärt sie das ziemlich genau. Manchmal öfter, als es unbedingt nötig wäre. Im Grunde wird bei uns permanent geredet. Wir unterhalten uns über alles, garantiert nicht nur über unsere Lieblingsthemen. An eine direkte Bestrafung, die mich wirklich hart getroffen hat, kann ich mich nicht erinnern. Auch nicht an Konsequenzen. Meine Eltern können allerdings schon hin und

wieder richtig sauer werden. Dann ist die Stimmung zu Hause
am Boden. Das ist sehr unangenehm, es ist – neben ihrer Ent-
täuschung über uns – die Höchststrafe.

Erziehung mit Stil

Die Grande Dame der Pädagogik, die amerikanische
Entwicklungspsychologin Diana Baumrind, hätte ihre
Freude an dieser Entwicklung elterlicher Erziehungsme-
thodik. Das, was die meisten Jugendlichen heute erfahren,
kommt dem sogenannten autoritativen Erziehungsstil
relativ nahe. Und der ist nach Einschätzung und Studien
der Wissenschaftlerin der Entwicklung der Kinder hin zu
eigenständigen und selbstverantwortlichen sozialen Persönlichkeiten besonders zuträglich. Schon in den sechziger
Jahren hat Baumrind die Erziehungsmethoden der Eltern,
die sie beobachtete, in drei, später in vier Stilkategorien
eingeordnet und ebenjenen Begriff des »authoritative parenting« geprägt, den die Mehrheit der Erziehungswissenschaftler bis heute predigt. Dabei ging es ihr vor allem um
eine verantwortungsbewusste Generation, die da heranwachsen sollte. Heutzutage wird weniger der Fachbegriff
an sich benutzt, sondern vielmehr diverse Umschreibun-
gen wie etwa die »Erziehung durch Freiheit in Grenzen«.
    Die vier methodischen Prototypen der Erziehung, die
die Psychologin ausgemacht hat, sind schnell benannt. Da
ist der autoritäre Erziehungsstil, der permissive, der ab-
lehnend vernachlässigende und eben der autoritative. Der
autoritäre Stil zeichnet sich ihrer Meinung nach aus Sicht
des Kindes durch ein hohes Maß an Fremdbestimmung
und wenig Zuneigung aus. Anders verhält es sich beim
vernachlässigenden Prototyp. Hier zeigen die Eltern we-

nig Interesse an ihrem Kind. Sie verhalten sich abweisend und üben kaum Kontrolle aus. Sie fühlen sich dem Kind nicht sonderlich verpflichtet. Deshalb investieren sie nur wenig Zeit und Anstrengung in dessen Erziehung. Für Kinder kann der Gleichmut der Eltern besonders schmerzhaft sein.

Wenn Eltern sich permissiv oder autoritativ verhalten, schaffen sie Baumrind zufolge eine recht hohe emotionale Nähe zum Kind. Während permissive Eltern ihnen allerdings wenig Grenzen setzen, verhalten sie sich im autoritativen Stil genau andersherum. In Letzterem fänden Eltern das richtige Maß zwischen Autorität und Freiheit, meint die Entwicklungspsychologin. Sie hegten hohe Erwartungen an das Kind, setzten Regeln, formulierten Leistungsstandards und legten äußersten Wert auf deren Einhaltung. Allerdings vollziehe sich das Ganze in einem Diskussionsprozess zwischen den Generationen, bei dem auch die Meinungen und Einschätzungen der Kinder zur Geltung kämen.

Interessant wird es dann, wenn die Auswirkungen der verschiedenen Erziehungsmethoden auf die Persönlichkeitsentwicklung der Kinder und Jugendlichen untersucht werden. Der autoritative Stil soll dabei das wünschenswerteste Ergebnis hervorbringen. Das ist nicht nur Baumrinds Einschätzung, sondern mittlerweile pädagogischer Mainstream, durch eine hinreichende Zahl an Studien angeblich gut abgesichert – so genau oder plausibel, wie es eben geht, wenn die Wirkung von Erziehungsmaßnahmen auf die Persönlichkeitsentwicklung eines Menschen beurteilt werden soll. Die Übergänge zwischen diesen vier Prototypen sind fließend. Und zwar nicht nur von Eltern zu Eltern, sondern schon innerhalb derselben Familie; je nach aktueller Notwendigkeit, Charaktereigenschaften der Kinder, Überzeugung der jeweiligen Elternteile und der Tagesform von Vater oder Mutter. Wer hat nicht schon mal in einer angespannten beruflichen Situation seinen Kindern ganz autoritär ein Mitspracherecht in Dingen abgesprochen, bei denen am Tag zuvor noch ihre Meinung gefragt war? Und wer hat sich dann genau darüber nicht unverzüglich mit seinem Ehegatten oder Lebenspartner – sofern vorhanden – in die Haare bekommen, weil der oder die im Moment des eigenen autoritären Anfalls die Situation ganz anders bewertet hatte?

Es ist allerdings kaum davon auszugehen, dass sich Eltern schon von vornherein mit den diversen Stilen auseinandergesetzt und akribisch auf ihre Aufgabe als künftige Eltern vorbereitet haben. Die Mehrheit unter ihnen hat vielleicht im Konfliktfall den einen oder anderen Ratgeber gelesen oder auch schon mal vorab durchgeblättert. Ihren eigenen Stil werden sie ohne pädagogische Nachhilfe im täglichen Zusammenleben mit ihren Kindern gefunden haben, ganz nach der Devise: Seien wir liebevoll, ohne zu viel zu erlauben; verbieten wir nicht alles, aber seien wir auch nicht zu antiautoritär. Erklären wir unsere Ziele lieber einmal zu viel als zu wenig und verlangen auch etwas von unseren Kindern. Dann wird schon was draus werden. Und wenn uns dann doch mal die Hutschnur reißt, dann brüllen wir lieber einmal zu laut und regen uns wieder ab, als sofort mit drakonischen Strafen aufzuwarten, die den Kindern allzu viel Ungemach bereiten oder sie in ihrem Selbstwertgefühl stark verletzen könnten.

Aber halt! So einfach ist es auch nicht. In unserer elterlichen Inkonsequenz und dem pädagogischen Learning by Doing machen wir offenbar unendlich viel falsch, werden von Wissenschaftlern, Politik und Gesellschaft häufig kritisiert und verunsichert. Inzwischen gibt es die verrücktesten Bezeichnungen für elterliche Erziehungsstile. Da ist von »overparenting« die Rede oder vom »helicopter parenting«, weil wir uns über zu viele Dinge Sorgen machen, wie Hubschrauber permanent über unseren Kindern kreisen und vom antibakteriellen Waschmittel über hypoallergene Socken bis hin zu makrobiotischen Cup-Cakes nur ja nichts missen wollen. Aber nicht nur darum geht es, sondern auch um die überbordende Förderung der Kinder, denen wir Eltern immerzu im Nacken sitzen. Dafür existieren bereits Bezeichnungen wie etwa »hothouse parenting« oder noch hübscher »death-grip parenting«. Mit derartigen Begriffen wird gegen leistungsorientierte Eltern Stimmung gemacht. Aufgrund der übertriebenen Anforderungen hätten sie ihre Kinder dauerhaft im Schwitzkasten oder Todesgriff.

Unser ganz natürliches mütterliches Versorgungsbedürfnis hat uns Eltern vor einigen Jahren den Vorwurf des »too-good mothering« zugetragen. Und das, weil wir unsere Kinder angeblich zu sehr verwöhnen, ihnen auf dem Fußballplatz die Schuhe schnüren oder das vergessene Schulbrot hinterhertragen und ihnen so jegliche Möglichkeit nehmen, sich zu verselbständigen. Schon 2001 hat der britische Soziologe Frank Furedi mit der Veröffentlichung seines gleichnamigen Buches den Begriff des »paranoid parenting« geprägt und zieht damit bis heute durch die Lande. Wir Eltern kümmerten uns viel zu intensiv um unseren Nachwuchs, getrieben von der Angst, unseren Kindern durch eine womöglich zu nachlässige Erziehung Zukunftschancen zu verbauen. Dass die Erfinder derartiger Begriffe auf fast sarkastische Weise versuchen, unsere elterlichen Bemühungen ins Lächerliche zu ziehen, entbehrt nicht einer gewissen Perfidie. Denn es suggeriert, dass Eltern grundsätzlich nicht in der Lage sind, ihre Kinder ausgewogen zu erziehen und ihrem Freiheitsbedürfnis maßvolle Grenzen zu setzen. Entweder verhätscheln sie sie, oder sie überfordern und drillen sie. Mit dieser

dauerhaften Verunglimpfung von Eltern muss notwendigerweise der Eindruck entstehen, dass sie sich über Jahre
mit falschen Erziehungsmethoden an ihren Kindern regelrecht vergehen.

Aber das stimmt eben auch nicht. Jeder, der Kinder hat,
weiß, dass es Phasen gibt, in denen die Sache recht ausgewogen vonstattengeht und friedlich gelingt, und Zeiten,
in denen es von dem einen zu viel und dem anderen zu
wenig gibt: Mal ist man zu lax, mal zu restriktiv. Meistens
hängt das mit dem Zustand des eigenen Nervenkostüms
zusammen. Mal dürfen die Kinder bis zehn Uhr unter der
Woche aufbleiben, dann wieder schickt man sie um halb
neun auf ihr Zimmer. Zu viel Freiheit, zu enge Grenzen,
zu hohe Anforderungen, zu niedrige Hürden, zu viel
der Fürsorge, erdrückende Liebe und an anderen Tagen
wieder zu wenig davon, weil einen die alltäglichen Nöte
um das verlorengegangene Deckweiß aus dem Farbkasten
gerade nicht interessieren.

Sophie (16) kennt das genau. Jede Familie hat ihre Phasen. »Es gibt Wochen, in denen wir alle die ganze Zeit nur
lachen etc.« und andere, in denen alle permanent aneinan-
dergerieten, schreibt sie. Dass ihre Mutter alles daransetzt,
der Tochter ihre Vorstellungen zu vermitteln, zeigt die
gute Gesprächskultur, die die beiden haben. Auf die Frage »Was machst du, wenn du nichts machst?« schreibt sie:
»Ich lese oder höre Musik … Oder gehe ins Wohnzimmer
und rede mit meiner Mutter über alles.« Wie unterschiedlich sich das familiäre Treiben im Alltag gestaltet, kann
man auch aus Mohanas (13) Antwort wunderbar herauslesen. Auf die Frage, welche Note sie ihren Eltern für ihren
Erziehungsstil geben würde, antwortet sie sehr dezidiert:
»Eine 2, womit sie sehr zufrieden sein sollten. Manchmal
hören sie nämlich nicht zu oder schreien herum, und es
wird gestritten. Meine Erziehung ist sonst super!«

Die Unmöglichkeit des Strafens

Wie also soll's denn sein? Kein Erziehungsprozess kann auf Belohnung und Strafe gänzlich verzichten. Das meint sogar der Verfechter der pädagogischen Sanftmut, Remo Largo. »Auch wenn sich Eltern und Erzieher noch so sehr bemühen, ganz ohne autoritäre Erziehungsmittel werden sie nicht auskommen«, gibt er zu, obwohl er diese kategorisch ablehnt. Doch die Tatsache, dass sich die befragten Schüler so indifferent zu diesem Thema äußern und mehrheitlich bekunden, gar nicht bestraft zu werden, zeigt mehr als deutlich, dass weder die Bestrafung noch die Belohnung im Zentrum der elterlichen Erziehungsbemühungen stehen. Dabei kommt Diana Baumrind aus ihren Beobachtungen heraus zu der Einschätzung, dass sich ein generelles Verbot von Strafen, darunter auch die disziplinarische Körperstrafe, wissenschaftlich nicht rechtfertigen lässt.

Tatsächlich gibt es höchst widersprüchliche Meinungen zu den Auswirkungen des Strafens. Ob das Strafen, in welcher Form auch immer, mit unerwünschten Persönlichkeitsveränderungen der Kinder einhergeht, ist nämlich längst nicht ausgemacht. Sind Aggressionen, die Kinder an den Tag legen, wirklich das Ergebnis von Erziehungsmethoden der Eltern? Kann, wenn ein Kind ein anderes schlägt oder ein Jugendlicher in eine Prügelei gerät, vermutet werden, dass sie zu Hause körperlich gezüchtigt wurden? Und müssten wir davon ausgehen, dass ein Mädchen, wenn es ein anderes malträtiert, mobbt oder sonstwie demütigt, dieses Verhalten verinnerlicht hat, weil es selbst kaum anders, also unter Anwendung seelischer Gewalt, erzogen wurde?

Welchen Erziehungsstil Eltern auch immer praktizieren – die Auswirkungen auf die Entwicklung des Nachwuchses sind nicht unmittelbar ableitbar. Auch wenn die Wissenschaft gerade das immer wieder suggeriert, indem sie ein bestimmtes Verhalten der Eltern mit denen eines Kindes in Beziehung setzt und dann behauptet, das eine sei der Grund für das andere. So eindeutig fällt der Zusammenhang zwischen Erziehungsstil und kindlicher Entwicklung nicht aus. Wahrscheinlich wirkt eine lautstarke Auseinandersetzung zwischen Vater und Sohn, in der vielleicht auch die eine oder andere herabwürdigende Bemerkung fällt, nicht sonderlich traumatisierend, wenn das Verhältnis der beiden ansonsten stabil und das Kind sicher an seine Eltern gebunden ist.

Zu viele andere Einflussfaktoren im Verhältnis zwischen Eltern und ihren Kindern spielen da eine Rolle. Und während in der Öffentlichkeit die Diskussionen über Autorität und Gehorsam, Belohnung und Strafe immer wieder einmal aufbranden, haben viele Eltern längst die Konsequenzen aus dem pädagogischen Wirrwarr gezogen. Sie bestrafen ihre Kinder einfach nicht mehr. Nicht nur aus Kapitulation vor der Uneinigkeit der Fachwelt oder gar dem Gesetz, sondern weil das Gros der Eltern mit der Bestrafung schon emotional enorme Probleme hat. Strafen jedweder Form bereiten Kindern nun einmal Schmerzen. Jede nichtkörperliche Form des Strafens kann man als geistige Gewaltanwendung deuten. Und wer behauptet, Eltern müssten Regeln setzen und deren Nichteinhaltung mit Konsequenzen sanktionieren, der redet der Bestrafung genauso das Wort wie einer, der den Begriff lieber gleich direkt in den Mund nimmt. Nur: Wer will seinen Kindern wirklich weh tun? Niemand, weil die Bestrafung letztlich niemals nur das Kind schmerzt, sondern den Strafenden gleich mit.

So ist und bleibt die größte Strafe für die Kinder die elterliche Unzufriedenheit. Es ist die Enttäuschung der

Eltern über kindliches oder jugendliches Fehlverhalten, die um ein Vielfaches schwerer wiegt als Schimpferei oder womöglich auch die klassische Watschen. Auch das hat der Fragebogen ergeben. »Sie versuchen mir ein schlechtes Gewissen zu bereiten«, schreibt Leon (16). Andere berichten von der schlechten Laune ihrer Eltern, wenn sie sich an bestimmte Abmachungen nicht halten, unverschämt waren oder sonst irgendetwas unterlassen haben, was aufgetragen war. Die miese Stimmung in den eigenen vier Wänden kann dann schon mal unerträglich werden. Theresa (15) kann sie nicht leiden. Meistens straften ihre Eltern sie »durch schlechte Laune oder Ignoranz bei unzufriedenstellenden Diskussionen«, meint sie und leidet dann. Und genau mit dieser Methode des moralischen Appellant bringen die Eltern des postindustriellen Bürgertums, deren Kinder hier zu Wort gekommen sind, ihren Nachwuchs zu Folgsamkeit und Wohlverhalten.

Fast einstimmig bejahen die Jugendlichen die Frage: »Macht es dir etwas aus, wenn deine Eltern unzufrieden mit dir sind?« Clemens (18) wird dabei sogar konkret: »Klar, auf jeden Fall, dann versuche ich, mich zu verbessern, meine Leistung zu steigern. Dann helfe ich zu Hause, bin ganz nett – die ganze Palette.« Er ist da kein Einzelfall. Alle Kinder geben zu Protokoll, sich im Fall elterlicher Unzufriedenheit besonders anzustrengen, um es ihnen recht zu machen. Adriano (13) bringt es auf den Punkt: »Ich glaube, jeder würde sich schlecht fühlen, wenn man weiß, dass eine Person nicht zufrieden mit einem ist.«

Viele können sich an konkrete Bestrafungen überhaupt nicht mehr erinnern. Und wenn die Befragten doch einmal die Konsequenzen ihres missliebigen Verhaltens zu spüren bekommen sollen, dann fallen den Eltern meist nur harmlose Dinge ein. Julia (13) bekommt zum Beispiel kein Taschengeld, wenn sie ihr Zimmer nicht immer wieder einmal aufgeräumt. Victor (14) sieht seine Bestrafung schon in Form von Kurznachrichten auf seinem Handy. »Bestraft werde ich mit dem Kontrollwahn meiner Eltern«, schreibt er. Vor allem dann, wenn er nicht zur ausgemachten Uhrzeit wieder daheim ist. Bei anderen wird der Computer mal einkassiert, wenn sie zu lange davorgesessen haben – »ist dann aber auch richtig so«. Oder sie müssen zu Hause bleiben, wenn sie sich am vorangegangenen Wochenende nicht an die elterliche Sperrstunde gehalten haben. »Kann ich irgendwie verstehen.« Fast könnte man erschrecken angesichts einer so abgeklärten Einsicht in die erzieherischen Notwendigkeiten. Isabel sieht das anders:

Man könnte fast auf die Idee kommen, wir wären super angepasst – kaum Regelverstöße, keine Strafen. Das haben unsere Eltern wirklich sehr gut hinbekommen. Aber so einfach machen wir es ihnen auch nicht. Wir streiten und diskutieren nämlich unendlich viel. Und zwar über alles. Da bin ich keine Ausnahme, fast alle haben so geantwortet. Klar ist auch, dass es manchmal ziemlich wild wird. Wenn der »liebliche« Ton meiner Schwester erklingt, herrscht Krieg bei uns zu Hause. Erst kämpfe ich gegen meine Schwester, dann mischen sich unsere Eltern ein, und sofort verändern sich die Fronten. Meine Schwester und ich gegen den Rest der Welt. Und meine Eltern gegeneinander, weil sie nicht unbedingt einer Meinung sind, wie sie in solchen Situationen klarkommen. Aber das ist nicht alles. Oft gerate ich schon wegen Kleinigkeiten mit meinen Eltern aneinander. Da geht es um den Ordnungswahn meiner Mutter, um meine Leidenschaft fürs Kochen und Backen, auch wenn gerade niemand Hunger hat. So richtige Machtkämpfe gibt es allerdings nicht. Manchmal streite ich übrigens richtig gern, ohne über die Konsequenzen, also die schlechte Stimmung danach, nachzudenken. Beim Streit entladen sich

meine negativen Energien. Danach geht es mir meistens besser.
Und nach einer halben Stunde ist der ganze Dampf so oder
so wieder verflogen.

Inkonsequente Ausflüchte

Eltern sind inkonsequent. All die Psychologen, Therapeuten und selbsternannten Elterntrainer würden sich
die Haare raufen, wenn sie wüssten, wie es wirklich in
Familien zugeht. Johannes' (18) Eltern sind ein klassisches
Beispiel: »Bestraft wurde ich eigentlich nie«, schreibt er.
Manchmal hätten sie mit Konsequenzen gedroht. »Aber
umgesetzt haben sie das nicht ein einziges Mal.« Konsequent inkonsequent eben. Jils (13) Eltern kündigen
dauernd an, ihrer Tochter den Computer wegzunehmen,
»ist aber bis heute noch nicht vorgekommen!«. Während
sich unsere Eltern noch kaum auf lange Diskussionen ein-
ließen und uns als Kinder auf Kellertreppen verbannten,
womit eine »gelungene« Auszeit aus dem Familiengesche-
hen als Bestrafung gewährleistet war, wäre so etwas heute
vollkommen tabu. Denn den seelischen Zustand, in den
ein Kind verfallen könnte, wenn es für eine halbe Stunde
in den Keller muss, mag sich heute keiner ausmalen.

Mir selbst hat das zwar nicht geschadet, und auch einer
meiner Brüder, der diese Bestrafung wohl mehrfach zu
spüren bekommen hat, weiß heute noch zu berichten, wie
sehr das Gerümpel im Keller seine Phantasie beflügelte
und ihn derart in seinen Bann zog, dass er darüber die
Strafe selbst und auch die Zeit vergaß. Doch ist die kurz-
zeitige Verbannung in den Keller gesellschaftlich mittlerweile vollkommen unakzeptabel. Schließlich bedeutet sie
nichts anderes als physische Gewaltanwendung und psy-

chische Demütigung in einem. Das müsste zudem, wenn ich den Gesetzestext richtig gelesen habe, schon unter Strafe stehen. Also schlage ich im Falle von Auseinandersetzungen vor, doch einfach mal kurz aufs Zimmer zu verschwinden, bis sich die Lage beruhigt hat. Wenn das dann tatsächlich befolgt wird, rase ich nach drei Minuten hinterher, um sofort die Versöhnung zu feiern, weil mein Kind mir ausnahmsweise mal gehorcht hat und mir Missstimmung einfach nicht liegt. Und schon ist alles vergessen, Konsequenzen waren nicht zu spüren, und das nächste Theater folgt sofort. Da bin ich nicht besser als Johannes' Eltern. Johannes ist mit seinen sehr zufrieden. »Ich finde, dass meine Eltern ziemlich viel richtig gemacht haben«, schreibt er und setzt hinzu: »Wer würde von sich auch schon behaupten wollen, dass er schlecht erzogen ist? ☺«

Konsequenz in der Erziehung ist auch deshalb so schwierig, weil es in Familien eben nicht wie beim Therapeuten zugeht. Zwar suggerieren all die Ratgeber häufig genug, eine solche Situation ließe sich herstellen. Aber das ist kaum mehr als eine Illusion. Erstens ist es in einer mehrköpfigen Familie schon deshalb nicht möglich, weil immer alle irgendetwas wollen, und das sofort und gleichzeitig. Und zweitens ist man als Vater oder Mutter emotional nun einmal hochgradig involviert. Würde man sich auf die weit distanziertere Position eines Therapeuten zurückziehen, dem die Anwürfe und demonstrative Ablehnung seines minderjährigen Klienten per se viel weniger anhaben können als den Eltern, dann käme das ebenjener seelischen Grausamkeit nahe, die wiederum gesetzlich verboten ist.

Was bleibt einem übrig, als alles auf dem Verhandlungs- und Überzeugungswege durchzusetzen? Nichts, es sei denn, man gerät derart an seine Grenzen – worauf es Kinder bis weit in ihre Adoleszenz hinein ja gemeinhin anlegen –, dass man sich am besten selbst eine Auszeit gönnt. So habe ich schon Situationen erlebt, in denen ich fluchtartig das Schlachtfeld verlassen habe, weil gar nichts mehr ging. Dann bin ich einfach nach draußen gegangen, um eine Runde um den Block zu drehen, ein bisschen abzukühlen sozusagen. Dumm nur, dass Teile der Meute hinter mir herliefen. In der Erziehung geht manchmal eben gar nichts mehr, Ratgeber hin oder her. Was soll man tun, wenn man lehrbuchhaft seine Enttäuschung über das Verhalten seines elfjährigen Sohnes zum Ausdruck bringt und der einem nur zur Antwort gibt, man solle endlich mit diesem Gefühlsgeplänkel aufhören?

Bestrafung ist also unmöglich geworden, sie ist sogar mehr oder weniger verboten. »Kinder haben ein Recht auf gewaltfreie Erziehung. Körperliche Bestrafungen, seelische Verletzungen und andere entwürdigende Maßnahmen sind unzulässig«, heißt es im Bürgerlichen Gesetzbuch, das im November 2000 durch das »Gesetz zur Ächtung der Gewalt in der Erziehung« ergänzt wurde. In Verbindung mit dem medialen Eltern-Bashing kann man sich des Eindrucks nicht erwehren, dass die breite Öffentlichkeit, Politiker und der Gesetzgeber Eltern heute als größte Gefahr für deren eigene Kinder ansehen.

Auch das Wort »Gehorsam« ist nicht mehr in Mode, weil es heute mehr denn je suggeriert, man würde diesen über Bestrafung erzwingen. Uns bleibt nicht sehr viel mehr, als uns in aller Inkonsequenz über die Jahre zu retten, bis die lieben Kleinen irgendwann das Haus verlassen. »Sei liebevoll, tu dein Möglichstes und sitz nicht zu viel vor der Kiste.« Auf diese erfrischend einfache Formel bringt der bekannte Zürcher Erziehungswissenschaftler Jürgen Oelkers seinen Erziehungsgrundsatz. Tröstlich. Wahrscheinlich, weil er weiß, dass die hehren pädagogischen Grundsätze im turbulenten Alltag so oder so kaum Bestand haben – von der Maxime der Gewaltfreiheit einmal abgesehen. Und deshalb stimmt er weder in das Eltern-Bashing noch in das allgemeine Lamento der Untergangspropheten ein. »Ich gehe davon aus, dass wir nicht den Erziehungsnotstand ausrufen müssen, nur weil wir mit Kindern mehr verhandeln müssen als je zuvor in der Geschichte.«

Besonders das deutsche Publikum scheine pädagogische Apokalypsen zu lieben, meint er, der so etwas nach eigenem Bekunden gerade nicht zu bieten habe. Zeitlose Erziehungstheorien gebe es nicht, sagt der Wissenschaftler und Vater von vier Kindern weiter und zerschlägt damit die Hoffnungen von Eltern und den Anspruch der Experten auf eine allgemeingültige, anerkannte richtige Form des Umgangs mit Kindern. Erziehung müsse eben im Blick auf die Gegenwart immer wieder neu bestimmt werden. So bleibt sie für Eltern ein virtuoses Lavieren zwischen Grenzen-Setzen und Freiheit-Lassen, zwischen dem Formulieren von Ansprüchen und ihrer Durchsetzung über das eigene Vorleben, das leider auch nicht immer gelingt.

»Ich komme immer mehr zu der Überzeugung, dass nicht wohlüberlegte Erziehungsprinzipien, sondern die Inkonsequenz der Eltern die große Chance für ihre Kinder ist«, sagte mir neulich meine Freundin Gerlinde Unverzagt, selbst Mutter von vier Kindern, von denen zumindest zwei die Pubertät überstanden haben und inzwischen ihr Glück außerhalb der mütterlichen vier Wände suchen. »Wieso?«, frage ich sie verblüfft, wahrscheinlich, weil meine Kinder jünger sind und es mir in dieser Hinsicht noch an Erfahrung mangelt; oder weil ich finde, dass sie unser tägliches Versagen ein bisschen zu schön redet. »Weil jede Inkonsequenz sie zwingt, selbst eine Haltung zu den Dingen anzunehmen, was manchmal ziemlich heilsam sein kann.« Heilsam – klingt gut, es fragt sich nur, für wen. Ihre Einstellung, die sie vor einigen Jahren nach eigenem Bekunden so auch noch nicht hätte haben können, entspricht so ziemlich genau der Auffassung meiner Tochter, die mich vor längerer Zeit nach meinem lauten Wehklagen über meine pädagogische Unzulänglichkeit hinwegzutrösten wusste: »Ach, Mama, mach dir nicht so viele Gedanken. Mütter, die alles im Griff haben, sind schrecklich.«

»Ich werde zum Glück nicht bestraft«

1. Wie heißt du?
   Juan.

2. Wie alt bist du?
   13 Jahre.

3. Wo lebst du?
   Berlin.

4. Wie viele Geschwister hast du, und wie alt sind sie?
   Keine Geschwister, aber mein Cousin lebt bei mir, er ist wie mein Bruder. Orlando ist 21 Jahre alt.

5. Welche Sprachen sprichst du zu Hause?
   Deutsch und Spanisch.

6. In welche Schule und Klasse gehst du?
   In die 8. Klasse eines Gymnasiums.

7. Welches sind deine Lieblings-, welches deine Hassfächer?
   Meine Lieblingsfächer sind Sport, Mathe und Ethik; Fächer, die ich eher weniger mag, sind Latein und Altgriechisch; richtige Hassfächer habe ich nicht, weil ich relativ gut in der Schule bin. Da kennt man so etwas gar nicht.

8. Lernst du viel für die Schule?
   Ja, eigentlich schon ziemlich viel. Immer vor den Arbeiten, dann vor allem am Wochenende; allerdings je nach anstehenden Tests mal mehr, mal weniger.

9. Wie verhalten sich deine Eltern in Sachen Schule – machen sie Druck, überlassen sie dir alles allein, helfen sie dir?
   Wenn ich Hilfe brauche, helfen sie mir, was ich meistens

nicht brauche. Sie machen eigentlich keinen Druck. Aber natürlich fordern sie mich auf zu lernen. Das aber empfinde ich nicht als Druck.

10. Bekommst du Notenvorgaben von deinen Eltern?
Nein, und ich hoffe, das bekommt auch niemand. Denn das würde einen natürlich sehr stark unter Leistungsdruck setzen. Eine Drei ist für meine Eltern so gerade noch okay. Zweien oder Einsen sind ihnen aber ganz klar lieber. Es ist ihnen also nicht egal.

11. Spielst du ein Instrument? Wenn ja, welches?
Ich spiele seit vielen Jahren Klavier.

12. Wie lange übst du und wie oft?
Jeden zweiten Tag übe ich eine halbe Stunde. Das ist nicht allzu viel, aber mehr schaffe ich oft zeitlich gar nicht.

13. Zwingen dich deine Eltern dazu, machen sie Druck, oder ist alles freiwillig?
Das tue ich eher freiwillig.

14. Verpflichten dich deine Eltern zum Sport?
Müssen sie nicht, weil ich Sport sehr gern mache.

15. Wie oft trainierst du?
Ich schwimme dreimal die Woche, einmal spiele ich Tennis.

16. Nimmst du gern an Wettbewerben und/oder Turnieren teil?
Ja, definitiv. Es macht mir unglaublich Spaß. Problem ist nur, dass Schwimmwettbewerbe eine ziemlich langwierige Angelegenheit sind. Sie dauern Stunden, dafür, dass man nur kurze Zeit im Wasser ist. Natürlich möchte ich gewinnen. Wenn ich verliere, spornt mich das an. Ich will dann besser werden. Wenn ich schlecht geschwommen bin, geht für mich nicht die Welt unter. Aber es nervt natürlich.

17. Treiben dich deine Eltern grundsätzlich an?
    Nein, nicht wirklich. Das mache ich alles freiwillig, weit-
    gehend. Sie setzen mich nicht zu stark unter Druck.

18. Wenn ja, wer ist dein Motor: deine Mutter oder dein Vater?
    Meine Mutter sagt mir, dass ich was tun muss; mein Vater
    ist nicht so oft zu Hause.

19. Was machst du sonst noch, wenn du nicht in der Schule
    bist?
    Freunde treffen, üben, Fernsehen, Sport.

20. Wie laufen bei dir die Wochenenden ab?
    Manchmal bin ich so kaputt von der Woche, dass ich einfach
    nichts mache; ich schaue mir Filme an, nehme ein Bad; und
    lerne natürlich, wenn viele Arbeiten anstehen. Wenn das
    dann der Fall ist, dann sind die Wochenenden durchgeplant.
    Dann wird nichts aus dem Relaxen.

21. Streitest oder diskutierst du oft mit deinen Eltern?
    Nicht wirklich. Aber manchmal natürlich schon, weil ich
    noch irgendetwas machen soll, was ich nicht will. Manch-
    mal bin ich dann einfach zu müde dazu.

22. Bekommst du Ärger bei schlechten Leistungen/Noten?
    Nein, bekomme ich nicht.

23. Macht es dir etwas aus, wenn deine Eltern unzufrieden mit
    dir sind?
    Na ja, dann gibt es eben häufiger Streit. Es ist einfach besser,
    wenn sie zufrieden sind. Dann ist man selbst einfach happy
    Ansonsten belastet das das Verhältnis. Aber – haha – sie
    sind es nicht!

24. Wie wirst du bestraft und wofür?
    Ich werde zum Glück nicht bestraft.

25. Macht dir dein Leben richtig Spaß?
    Ja. Definitiv. Kann man nicht anders sagen.

26. Was machst du, wenn du nichts machst?
    Dann denke ich ein bisschen nach oder sitze am Computer. Manchmal lese ich auch ein Buch – aber nicht so oft, wie ich sollte. Ich greife dann lieber zu der Fernbedienung, da muss ich ehrlich sein.

27. Bist du zufrieden mit deiner Erziehung?
    Ja, absolut. Ich finde sie super.

28. Was würdest du gern an deinem Leben jetzt ändern?
    Gar nichts, ich genieße es so, wie es ist.

29. Was würdest du bei deinen Kindern später anders machen?
    Da fällt mir nicht viel ein. Wenn sie nicht so gut in der Schule wären wie ich, dann würde ich versuchen, sie zu motivieren – fürs Leben und für ihre Zukunftschancen. Ich würde sie nicht zwingen, sondern erst mal versuchen, ihnen klarzumachen, dass man einfach etwas leisten muss.

30. Welche Note würdest du deinen Eltern für ihre Erziehung geben?
    Eine Eins, das steht ganz außer Frage.

Eltern und ihre Halbwahrheiten

Kleiner Mr. Gnadenlos

Ganz plötzlich nimmt mein Sohn eine selbstbewusste Haltung an. Er richtet sich auf. »Ich spiele übrigens nicht nur Fußball«, sagt er zu der Mutter eines seiner Mannschaftskollegen. Wir stehen vor dem heruntergekommenen Clubhaus eines dieser Berliner Feld-Wald-und-Wiesen-Fußballvereine und warten auf den Trainer. Irgendwie sind wir ins Gespräch darüber gekommen, dass die Sache mit dem Fußball ihre ganz eigene zeitraubende Dynamik entwickelt hat mit all den Trainingsterminen, Freundschafts- und Punktspielen. »Nein?«, gibt sie fragend zurück. »Was denn noch?« Mir schwant nichts Gutes. Ich ahne, dass er kurz davorsteht, mit einem gewissen Stolz sein zugegebenermaßen ziemlich pralles Wochenprogramm vorzutragen.

   »Ich spiele auch noch Tennis, dazu Cello und Klavier.« Die Mutter zieht die Augenbrauen hoch. »Und das schaffst du alles?« Mich schaudert es. Wie peinlich! »Ja, montags Fußball, dienstags Tennis und Klavier, mittwochs Fußball, donnerstags Tennis und Cello, Freitag dann wieder Fußball, abends noch mal Klavier.« Die Mutter schaut mich fragend an, während sich mein elfjähriger Sohn mit seinem Ball und seiner Zwillingsschwester schon mal in Richtung Spielfeld bewegt. Ich zucke die Schultern und weiß genau, was sie denkt. Innerlich wird sie meinen Sohn für einen kleinen, miesen Angeber erklären und mich für verrückt oder bestenfalls krankhaft ehrgeizig. Vor dem Hintergrund der aktuellen Debatte über unsere hoffnungslos überforderten Kinder kann sie gar nicht anders.

Kinder können ziemlich gnadenlos sein. Diesmal hat mir mein Sohn einen richtigen Schlag versetzt, obwohl er das wahrscheinlich gar nicht beabsichtigt hatte. Musste er vor dieser Mutter seine nachmittäglichen Aktivitäten derart breittreten? Ich beruhige mich: Er hat ja nur die Wahrheit darüber erzählt, dass ich mit allen Mitteln versuche, meine Kinder vor der völligen Hingabe an Computer und Fernsehen zu bewahren. Gott sei Dank hat er nicht auch noch berichtet, dass ich regelmäßiges Üben der Instrumente zur Bedingung dafür gemacht habe, dass meine Kinder Unterricht bekommen. Trotzdem ist mir sein Auftritt unangenehm. Ich selbst halte mich mit einer Aufzählung der Aktivitäten, denen meine Kinder neben der Schule noch so nachgehen, meistens zurück, weil ein so volles Programm einfach nicht der derzeit vorherrschenden pädagogischen Meinung entspricht.

Genau das bekomme ich dann auch umgehend zu spüren. Die Geschichte vom Fußballplatz geht nämlich weiter. Während sich meine Zwillinge inzwischen mit anderen Kindern unbeschwert die Bälle zupassen, laufe ich – noch immer unangenehm berührt – zurück zu meinem Auto. Auf dem gegenüberliegenden Parkplatz steigt just jene Mutter in ihren Wagen, der mein Sohn soeben seinen Wochenplan zum Besten gegeben hat. »Was dein Sohn da erzählt hat, ist schon interessant«, ruft sie mir zu. Und ich glaube es ihr aufs Wort, denn auch für mich ist es immer wieder interessant, wenn Kinder ein bisschen über sich und ihre Familien plaudern, die Erziehungsmethoden ihrer Eltern referieren und damit natürlich viel mehr über das Leben hinter den verschlossenen Haustüren verraten, als den Eltern lieb ist. »Die vielen Termine, das Training und die Musikstunden, alles zusätzlich zur Schule – du machst deine Kinder damit auf Dauer fertig. Das wirst du noch merken«, setzt sie flapsig hinzu, lächelt, schwingt sich auf ihren Fahrersitz, lässt mich mit der Bemerkung also einfach stehen und ist im nächsten Moment hinter einer Abgaswolke verschwunden.

Ihr Kommentar trifft mich womöglich am empfindlichsten Punkt all meiner Erziehungsbemühungen, an der Frage nämlich, wie viel man seinen Kindern wirklich abverlangen kann. Und auch, wann man sie vor sich selbst und ihrem eigenen Ehrgeiz schützen muss. Nie wieder hat sich mit der Mutter die Gelegenheit für eine Erklärung meinerseits ergeben. Für eine harmlose Rechtfertigung, um die Dinge ins rechte Licht zu rücken oder wenigstens ein bisschen zu relativieren. Aber vielleicht ist es auch ganz gut so. Wahrscheinlich hätte ich mindestens fünf Mal das Wörtchen »freiwillig« in den Mund genommen, ziemlich viel von Spaß und kindlicher Begeisterung gesprochen und die Dinge somit schöner geredet, als sie sind. Ich hätte, wie es fast alle anderen auch tun, nur die halbe Wahrheit preisgegeben. Denn wer will sich schon hinter die Kulissen blicken lassen.

Ziemlich viel Blödsinn

Gespräche unter Eltern finden permanent statt. Sie tauschen Erfahrungen aus, berichten und vergleichen, klagen ihr Leid, ermutigen oder entmutigen sich gegenseitig. Vielfach sind es die Mütter. Aber Väter sind immer mehr mit von der Partie. Ich beteilige mich auch daran, obwohl diese Unterhaltungen meistens schwer erträglich sind. Selten allerdings im Beisein meiner Kinder, weil die dann womöglich unaufgefordert mit ein paar Bemerkungen ihre Meinung beisteuern, den Vorhang ganz zur Seite ziehen und Einblicke in unser Familienleben gewähren könnten, die meine eigene Darstellungsweise in Frage stellen. Gespräche mit Eltern, sofern man sie nicht wirklich sehr gut kennt oder als echte und enge Freunde bezeichnen würde, sind eben eine heikle Angelegenheit. Sie geraten meistens zu einer Ansammlung von Halb- und Unwahrheiten, gleichen einem Versteckspiel, bei dem sich niemand die Blöße geben möchte, mit seinen Ansprüchen und Erwartungen an seine Kinder und den Methoden, diese durchzusetzen, nicht dem State of the Art der modernen Pädagogik zu entsprechen.

Meine Tochter hat für elterliche Verschleierungstaktiken oder Schönfärberei überhaupt nichts übrig. Während sie früher, wenn ich mit befreundeten Müttern aus Versehen in ihrem Beisein über unsere Kinder sprach, immer mal ein entrüstetes »Das stimmt doch gar nicht« eingeworfen hat, schüttelt sie heute nur noch den Kopf:

Elterngespräche sind eine Sache für sich. Selten habe ich erwachsene Menschen so viel Blödsinn reden hören. Neulich wieder im Radio, als sich zwei Väter über das Üben eines Instrumentes angeregt unterhielten. Da behauptet einer der beiden glatt, dass seine sechsjährige Tochter ganz von allein regelmäßig ihr Instrument übe. Ohne Druck und nur aus Freude an der Musik. Sie hat es angeblich auch schon ziemlich weit gebracht. Der Vater gab dabei an, dass er selbst täglich Gitarre spielt und sich dies sehr motivierend auf seine Tochter auswirkt. Das kann ja sein. Aber es wäre die absolute Ausnahme. Von solchen Berichten kann man in der Regel gleich mal die Hälfte wieder streichen. Das weiß ich schon deshalb, weil wir uns untereinander natürlich die Wahrheit erzählen – anders als unsere Eltern. Die Sache mit der Freiwilligkeit kann man nämlich auf ganz verschiedene Art und Weise sehen. Aber die Musik ist nur eines der vielen anderen Themen, die uns betreffen und bei denen sich unsere Eltern gegenseitig immer etwas vorlügen.

Meine Freundin Beate war erst unlängst wieder in eine missliche Lage geraten. Sie hat zwei richtig fleißige Töchter, von denen vor allem die eine ziemlich gute Noten in der Schule produziert. Sie arbeiten viel und sind sehr gut organisiert. Wahrscheinlich, weil die Eltern sie so erzogen haben und selbst auch nicht gerade faul sind. Beate will das so. Kinder sollen fleißig sein. Sie sollen sich für ihre Sachen einsetzen. Beate verabscheut die Trägheit – an sich selbst, an ihrem Mann und vor allem an ihren Kindern. Da sind wir uns ähnlich.

Unlängst telefonierten wir wieder einmal. Sie klagte über einen dieser unsäglichen Elternabende, auf denen Eltern nicht über die Klassenangelegenheiten, sondern vor allem über die individuellen Schwierigkeiten ihrer eigenen Kinder diskutierten. Zeitraubend. Irgendwann, kurz vor Ende der Veranstaltung, war das Resümee dann gezogen: zu viel Arbeit, zu umfänglich die Hausaufgaben, lautes Klagen über die eher unangenehmen Phasen, die ein Schuljahr eben mit sich bringt, wenn sich die Klassenarbeiten und Tests plötzlich so häufen und ganze Wochenenden durchgelernt werden muss. »Es war wie immer«, stöhnte sie ins Telefon. »Diese Larmoyanz. Warum wollen die Eltern ihre Kinder nur so in Watte packen?« Und weiter: »Ich habe natürlich den Mund gehalten, wollte mich ja nicht schon wieder outen als Eislaufmutti, als die ich sowieso schon verschrien bin.« Recht hat sie. Zurzeit ist es alles andere als opportun, sich als Mutter oder Vater zu seiner Leistungsorientierung zu bekennen.

Halbwahrheiten und Unehrlichkeit finden sich an beiden Polen des Erziehungsspektrums, bei den strengen Eltern und den eher nachlässigen unter ihnen. Welche Eltern würden freiwillig zugeben, dass ihr Kind jeden Tag, wenn es aus der Schule kommt, erst einmal in ziemlichem Tempo eine XXL-Tüte Weingummis vor dem Fernseher verdrückt, bevor es sich überhaupt bereit erklärt, sich an seine Hausaufgaben zu setzen? So etwas kann keiner eingestehen, weil allgemein bekannt ist, dass Fernsehen dumm und dick macht – vor allem wenn man dabei Weingummis kaut. Und weil jeder um die Gefahren von Karies und Diabetes weiß, wenn der Süßigkeitskonsum überhandnimmt. Und weil es natürlich viel besser wäre, wenn sich der Sprössling nach einem ausgewogenen Mittagessen zur Regeneration der eigenen Kräfte aufs Bett legte und Ottfried Preußlers *Krabat* läse – mit Bio-Nüssen und Bio-Rosinen, also ökologisch einwandfreiem Studentenfutter.

Aber der Kinderwelt steht der Sinn selten nach Studentenfutter und Preußler. Isabel hatte es sich eine Zeitlang zur Gewohnheit gemacht, nach der Schule mit einer aufgebackenen Pizza vor dem Bildschirm Platz zu nehmen und sich »zur Entspannung« erst einmal eine dieser nachmittäglichen Soaps anzuschauen. Wer also nicht lügen will, verschweigt einfach einen Teil der Rituale, die sich da jeden Tag aufs Neue abspielen. Woher aber kommt diese permanente Unehrlichkeit der Eltern? Warum ist es so schwierig, zu seinem Erziehungsstil, seiner Inkonsequenz und Nachlässigkeit oder auch seinem überbordenden Ehrgeiz zu stehen?

Mythos Kindheit

Erziehung ist, um noch einmal mit dem Pädagogen Jürgen Oelkers zu sprechen, in den vergangenen Jahrzehnten unbestimmter geworden, sehr viel schwieriger und vor allem unwägbarer in ihrem Erfolg. Hilflosigkeit und Verunsicherung der Eltern haben ohne Zweifel zugenommen.

Gleichzeitig und womöglich als Reaktion auf die zunehmende Unabsehbarkeit erzieherischer Erfolge ist in der gesellschaftlichen Vorstellung die Kindheit zu einem Mythos mutiert, verklärt und mit Erwartungen überfrachtet. Oelkers hat diese veränderten Erwartungen an die Kindheit, die sich aus ihrer Verklärung ergeben, vor einigen Jahren vortrefflich beschrieben. Die Idealvorstellung von Kindheit setze das glückliche Kind voraus, das sein Leben lang von seiner Kindheit zehre, als wäre diese eine Ausrüstung für sein späteres Leben. Ein glückliches Leben könne nur führen, wer eine glückliche Kindheit erleben durfte. Erziehung müsse daher in erster Linie für das Glück des Kindes besorgt sein. Die glückliche Kindheit sei in den Vorstellungen unserer Zeit unteilbar, meint Oelkers, sie umfasse alle Aspekte der Erfahrung und gelte für das ganze Leben. Nicht zuletzt würden Kinder stärker denn je als Zukunft der Gesellschaft gesehen. Ihre Erziehung sei demnach eine Investition in die Zukunft. Diese ist allerdings nur dann lohnend, wenn es den Eltern gelingt, ihren Kindern eine glückliche Kindheit zu bereiten.

Dass Oelkers mit seiner Beschreibung dieser eindeutig überhöhten gesellschaftlichen Erwartungen an eine gelungene Kindheit nicht ganz falschliegt, wird schon in einem kleinen Selbstversuch offensichtlich. Prüfen wir uns aufrichtig, müssen wir eingestehen, dass wir den Zusammenhang zwischen einer glücklichen Kindheit und einem glücklichen Leben als Gesetzmäßigkeit schon lange verinnerlicht haben. Das Postulat der glücklichen Kindheit ist derart wirkungsmächtig, dass es uns Eltern, die wir noch anders aufgewachsen sind, sogar ex post ergriffen hat. Sind wir nicht dauernd versucht, die Gründe für berufliche oder private Misserfolge in unserer Kindheit zu suchen? Mangelndes Selbstbewusstsein zum Beispiel – ganz klar ein Erziehungsfehler unserer Eltern, die womöglich zu autoritär gewesen sind. Auch das Gegenteil, ein übersteigertes Selbstwertgefühl, würden wir ihnen ohne weiteres zur Last legen. Nicht zuletzt die schlechten Erfahrungen in der Beziehung oder Ehe, deren Scheitern sich natürlich auf irgendeine negative Kindheitserfahrung zurückführen lässt, die uns in unserer Bindungsfähigkeit schon anno dazumal erschütterte. Wir suchen nach Traumata in unserer Kindheit, um unsere Fehlbarkeit im Hier und Heute zu erklären und all diese Fehler bei unseren Kindern zu vermeiden.

Wären wir dagegen ehrlich, müssten wir zugeben, dass eine beschwerte Kindheit nicht notwendigerweise dazu führen muss, ein unglücklicher Erwachsener zu werden. Aber in diese Richtung denken wir nicht mehr. Ein Kind muss in seiner Kindheit glücklich sein, sonst kann sein Leben nicht gelingen – ein geradezu beängstigendes Postulat. Wir wollen das Unmögliche bewerkstelligen und wissen doch nicht, wie. Natürlich wollen alle Eltern fröhliche und erfolgreiche Kinder. Schließlich sind sie – aus gesellschaftlicher und individueller Perspektive – ihr Leistungsnachweis.

Gleitet das Kind problemlos durch die Schule, dann haben wir Eltern aus Sicht von Politik, Wirtschaft und Gesellschaft alles richtig gemacht – genau so, wie es von uns erwartet wird. Hat es dagegen Schwierigkeiten, sind die Gründe dafür wiederum bei den Eltern zu suchen, auch wenn sie mit dem Elternhaus womöglich gar nichts zu tun haben. Aber daran denkt überhaupt niemand mehr, schon gar nicht die Eltern selbst, die sich dieses umfassende Anforderungsprofil der Gesellschaft an sie zu eigen gemacht haben. Kindheit und Kinder müssen gelingen, wie überhaupt alles im Leben. Woher sonst sollte die Diskussion um den Elternführerschein rühren? Dabei gibt es im Lauf des Erziehungsprozesses derart viele Unwägbarkeiten

und fremde Einflüsse, dass man in seine Erziehungsbemühungen nicht mehr hineininterpretieren sollte als
das, was sie wirklich sind: der Versuch, die Risiken des
Scheiterns der eigenen Kinder zu minimieren.

Die eigenen und die gesellschaftlich überhöhten Erwartungen an eine glückliche Kindheit und als Erziehungs-
erfolg ein gelungenes Kind sind schwer zu schultern. Belastend wirkt darüber hinaus auch noch die Tatsache, dass
weder Kinder und Jugendliche noch überhaupt irgendein
Elternteil den gestrengen Augen derer standzuhalten in
der Lage ist, die derzeit so akribisch über die Erziehung
von Deutschlands Nachwuchs wachen.

Die Last mit den Stereotypen

Und das sind die Erziehungsexperten, die Kinder- und
Jugendversteher. In den vergangenen Jahren haben sie
ein Bild der Jugendlichen in Deutschland entworfen, das
nur noch zwei Stereotype kennt: die Unerzogenen, die
Tyrannen, die Disziplinlosen, die schlechten Schüler und
Leistungsverweigerer auf der einen Seite, die angeblich
vor allem in den weniger privilegierten Gesellschaftsschichten anzutreffen sind. Und die hoffnungslos überför-
derten, verunsicherten Egomanen auf der anderen Seite,
die immer am Rande der Erschöpfung und des Nerven-
zusammenbruchs balancieren und eben wegen ihrer über-
engagierten Eltern auf Dauer ihrer Kreativität, Leistungsfähigkeit und Lebensfreude verlustig gingen. Und wir
Eltern schauen ängstlich nach rechts oder nach links, ans
eine oder andere Ende des Spektrums, dessen Pole uns
wie dunkle Mahnmale daran erinnern, dass wir eigentlich
nur alles falsch machen können. Nach Meinung der re-

nommiertesten Experten, die die Erziehungswissenschaften zu bieten haben, tun wir das offenbar auch. Nur in den Augen unserer eigenen Kinder nicht.

Die Buchläden sind voll von Ratgebern dazu, wie man das Abdriften ans eine oder andere Ende der Skala negativer Erziehungsresultate verhindern kann. Ich habe sie nicht gezählt und die Regalmeter der vorrätigen Werke in den großen Buchhandlungen nicht gemessen. Nur: Glücklich machen diese Bücher niemanden, weil sie ratlose Eltern nur sehr selten wirklich weiterbringen. Wie auch, wenn selbst Jesper Juul alle Eltern über einen Kamm schert und ihnen die Anerkennung des eigenen Kindes abspricht? Die vom *Spiegel* gefeierte »Lichtgestalt der Pädagogik« meint nämlich, dass Kinder und Jugendliche – wie eigentlich jeder im Leben – nur einen oder zwei Menschen brauchten, die wirklich an sie glaubten. »Doch das ist nicht unsere Tradition als Eltern. Wir verhalten uns eher wie Lehrer, sitzen mit einem Rotstift da und schauen, was (an unseren Kindern, Anm. d. Verf.) noch nicht richtig ist.« Was für ein Vorwurf! Dahinter steht seine Grundhaltung, dass das Aufwachsen in einer Gemeinschaft niemals ohne Manipulation, Kränkung und Unterdrückung ablaufen kann, dass also den Kinder- und Jugendseelen reichlich Schaden zugefügt wird. »Niemand, der zehn Jahre lang in einer bestimmten Gesellschaft und einer bestimmten Familie gelebt hat, kommt ungeschoren davon.« Die Forderung dahinter ist klar: Je freier und gesünder sich Kinder entwickeln dürfen, desto besser. Also Schluss mit den krank machenden Leistungsansprüchen und dem Förderdenken!

Auf der anderen Seite des Spektrums skizzieren seine Gegner die gegenteilige Form des proklamierten Erziehungsnotstands: die außer Rand und Band geratenen Kinder und Teenager, die die Gesellschaft auf ihre Art und Weise tyrannisieren. Da steht dann so jemand wie der Kinder- und Jugendpsychologe Michael Winterhoff, der aus dem veränderten Verhältnis der Generationen eine inzwischen reichlich gestörte Gesellschaft herausliest. Er schreibt diese Entwicklung dem »modernen Denken« zu, diesem in der Erziehung vielfach praktizierten partnerschaftlichen Konzept, »das darauf beruht, zu verstehen, bevor man handelt«. Und genau das führe im Umgang mit Kindern geradeaus in die Falle. Auch bei ihm stehen Eltern unter Generalverdacht. »Eltern reagieren nicht mehr auf Dinge, die ihr Kind tut, sondern versuchen zu verstehen, was es tut, und anschließend zu erklären, was es eventuell besser hätte tun können. (…) Wohin das führt, sehen wir an all den kleinen Monstern und Tyrannen, die uns heute umgeben.« Eltern, Erzieher, Großeltern – alle haben sie versagt. Und zwar auf genau die gegenteilige Weise als bei seinem Kollegen. Aber was trifft jetzt eigentlich zu?

Illusionen der Machbarkeit

Das weiß so richtig niemand. Und trotzdem suggerieren die Experten, dass Kindheit und Kinder gelingen könnten, wenn Eltern sich nur hinreichend beraten ließen. Unwägbarkeiten des Lebens werden dabei ausgeblendet. Wieder sind die Fachleute ganz dicht an uns dran, darunter Erziehungswissenschaftler, Psychologen und sogar Neurobiologen. Fortwährend produzieren sie Studien, sammeln Erfahrungen und tragen ihr Wissen zusammen. Mehr noch: Sie machen es verfügbar. Das ist löblich und verdienstvoll, aber nicht ganz unproblematisch. Denn dahinter verbirgt sich ein weiteres, geradezu unbarmherziges Postulat: Eltern sollen dieses Wissen abrufen, sie sollen sich dessen bedienen und sich kundig machen, um gesellschaftlich erwünschte Kinder hervorzubringen. Und wenn sie nichts lesen wollen, dann sollen sie wenigstens eines der vielen Trainingsprogramme besuchen, die landauf, landab offeriert werden. Das tun wir sogar! Der Markt für Elternbildungsangebote ist in den vergangenen Jahren explodiert. Hunderttausende von Eltern nehmen jedes Jahr Nachhilfe bei Triple P (Positive Parenting Program), STEP, Starke Eltern – Starke Kinder oder anderen Programmen.

Aber auch das ist nicht ganz ungefährlich, entsteht dadurch doch für Eltern eine Machbarkeitsillusion, eine Wenn-dann-Falle: Wenn ich als Vater oder Mutter einen Elternkurs besuche, dann werde ich viele Fehler vermeiden. Dann lerne ich, mich nicht in den täglichen Kleinkrieg hineinziehen zu lassen. Wenn ich mich als Mutter daraufhin nicht ständig in häuslichen Guerillakriegen verzettelte, dann würde sich das Verhältnis zu meinen Kindern deutlich entspannen. Wenn ich nur die richtigen Erziehungsmethoden anwende, dann kann eigentlich nicht viel schiefgehen, dann wächst mein Kind zu einer verantwortungsbewussten, selbstbestimmten Persönlichkeit heran; dann wird es nicht trinken und nicht rauchen, gut durch die Schule kommen und überhaupt ganz erfolgreich sein Leben bestreiten können. Dumm nur, dass das alles nicht ganz so einfach ist. Aber das will wirklich niemand wissen. Der Druck steigt durch diese Machbarkeitssuggestion. Erziehung kann gelingen, weil es ein umfassendes Wissen dazu gibt. Gelingt sie nicht, dann sind die Eltern schuld. Sie hätten die vielen Angebote ja wahrnehmen oder sich beraten lassen können.

Dass es kaum Eltern gibt, die ihre Kinder richtig erziehen, behauptet der Jugendforscher Klaus Hurrelmann. Er wittert Irrungen und Wirrungen in jeder der drei Klassen, in die er die Eltern einteilt. Zwar gebe es noch kaum gründliche Studien zur elterlichen Erziehungskompetenz, doch hat er uns Pi mal Daumen trotzdem kategorisiert. Da sind die kompetenten Eltern, die Gefahr laufen, überehrgeizig zu werden. Eine weitere Gruppe bilden die beruflich erfolgreichen Erziehungsberechtigten, die ihre Kinder kaum an die Kandare nehmen und sich ganz auf ihre Kompetenzen verlassen. Und schließlich sind da noch die Überforderten. Nur, welche Eltern machen alles richtig?

Natürlich niemand. Alle brauchen Nachhilfe in seinen Elternkursen. Die Kompetenten müssten »Gelassenheit lernen«, den Erfolgreichen muss beigebogen werden, dass nicht alles von allein läuft. Und die Überforderten müssen so oder so erst mal richtig »eingestellt« werden. Eltern, so sein Credo, sind eben keine pädagogischen Naturtalente. Also ist auch er auf dem Nachhilfemarkt für Eltern aktiv.

Erschwert wird Erziehung durch den Wertepluralismus. Der nämlich nimmt zu und damit auch die Orientierungslosigkeit. »Je weniger normative Richtlinien es für Erziehungsziele und -inhalte in unserer Gesellschaft gibt und je mehr tradierte Werte relativiert werden oder an Gültigkeit verlieren«, schreibt die Kölner Elternbildungsfachfrau Sigrid Tschöpe-Scheffler, »desto stärker ist der Einzelne auf sich und seine Kompetenzen, aber auch auf seine Defizite verwiesen.« Eltern sind verunsichert und wissen nicht mehr, was die richtigen Erziehungsziele und die dazu passenden Verhaltensweisen sind.

Die Folgen von Wertepluralismus und Machbarkeitsillusion sind allerdings fatal: Die Erziehung wird zu einer geradezu verkopften Angelegenheit. Sie ist – auch aufseiten der Eltern – pädagogisiert und psychologisiert. Kam meine Mutter noch mit dem Standardwerk *Kinder fordern uns heraus* sowie einem dicken Wälzer über Kinderkrankheiten und mit ihrer wunderbaren Intuition in unserem

Alltag aus, bin ich in pädagogischer Hinsicht mittlerweile viel belesener, im Umgang mit meinen Kindern aber sicherlich um kein Deut besser. Eltern wollen alles richtig machen in einer Gesellschaft, die sie inzwischen unter Generalverdacht gestellt hat. Zu streng, zu lasch, zu inkonsequent, zu verkopft, zu desinteressiert. Der größte Vorwurf unter all diesen ist: Ihnen sei die Intuition verlorengegangen. Das steht übrigens in beinahe jedem Aufsatz irgendeines Experten über das hier beschriebene Phänomen. Da jeder weiß, dass man ohne Intuition, also das feine Gespür für das Richtige in einem bestimmten Moment, nicht erziehen kann, bedeutet dieser Vorwurf nicht mehr und nicht weniger als den vollständigen Kompetenzentzug.

Das Diktat der Political Correctness

Eltern müssen beruflich erfolgreich sein, Mütter schlank und gepflegt, Väter nicht minder, vornehm gestresst und natürlich stets dem Nachwuchs zugewendet. Familie hat Priorität. »Selbstverständlich unterbreche ich jedes Meeting für den Anruf meines Sohnes.« Mit derartigen Bekenntnissen ziehen Mütter und Väter durch die Lande. »Ich habe für ihn sogar ein eigenes Mobiltelefon«, heißt es dann weiter, »dessen Nummer nur er auf seinem Handy gespeichert hat.« Solche Dinge hört man überall. Nur der zweite Teil der alltäglichen Wahrheit wird dann nicht so lautstark vorgebracht: dass nämlich auch das Spezialhandy auf die Sekretärin umgestellt ist, die vorerst sondiert, welches der vorgetragenen Anliegen des kleinen Dauertelefonierers denn wirklich der Aufmerksamkeit seiner Mutter oder seines Vaters bedarf. Dieses Detail sollte man wohl besser nicht preisgeben, wenn man zum Beispiel mit anderen darüber spricht, wie Kinder und Beruf unter einen Hut zu bringen sind.

Es wäre ja auch nicht politisch korrekt. Wenn das Kind in Nöten ist, sollten Eltern zur Stelle sein; aber nur, wenn die Not groß genug ist. Alles andere wäre zu viel des Mutter- oder Vaterinstinkts, der Kindesentwicklung abträglich und damit einfach nicht in Ordnung. Erziehung heute steht unter dem Diktat der Political Correctness. Kinder müssen politisch korrekt erzogen werden. Zieht man in den Park und spielt mit seinen Kindern und deren Freunden auf einer großen Wiese, ist das sicher politisch korrekt und vorbildlich. Ebenso, wenn man mit ihnen in einen dieser wunderbaren Keramikläden geht, in denen sie Schüsseln, Tassen und Toilettenpapierhalter als Rohlinge bemalen können, bevor sie gebrannt werden. Aber wenn man seine Kinder dort permanent anhält, sich Mühe zu geben und auf ihre üblichen nichtssagenden Phantasie-Schmierereien auf diesen teuren Rohlingen zu verzichten, dann sieht die Sache schon etwas anders aus. Zweifach musste ich mich bereits von den Verkäuferinnen ermahnen lassen, meinen Kindern doch nicht immerzu in ihre Kreativität hineinzureden, sondern sie endlich einmal in Ruhe wirken zu lassen. Und sofort wurde klar, dass mein leicht zwanghaftes Verhalten sicher nicht den modernen Grundsätzen politisch korrekter Pädagogik entsprach.

Ermuntert man seine Kinder jeden Tag aufs Neue, sich doch bitte mit etwas mehr Ausdauer den Hausaufgaben zu widmen, dann ist daran nichts verkehrt. Aber wehe, man zwingt ein saumseliges Kind, dem abends um acht noch etwas zur Schule einfällt, die Aufgabe sofort zu erledigen, was durchaus bis 22 Uhr dauern kann. Um Himmels willen! Schlimmer noch, wenn man es dafür ganz allein auf sein Zimmer schickt. Geradezu verheerend, wenn man dann auch noch richtig sauer wird und sein Kind lautstark der Vergesslichkeit oder Schusselei bezichtigt, weil man weiß, dass die nächtliche Hausaufgabensitzung nicht ohne elterlichen Beistand vonstattengehen wird, und sich genau darüber ärgert. Dabei hatte die Lehrerin in ihrem Vortrag darüber, was Kindern zuzumuten ist, doch nachdrücklich empfohlen, sie sollten nach 19 oder 20 Uhr keinesfalls mehr dazu gebracht werden, noch ihre unerledigten Hausaufgaben abzuarbeiten. Überhaupt sollten Kinder und Jugendliche nicht zu viel für die Schule lernen und arbeiten, aber auch nicht zu wenig. Politisch korrektes Erziehen ist eine Tortur. Ehrlich gesagt, es geht gar nicht. Wenn die Emotionen hochkochen, ist nichts mehr pc. Dann fliegen die Fetzen und sicher nicht selten auch eine herabwürdigende Formulierung. Wie politisch unkorrekt Erziehung abläuft, kann man aber nicht überall zum Besten geben, so sehr hat uns die Tyrannei der politischen Korrektheit bereits eingeschüchtert.

Also hält man sich an den Mainstream, erzählt alles so, wie es gerade der neuesten Erkenntnis eines der pädagogischen Opinion-Leader entspricht, und hält ansonten den Mund. Schreibt einer ein Buch über Disziplin, über das gerade alle diskutieren, dann kommt man mit ein paar pädagogisch sinnvollen Berichten über eigene Maßnahmen daher, die in den Kontext passen. Heißt es dann wieder, Kinder und Jugendliche würden in ihrer zarten Persönlichkeit unter dem Förderwahn der Eltern zugrunde gehen, gibt man sich gelassen – nicht nur in schulischen Belangen – und redet der großen Freiheit das Wort. Den Rest verschweigt man lieber. Isabel hat dazu ihre eigene Meinung:

Das ist Gruppenzwang! Anscheinend leiden nicht nur Kinder und Jugendliche darunter, sondern auch Eltern, wenn sie während des Trainings am Rand des Fußballplatzes stehen und sich in Grüppchen die Anekdoten aus ihrem Erziehungsalltag erzählen, von denen nur die Hälfte stimmt. Als ob wir das nicht merkten! Nur bloß nicht auffallen. Was alle tun, weil es gerade angesagt ist, kann ja nicht falsch sein. Genau auf dieser Annahme basiert der Gruppenzwang. Im Ethikunterricht haben wir das rauf und runter dekliniert. Das Lernziel dahinter war klar: Wir sollten uns der Gefahr bewusst werden, die von Gruppeneinflüssen auf unsere Verhaltensweisen ausgehen kann. Steuere ich selbst, oder werde ich gesteuert? Und wir sollten lernen, zu akzeptieren, dass andere anders handeln. So weit, so gut. Im Netz findet man unzählige Seiten darüber, wie Eltern ihren Kindern behilflich sein könnten, wenn sie unter den Druck einer Gruppe geraten. Dort geht es vor allem um die Stärkung des Selbstbewusstseins. Logisch! Da Gruppenzwang ganz offensichtlich nicht nur ein Phänomen bei Jugendlichen ist, kann man genau das auch den Eltern raten.

Wenn die Sache mit dem Selbstbewusstsein nur so einfach wäre! Meine Freundin Christina hat diese wunderbaren Kinder, die sehr gute Schüler sind, ziemlich sportlich und vor allem auch noch sehr musikalisch. Immer wieder höre ich mir Berichte darüber an, wie engagiert sich ihre Kinder für Schule und Hobbys einsetzen. Unermüdlich. Wie sie jede AG »mitnehmen«, die das gutbürgerliche Gymnasium so zu bieten hat, nebenher Buchbesprechungen schreiben, Chorreisen unternehmen, Orchesterfreizeiten absolvieren, bei denen vor allem für das nächste Konzert geprobt wird. Und dann auch noch die Turniere, deutsche Meisterschaften, Landesausscheidungen, was weiß ich. Alles ziemlich freiwillig und daher sehr beeindruckend. Als ich ihr unlängst die Lektüre des Buches *Die Mutter des Erfolgs* von der Chinesin Amy Chua empfahl, lachte sie. Sie habe es noch nicht gelesen – »keine Zeit«, aber ihr Mann habe es am Flughafen gekauft und regelrecht verschlungen. Etliche Szenen, habe er ihr dann gesagt, hätten eins zu eins auch bei ihnen zu Hause abgedreht sein können. Ertappt! Meine Freundin ist übrigens Opernsängerin. Sie strahlt eine große Lebensfreude und unheimlich viel Optimismus aus. »Na ja«, sagt sie ein bisschen verlegen. »Du weißt ja, wie es ist. Als Musikerin kennt man kein Leben ohne Drill. So schädlich ist das auch nicht.«

Ohrfeigen und Ehrlichkeit

Eine allerletzte Bemerkung zum Thema Ehrlichkeit. Oder nennen wir es Authentizität: Es ist durchaus den Versuch wert, sich mit guten Freunden einmal über das leidige Thema Ohrfeigen auszutauschen, oder auch nur über den vielzitierten harmlosen »Klaps auf den Po«. Denn bei kaum einem anderen Thema bekommt man einen nachdrücklicheren Eindruck davon, wie hochkompliziert die Sache mit der eigenen Aufrichtigkeit und der des Gegenübers werden kann in Zeiten, in denen Eltern nichts richtig und vieles falsch machen.

Es beginnt schon mit der Vorüberlegung, ob man dieses Thema wirklich ansprechen oder doch lieber vermeiden sollte. Es könnte ja sein, dass allein die Tatsache, dass man darüber reden möchte, dem Gesprächspartner die Vermutung nahelegt, die gute alte Watschen sei für einen ja vielleicht doch (noch) ein Thema; weil man seine Hände womöglich nicht ganz so unter Kontrolle habe, wie es nach Lage des Gesetzes und der Political Correctness eigentlich der Fall sein müsste. Hat man sich wider alle Bedenken doch entschlossen, die schlichte Frage an seine Freundin zu wagen – »Ist dir eigentlich schon mal die Hand ausgerutscht?« –, wird man kaum auf eine ehrliche Antwort hoffen können. Statt eines klaren Ja oder Nein bekommt man einen Vortrag darüber zu hören, wie sehr selbst im Falle akut überbordender Emotionen die Anwendung leichter körperlicher Gewalt dem Nachwuchs doch zusetzen würde. Väter und Mütter wissen längst, dass Vorsicht auf diesem Terrain geboten ist, spätestens seit Loki Schmidt in ihrem Buch *Mein Leben für die Schule* mit ihrer Behauptung, »ein Backs« sei manchmal besser als Worte, die viel mehr verletzen könnten, umgehend eine heftige Diskussion auslöste. Dabei hatte sie nur wider alle Political Correctness ihre Erfahrung zum Besten gegeben. Das geht heute gar nicht mehr.

So bleibt einem nichts anderes übrig, als sich einfach an einen Kinderpsychologen zu wenden. Vielleicht nicht gerade einen, der seine Erfahrungen immerzu in Büchern an die Eltern zu bringen sucht, sondern einen, der tagein, tagaus mit den heiklen Fragen des Familienalltags konfrontiert ist. Auf die Frage, ob Kinder in den Familien noch geohrfeigt werden, gibt er zu bedenken: »Gehen Sie mal davon aus, dass das häufiger vorkommt, als es die Eltern selbst zugeben.« Und dann korrigiert er sich: »Oder besser, dass es häufiger vorkommt, als den Eltern lieb ist.« Denn sie litten am meisten darunter, wenn ihnen im Zuge eines emotionalen Tsunami einmal die Hand zu locker sitze. »Aber allzu oft kommt es nicht vor«, beruhigt er weiter. »Und wenn es einmal passiert, dann heißt das noch lange nicht, dass die Kinder in ihrem Selbstwertgefühl oder gar die ganze Beziehung zwischen Eltern und Kindern Schaden nehmen.« Auf die Frage hin, ob sich der Kinderpsychologe mit seiner Aussage auch namentlich zitieren lassen würde, schüttelte er den Kopf. »Nein«, lacht er, »ganz sicher nicht.« So viel zum Thema Ehrlichkeit.

Darüber, wie es zu Hause wirklich zugeht, redet man nicht, und man erfährt es auch nicht. Es sei denn, man schickt seine Kinder vor. Sie sind die besten Scouts und gucken hinter die Mauern, die andere Eltern längst um ihre Familien gebaut haben. Oder man führt ein offenes Haus, in dem viele Freunde der Kinder ein und aus gehen. Und dann fragt man en passant drauflos. Das lohnt sich übrigens. Denn was man dann erfährt, ist wirklich spannend. Was die Kinder und Jugendlichen berichten, sollte uns unsere Unsicherheit nehmen. Es zeugt von einer Mischung aus allerlei Erziehungsstilen, aus denen sich die Eltern das für sie gerade Passende herausgesucht haben, ein regelrechtes Potpourri an Methoden, das nirgends empfohlen wird. Und man trifft auf große und kleine Persönlichkeiten, die enorm robust sind, witzig und selbstbewusst und die all die Erziehungsversuche ihrer Eltern bisher ziemlich gut überstanden haben. Vor allem aber erkennt man bei den Jugendlichen ein enormes Abstraktionsvermögen, eine Distanz zu Sinn und Unsinn, den ihre Eltern in der vergangenen Dekade an ihnen ausprobierten – je nach Trend und Mainstream.

Ein paar Tage später habe ich meinen Kindern übrigens von jener mütterlichen Reaktion erzählt, die die Berichte meines Sohnes im Fußballclub hervorgerufen hatte. Die schauten daraufhin etwas verständnislos drein. »Was sind das denn für Probleme? Ist doch unsere Sache, wie wir das alles machen!«

»Meine Erziehung ist eindeutig zu streng«

1. **Wie heißt du?**
   Sebastian.

2. **Wie alt bist du?**
   14 Jahre, Jahrgang 97.

3. *Wo lebst du?*
   Düsseldorf.

4. **Wie viele Geschwister hast du, und wie alt sind sie?**
   Ich habe eine Schwester, die 16 Jahre alt ist.

5. **Welche Sprachen sprichst du zu Hause?**
   Deutsch.

6. **In welche Schule und Klasse gehst du?**
   Aufs Gymnasium in die 10. Klasse. Ich bin früh eingeschult worden und habe eine Klasse übersprungen. Deshalb bin ich meiner Zeit sozusagen zwei Jahre voraus.

7. **Welches sind deine Lieblings-, welches deine Hassfächer?**
   Physik und Bio mag ich, Französisch wegen des Lehrers nicht. Ich bin allerdings nicht so gut in der Schule. Ich stehe im Schnitt zwischen Zwei und Drei.

8. **Lernst du viel für die Schule?**
   Nein, nicht viel. Ehrlich gesagt, derzeit immer weniger.

9. **Wie verhalten sich deine Eltern in Sachen Schule – machen sie Druck, überlassen sie dir alles allein, helfen sie dir?**
   Sie machen Druck, weil ich nicht so gut bin, wie ich vielleicht sein könnte, wenn ich mich anstrengen würde. Das liegt aber an meiner Einstellung. Ich denke, dass ich der Mehrheit der Schüler zwei Jahre voraushabe und mir

deshalb auch mal Zeit lassen kann. Aber das sehen meine Eltern nicht so. Sie nehmen darauf keine Rücksicht. Und auch die Lehrer nehmen keine Rücksicht.

10. Bekommst du Notenvorgaben von deinen Eltern?

Nein, selbst wenn ich eine Vier schreibe, ist es nicht wirklich schlimm. Aber sie erwarten ziemlich eindeutig, dass ich besser bin, als es derzeit der Fall ist. Natürlich haben sie recht. Ich könnte besser sein. Das sehe ich ja auch so.

11. Spielst du ein Instrument? Wenn ja, welches?

Nein, nicht mehr. Habe Klavier gespielt und ein bisschen Blockflöte. Irgendwann habe ich aufgehört. War mir zu viel.

12. Wie lange übst du und wie oft?

Jetzt gar nicht mehr. Das war auch eines der Probleme: Ich habe einfach nicht geübt.

13. Zwingen dich deine Eltern dazu, machen sie Druck, oder ist alles freiwillig?

Freiwillig, die Sache mit dem Klavier war freiwillig. Obwohl mein Vater da schon ein bisschen Druck gemacht hat. Er hätte gern selbst Klavier gelernt. Deswegen.

14. Verpflichten dich deine Eltern zum Sport?

Nein, aber ich mache das selbst sehr gern. Ich mache derzeit allerdings keinen Sport. Ich trainiere mit Hanteln zu Hause, um irgendwie fit zu bleiben.

15. Wie oft trainierst du?

Ich mache jeden Morgen Frühsport mit Hanteln zu Hause. Für Sport als richtiges Hobby habe ich keine Zeit mehr. Ich rede mit Leuten über Computer. Ich programmiere, das ist mein Hobby.

16. Nimmst du gern an Wettbewerben und/oder Turnieren teil?

Ich würde gern, aber ich mache ja derzeit kein Hobby dafür.

17. Treiben dich deine Eltern grundsätzlich an?

    Ja, das muss man so sagen. Sie treiben mich an.

18. Wenn ja, wer ist dein Motor: deine Mutter oder dein Vater?

    Meine Mutter, definitiv.

19. Was machst du sonst noch, wenn du nicht in der Schule bist?

    Ich sitze am Computer und programmiere. Aber ich spiele so gut wie nie, ich programmiere, auch mit Leuten in Amerika. Die kenne ich auch nicht persönlich.

20. Wie laufen bei dir die Wochenenden ab?

    Freunde treffen vormittags, manchmal gehe ich auf Partys, abends bin ich am Computer.

21. Streitest oder diskutierst du oft mit deinen Eltern?

    Ja, vor allem über die Schule, weil wir sehr verschiedene Ansichten haben. Denn meine Eltern wollen eindeutig bessere Noten sehen. Ich werde da dauernd mit meiner Schwester verglichen. Die hat aber nicht zwei Klassen übersprungen, sondern nur eine. Aber in letzter Zeit gehe ich meiner Familie ein bisschen aus dem Weg. Meine Eltern nervt, dass ich so viel am Computer bin.

22. Bekommst du Ärger bei schlechten Leistungen/Noten?

    Ja, das habe ich schon gesagt. Es hält sich allerdings in Grenzen. Es liegt am Lehrer, sage ich dann immer, ha ha. Und an mir natürlich, also am Arbeitseinsatz. Ich sehe allerdings auch, dass Lehrer versuchen, einen fertigzuma- chen. Zwei Jahre jünger, und man soll immer noch gut sein. Aber das funktioniert nicht immer.

23. Macht es dir etwas aus, wenn deine Eltern unzufrieden mit dir sind?

    Ja, natürlich, klar. Ich bin immer noch nicht daran gewöhnt, auch bei meinen Großeltern stört es mich. In Französisch fehlen mir die Grundlagen, ich versuche, mich da zu verbessern, aber das ist auch schwer.

24. Wie wirst du bestraft und wofür?
Eigentlich werde ich kaum bestraft. Wenn ich nicht früh genug zu Hause bin, also um die ausgemachte Uhrzeit, dann werde ich mit SMS von meinen Eltern bestraft. Manchmal darf ich abends auch nicht rausgehen.

25. Macht dir dein Leben richtig Spaß?
Es geht. Ich darf natürlich viel zu wenig machen. Meine Klassenkameraden haben mehr Freiheiten. Ganz klar.

26. Was machst du, wenn du nichts machst?
Musik hören, eigentlich bin ich ganz normal, lese sogar manchmal Bücher.

27. Bist du zufrieden mit deiner Erziehung?
Nein, sie ist eindeutig zu streng, lässt mir zu wenig Freiraum.

28. Was würdest du gern an deinem Leben jetzt ändern?
Mehr Freiraum zum Freunde-Treffen. Außerdem würde ich die Schule gern langsamer erledigen. Dann würde ich bessere Noten schreiben, hätte weniger Stress mit meinen Eltern und wieder mehr Freizeit. Alle sagen, dass ich besonders schlau bin, angeblich hochbegabt, und deswegen bekomme ich Stress von zu Hause, weil viel von mir erwartet wird.

29. Was würdest du bei deinen Kindern später anders machen?
Ich würde mir nicht so viel Sorgen machen, wenn meine Kinder allein unterwegs sind.

30. Welche Note würdest du deinen Eltern für ihre Erziehung geben?
Zwei minus oder Drei.

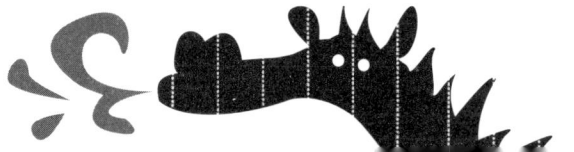

Die Faulheit der Erfolgsbesessenen

Ein Wort unter Verdacht

»Erfolg« ist ein bittersüßes Wort. Im ersten Moment klingt es natürlich positiv, und doch ist es bei uns in Deutschland ein bisschen verpönt. Vor allem dann, wenn man es im Zusammenhang mit Kindern und Jugendlichen gebraucht und allzu viel davon redet. Erfolg erregt schnell den Argwohn der anderen. Erfolgreiche Kinder – wer will die nicht? Aber wer erkennt nicht sofort, dass die glänzenden Erfolge so manches Jugendlichen auch ihre Schattenseiten haben? Die Schatten enormer Anstrengung. Und sofort nimmt das Wort Erfolg, kaum dass man es im Zusammenhang mit unserem Nachwuchs im Munde führt, einen bitteren Beigeschmack an: den von Training, Üben, Drill und Paukerei, von Arbeiten, von Zwang, von Leistungsdruck und immer häufiger von Überforderung. Von all dem also, was Erfolg eigentlich ausmacht, denn vor den Erfolg haben die Götter nun einmal den Schweiß gesetzt.

Verpönt ist der Erfolg von Kindern vor allem dann, wenn deren Eltern erkennbar einen großen Anteil daran haben, weil sie ihren Kindern ordentlich einheizen, sie tagein, tagaus zum Lernen antreiben oder – schlimmer noch – zum Üben ihrer Instrumente zwingen; weil sie ihnen ihr viel zu großes Cello zum Musikunterricht an der Hochschule hinterhertragen oder die Tasche mit den Hockeyschlägern oder Handballschuhen bis vor die Umkleidekabine. Dann nämlich bekommt Erfolg noch eine andere, zutiefst unangenehme Konnotation: Der Erfolg der Kinder, heißt es, liege vor allem den überehrgeizigen Eltern am Herzen. Nicht zuletzt, damit ein wenig dieses kindlichen Glanzes auch auf sie abstrahle. Erfolg von Kindern ist dann nicht mehr und nicht weniger als das Ergebnis eines elterlichen Egoismus, der das arme Geschöpf regelrecht missbraucht. Das Kind, so ist immer wieder zu lesen und zu hören, sei das Vehikel sozialer Anerkennung, das Erfolgsprodukt der Eltern – aus welcher Motivation heraus auch immer.

Und das hat, so wird gemeinhin unterstellt, höchst negative Folgen. Dieser Erfolgsdruck mache den Nachwuchs krank. »Jedes vierte Kind in Deutschland leidet unter Depressionen«, informierte der *Stern* auf seiner Internetseite seine Leser. Auf diese Schlagzeile brachte ihn eine umfangreiche Studie des Universitätsklinikums Eppendorf in Hamburg. 25 Prozent unter Deutschlands Kindern seien inzwischen psychisch belastet, hieß es dort. Der Leiter der Studie, Professor Michael Schulte-Markwort, schlug Alarm: Eine nicht unbedeutende Rolle dieses gesellschaftlichen Befundes käme den Eltern zu. Diese wollten für ihr Kind die bestmögliche Ausbildung. Und das in einer verkürzten Gymnasialzeit. »Kinder sind heute unglaublich diszipliniert und leistungsbereit.« Das sei »im Prinzip« etwas Positives – »aber nicht, wenn sie nicht mehr merken, dass sie sich überfordern, oder wenn ihre Eltern überhöhte Anforderungen stellen«.

Mit diesem Satz nimmt diesmal ein Mediziner die Eltern und die Kinder in die Zange und spricht ihnen das Gefühl für das rechte Maß der Dinge einfach ab: Erfolgsorientierung ja, aber bitte nicht zu viel des Guten. Und Vorsicht bei allzu disziplinierten Kindern, die offenbar ganz unbewusst die eigenen Leistungsgrenzen überschreiten. Mit einer gewissen Skepsis oder, besser, Sorge höre ich nach seinen Ausführungen meiner Tochter zu, wenn sie sich zu dem Thema äußert:

Ich würde sagen: Erfolg ist schon wichtig für mich. Ich freue mich über die Selbstbestätigung und die Anerkennung anderer, die ich durch den Erfolg bekomme. Warum, weiß ich nicht so genau. Aber ich tue auch eine ganze Menge dafür. Ob das an meiner Erziehung liegt – wer weiß? Erfolg bringt nun einmal den Spaß im Leben und Freude an Dingen, die man tut. So einfach ist das: Spaß macht eben nur, was man wirklich gut beherrscht. Sonst nichts. Je älter ich werde, desto mehr spüre ich das, weil man sich selbst gegenüber immer anspruchsvoller wird. Will ich Erfolg und damit Spaß im Leben haben, muss ich gut sein. Und das ist mir nicht angeboren, sondern hart erarbeitet. Der Mechanismus ist ganz einfach: Erst kommt die Arbeit, dann der Erfolg, dann die Zufriedenheit. Aber zwei Dinge muss ich dazu auch noch sagen: 1. Erfolg ist für mich relativ. Ich möchte gar nicht die beste Flötistin auf Erden werden oder im Tennis die Nummer eins in Deutschland. Darum geht es mir nicht. Es ist mir wichtig, mich selbst zu verbessern. Dann finde ich, dass ich erfolgreich war. Und 2. geht es auch nicht um Erfolg um jeden Preis. Man muss, wenn man Erfolg haben möchte, nicht zum rücksichtslosen Egoisten werden.

Kleine und große Erfolgsmaschinen

Eigentlich schade, dass dieses kleine Wörtchen »Erfolg« derart in Misskredit geraten ist. Denn jedes Kind sehnt sich nach Erfolg. Es ist geradezu davon besessen. Gott sei Dank, sonst würde es sich ja überhaupt nicht weiterentwickeln. Glaubt man den Entwicklungspsychologen, zeigen sich erste Anzeichen einer Leistungsmotivation bei Kindern bereits im Alter von etwa drei Jahren. Dann nämlich beginnen die Kleinen zu begreifen, dass das Ergebnis ihrer Handlung etwas über ihre eigene Tüchtigkeit aussagt. Und das unabhängig davon, ob das Kind etwas für sich selbst tut oder im Wettstreit mit anderen. Wenn also ein Dreijähriger seinen Turm aus Bauklötzen höher oder schneller zu Ende baut als sein Altersgenosse, dann lernt er, dass dies mit eigener Anstrengung zu tun hat. Kinder sind bereits in diesem Alter in der Lage, ihre Leistungen im Vergleich mit anderen zu bewerten und darüber Freude und Stolz oder Enttäuschung zu empfinden. Erfolge oder auch Misserfolge erfahren sie aber noch viel häufiger bei den immer gleichen Aufgabenstellungen des täglichen Lebens, deren Erledigung ihnen mit zunehmendem Alter besser gelingt, wie zum Beispiel beim selbständigen Anziehen. Erfolgsbesessen, wie sie nun einmal sind, setzen sie alles daran, die ihnen gestellten Aufgaben jedes Mal schneller und eigenständiger zu bewältigen, mit unendlicher Freude.

Immer wieder geben Kinder lauthals neue Wasserstandsmeldungen über ihre Fähigkeiten von sich. Wer kennt sie nicht, diese Lust und Ungeduld der lieben Kleinen, immer mehr allein zu schaffen und die Ergebnisse ihres Tuns stolz Eltern und Freunden zu präsentieren? Und zwar so unaufhörlich, dass man allzu oft weniger erfreut als vielmehr genervt auf die unablässigen Mitteilungen darüber reagiert, was schon wieder erreicht wurde. Kinder wollen eben einfach immer besser werden, um wiederum besser zu werden. Sie wollen den Erfolg nur, um gleich den nächsten einzuheimsen. Sie sind wahre Erfolgsmaschinen, lernen in rasendem Tempo, um dann wieder höhergesteckte Ziele zu erreichen. Erfolg ist Selbstzweck. Der Entwicklungspsychologe Gerd Mietzel umschreibt diese Erfolgsbesessenheit mit einem schlichten Satz: »In der Feststellung, besser geworden zu sein, liegt der entscheidende Anreiz.« Somit ist der Erfolg nun einmal die Grundvoraussetzung, sich weiterzuentwickeln. Und das ändert sich auch im jugendlichen Alter nicht.

Die gesamte kindliche Entwicklung läuft über den Erfolg, Kinder und Jugendliche definieren sich darüber. Erfolg in der Schule, beim Sport, bei Freunden, Erfolg beim anderen Geschlecht – auf welchem Gebiet auch immer. Dabei steht vor allem im Jugendalter nicht nur Akzeptanz und Anerkennung über den Erfolg im Vordergrund, sondern auch die Einschätzung der eigenen Leistung. Das funktioniert über den Vergleich mit anderen. Rund zwei Drittel der Jugendlichen beantworteten zum Beispiel die Frage, ob sie gern an Wettbewerben teilnähmen, überaus positiv. Sich mit anderen zu messen gehört einfach dazu, vor allem für die Jungen.

Luca (16), Leo (14) und Kianoush (14) schreiben, wie viel ihnen Erfolg bedeutet. Sie können gar nicht genug davon bekommen und wollen am liebsten immer alles gewinnen. Sie lernen aus ihren Fehlern. Adriano (13) schätzt die Leistungsvergleiche vor allem, um zu sehen, auf welchem Niveau er sich gerade befindet. Sinah, die ebenfalls 13 ist, meint, Wettbewerbe gehörten einfach zum Leben. Und auch Philomena (16) misst sich gern mit anderen, ist dabei aber häufig ziemlich aufgeregt, was ihr manchmal einen Strich durch die Rechnung macht. Theresa (15) geht es vor allem darum, sich ihre Leistungssteigerung und damit ihren Erfolg selbst zu beweisen. Besser, schneller, höher hinaus – für den Nachwuchs ist das unheimlich wichtig.

Erfolg aber ist nicht alles. Über die Jahre haben die Jugendlichen offenbar begriffen, dass man nicht immer reüssieren kann. In der Schule fällt eine Klausur eben auch mal schlechter aus. Und beim Sport gibt es fast immer jemanden, der den Ball präziser schießt, wirft oder schlägt, der schneller den Felsen hinaufklettert oder den gegenüberliegenden Beckenrand früher erreicht. Den meisten sind solche Niederlagen ein Ansporn, aber kein Grund zur Verzweiflung. »Dann strenge ich mich noch mehr an«, heißt es in den Antworten immer wieder, wenn die Jugendlichen das Thema Verlieren oder Scheitern ansprechen. Leonie (13) bringt die gesunde Einstellung vieler zum Thema Wettbewerbe und Erfolg auf den Punkt: »Punktspiele machen Spaß, auch wenn man mal verliert. Gehört einfach dazu.«

Erfolgsbesessenheit, Ehrgeiz und das Bedürfnis, sich mit anderen zu messen, sind natürlich auch eine Frage des Charakters und nicht nur der Erziehung. Felicitas (16) sagt von sich selbst: »Ich bin eigentlich kein Wettbewerbstyp.« Benedict (16) behauptet das Gleiche. Und selbst Dorian (14), ein zumindest schulisch vom Erfolg verwöhnter Überflieger, der bereits in der 11. Klasse ist, schreibt auf die Frage »Nimmst du gern an Wettbewerben teil?«: »Eigentlich nicht so gern.« Die drei aber vertreten in dieser Umfrage die Minderheit.

Hobbys – vor allem im Sport – bringen Wettbewerbe einfach mit sich. Sie sind das Trainingsfeld fürs spätere Leben, auf dem Kinder und Jugendliche den Umgang mit Siegen und vor allem mit Niederlagen lernen. Manchmal beschleicht mich das Gefühl, dass die Leistungsorientierung in den Sportvereinen und auch der Ehrgeiz der Trainer permanent zunehmen. Das gleiche Phänomen zeigt sich beim Musizieren. Ständig werden Turniere organisiert, Wettbewerbe, Vorspiele. Mehr als zu der Zeit, in der ich zur Schule ging und sicher nicht minder aktiv war als meine Kinder. Oft höre ich von Jugendlichen, dass ihre Hockey- oder Fußballtrainer außer Verletzungen keinerlei Entschuldigungen akzeptieren, wenn Mitglieder der Mannschaft bei den wöchentlichen Punktspielen am Samstag oder Sonntag einmal nicht teilnehmen können oder wollen. Noch nicht einmal Familienfeiern lassen sie gelten. Schließlich steht immer die Drohung im Raum: Wer sich an die Präsenzpflicht nicht hält, sitzt beim nächsten Mal eben auf der Bank, was eigentlich ein Unding ist.

Zumindest einen Vorteil bringt diese Entwicklung aber mit sich: Es gibt immer mehr Möglichkeiten für Kinder und Jugendliche, sich in der Teilnahme von Wettbewerben zu üben und den Umgang mit Niederlagen fürs Leben zu lernen. Je mehr Wettbewerbe, desto mehr Übung, und desto weniger fallen Niederlagen ins Gewicht. Da sich die überwiegende Mehrheit der Befragten über Jahre sportlich betätigt, sind sie die außerschulischen Leistungsvergleiche gewohnt und auch den zum Teil übertriebenen Ehrgeiz ihrer Trainer und Eltern. Mit Enttäuschungen über das eigene Scheitern oder Misslingen kommen sie offenbar ganz gut zurecht. Auch Isabel erlebt das immer wieder. Sie meint:

Über Niederlagen oder über eigenes Versagen ärgere ich mich. Ganz gleich, ob in der Schule, auf dem Sportplatz oder bei einem Vorspiel. Aber ganz ehrlich: Wer tut das nicht? Die entscheidende Frage ist, was man daraus macht. Ich erinnere mich noch ganz genau, wie ich als Zehnjährige bei einem Flötenvorspiel kläglich versagte. Ich hatte mir die letzten beiden Sätze der h-Moll-Suite von Bach für Flöte vorgenommen. Als ich aber vor dem Publikum stand, wollte mir ein Lauf einfach nicht gelingen. Zusammen mit dem Pianisten musste ich zweimal neu ansetzen, um dann schließlich zu entscheiden, die Stelle ganz wegzulassen. Es war sehr unangenehm. Im Nachhinein habe ich mich über mich selbst ziemlich aufgeregt und mir geschworen: So etwas passiert mir nicht noch mal. Ich war ganz erpicht darauf, weitere Vorspiele zu absolvieren, um mit diesem Ereignis abzuschließen. Die Erfahrung, gescheitert zu sein, wollte ich so schnell wie möglich loswerden. Ich wollte mir beweisen, dass ich es besser kann. Natürlich lernt man aus solchen Ereignissen.

Und über die Jahre lernt man auch, dass man solche Erfahrungen braucht, um überhaupt etwas zu lernen. Alles halb so wild. Mit der Zeit bekommt man sich viel besser unter Kontrolle und weiß auch, was in einem Wettbewerb oder in einer Klassenarbeit zu tun ist, wenn es nicht gut läuft. Am Ende lacht man drüber.

Niederlagen sind vor allem für zwei Gruppen ein Problem: für jüngere Kinder und für Eltern. Bei Kindern im Vor- und Grundschulalter kommt das Verlieren häufig einer persönlichen Katastrophe gleich. Da sind Wutanfälle, Tränen, Verzweiflung, Flüche und Beleidigungen keine Seltenheit. Verlieren bedeutet Frustration. Die Toleranz, seine eigene Frustration zu ertragen, müssen die Kinder trainieren. Von allein wächst sie ihnen nicht zu. Vielleicht singen deshalb so viele Psychologen das Hohelied auf sonntägliche Spiele-Nachmittage. Mit Brettspielen, die einen starken Wettbewerbscharakter haben und nicht nur die Kreativität in den Vordergrund stellen, lasse sich der Umgang mit Niederlagen am besten einüben. Und den braucht man, um später auf dem Sportplatz nicht noch im Alter von 12 Jahren regelmäßig in Tränen oder wütendes Geschrei auszubrechen, wenn einem etwas mal nicht gelingt. Nahezu einhellig sind die Experten der Meinung, man solle Kinder – nur um des lieben Friedens willen – auf keinen Fall gewinnen lassen. Voraussetzung ist natürlich, dass sie im Spiel a priori eine faire Chance haben, die Partie auch für sich zu entscheiden. Und dass Eltern ihnen erklären, was es mit den Spielen auf sich hat: Gewinnen kann immer nur einer. Das ist beim Schach nicht anders als beim Monopoly oder Mensch ärgere Dich nicht.

Vor allem den jüngeren Kindern sind Erfolge und Siege ungemein wichtig. Sie definieren ihren Selbstwert darüber und müssen deshalb nicht nur begreifen, dass man Niederlagen ertragen muss und kann, sondern auch, dass das noch lange kein Grund ist, die Flinte ins Korn zu werfen. Kinder müssen also nicht nur lernen zu verlieren, sondern dazu auch die Selbstmotivation, nicht aufzugeben. Niederlagen und Misserfolge sind nun einmal die Voraussetzungen für spätere Siege. Und wenn die sich einstellen, dann redet auch über die Niederlagen niemand mehr. Der weltbekannte New Yorker Schachlehrer Bruce Pandolfini, der vor allem junge Nachwuchstalente trainiert, weiß, wie verheerend sich Verlieren auf Kinderpersönlichkeiten auswirken kann, obwohl gerade diese Erfahrung so wichtig ist. Immer wieder wird er mit den Worten zitiert: »Schach ist ein Spiel des Scheiterns. Am Anfang verliert man sehr, sehr oft. Die Kinder, die erfolgreich werden, sind die, die gelernt haben, ihre Niederlagen zu ertragen. Viele junge Schachspieler empfinden Niederlagen als derart zerstörend, dass sie sich nie daran gewöhnen, ihr Scheitern nicht persönlich zu nehmen. Gute Spieler indes verlieren und lassen die Partie emotional dann hinter sich.«

Während Kinder damit noch Schwierigkeiten haben, können viele Jugendliche mit Niederlagen besser umgehen. Sie haben es eben trainiert. Häufig sind sie gelassener als ihre Eltern, die zwar eigene Misserfolge zu ertragen in der Lage sind, aber nicht die ihres Nachwuchses. Nirgends lässt sich das besser beobachten als in den Sportarenen, am Rand des Fußballfelds, auf der Tribüne der Schwimmhalle oder am Zaun des Tennisplatzes. Da wird gebrüllt, geschrien, geschimpft. Manchmal bekommen sich die Eltern im wahrsten Sinne des Wortes in die Haare. Mütter zischen sich an; Väter werden handgreiflich, wenn beim Tennis ein Ball so dicht an der Linie landet, dass der Gegner des eigenen Sprösslings laut »Aus« ruft oder die Hand hebt, während der Vater den Ball natürlich auf der Linie gesehen hat. Mindestens genauso emotional geht es beim Fußball oder Hockey zu. Und dann ist auch schon mal der »Schiri« dran. Da werden die Kinder zur Projektionsfläche für eigene unerfüllte Wünsche oder Vorstellungen, zu Erfüllungsgehilfen, die ihren Beitrag dazu leisten müssen, den elterlichen Ehrgeiz zu befriedigen. Was die Eltern nicht erreicht haben, müssen jetzt eben die Kinder zuwege bringen. So großartig es ist, wenn Eltern ihren Kindern sehr viel zutrauen, so schwierig wird es, wenn sich die Motivation dafür ausschließlich aus Sehnsüchten der Väter und Mütter und nicht unbedingt der Kinder speist.

Ich selbst kann meine Kinder auch nur sehr schlecht verlieren sehen. Dabei haben wir fast lehrbuchhaft an dem Umgang mit Niederlagen und Fehlern gearbeitet, was bei den Kindern offenbar mehr gefruchtet hat als bei mir. Nicht nur, dass sie mir im Augenblick ihres Scheiterns an einem stärkeren Gegner oder an sich selbst unendlich leidtun, sondern es ärgert mich auch. Dabei habe ich als Teenager sicher mehr Tennispartien verloren als gewonnen und meinem Club wenig Ehre eingetragen – übrigens, ohne dass ich darunter besonders gelitten hätte. Zumindest kann ich mich nicht mehr daran erinnern. Seltsam, was mit Erwachsenen passiert, wenn sie plötzlich Kinder haben! Ich habe längst die Konsequenz aus dieser Erfahrung gezogen und schaue bei Wettbewerben oder Vorspielen meiner Kinder einfach nur noch selten und wenn, dann nur auf besonderen Wunsch hin zu. Sie brauchen mich nicht.

Erfolgsorientierung birgt immer die Gefahr des Misslingens. Diese Spannung zu ertragen ist für Eltern anstrengend. Doch ist das nicht der einzige Grund, warum viele Eltern dem so skeptisch gegenüberstehen. Seit gut drei Jahrzehnten wird ihnen beigebracht, man dürfe seinen Kindern keinesfalls vermitteln, sie würden nur ihres

Erfolgs wegen geliebt. Genau dieser Eindruck entstünde aber, wenn man sie besonders leistungsorientiert erziehe. Diese jahrzehntelange Indoktrination, der eine grundsätzliche Skepsis gegenüber unserer Leistungsgesellschaft zugrunde liegt, kann dann schon merkwürdige Blüten treiben. Da duellieren sich zwei Jungen auf dem Tennisplatz. Das Match ist über zwei Stunden lang spannend und sehr ausgeglichen. Jeder gibt sein Bestes. Der Schweiß rinnt, die Jungen stöhnen bei ihren Schlägen. Als schließlich einer der beiden die Oberhand gewinnt, hört man den Zwischenruf eines offenbar höchst angespannten Vaters: »Kämpfen, kämpfen, Junge. Ich liebe dich, auch wenn du verlierst!«

Verlieren gehört genauso zum Leben wie Gewinnen. Natürlich will der Nachwuchs auch wegen seines Erfolgs geliebt werden. Aber das heißt doch nicht, dass er im Falle einer Niederlage oder eines Misserfolgs notwendigerweise mit Verachtung und Liebesentzug rechnen muss. Das bestätigen auch die Antworten aus den Fragebogen nicht. Im Gegenteil: Die elterliche Zuwendung steigt im Fall von Misserfolgen sogar noch an. Philomena (16), Stella (16), Johannes (17) – sie alle bekommen zwar Ärger bei schlechten Noten, wenn sie nicht gelernt haben. Aber auch nur dann. Ansonsten werden sie getröstet, »weil meine Eltern nicht wollen, dass ich unter meiner Enttäuschung so sehr leide«. Kinder versuchen einfach nur, über Leistung und Erfolge Sympathiepunkte zu sammeln, auch bei ihren Eltern. Das ist ein ganz natürliches Verlangen. »Mama, guck mal!« – Wer kennt sie nicht, diese tausendfach wiederholte Aufforderung, sich mit den Fortschritten des erfolgsbesessenen Nachwuchses zu befassen. Und dann geht es den Baum hinauf oder die Straßenlaterne. Dann werden bis ins jugendliche Alter Bilder oder Arbeiten gezeigt, die mit Akribie gefertigt wurden, mit Besessenheit und unendlicher Liebe zum Detail. Natürlich wollen Kinder – auch! – wegen ihres Erfolgs geliebt werden. Was, um Himmels willen, soll so schlecht daran sein?

Die kindliche oder jugendliche Erfolgsbesessenheit, die unendliche Motivation, in allem stetig besser zu werden, ist mitreißend und beneidenswert. Sie ist vor allem dann faszinierend, wenn man den Hirnforschern zuhört. Die können uns inzwischen nämlich die neurobiologischen Gründe dafür erklären, warum Erfolg regelrecht süchtig macht. Und warum es womöglich keine ganz schlechte Idee sein könnte, seinem Kind bereits vor der Einschulung die Grundzüge des Lesens und Rechnens zu vermitteln. Auch wenn die Pädagogen regelmäßig davon abraten. Kommt das Kind in die Schule und kann schon ein bisschen lesen und rechnen, dann hat es ein positives Aha-Erlebnis. Die Schulzeit beginnt also mit einem ersten kleinen Erfolg. Und der macht die Kinder nicht nur glücklich, sondern erzeugt auch noch die Sehnsucht nach mehr davon, wofür das Kind weitere Anstrengungen womöglich leichter in Kauf nimmt.

Cocktail fürs Gehirn

Das Glücksgefühl des Erfolgs hat einen Namen: Dopamin. Dieser körpereigene Botenstoff, ein Neurotransmitter, wird sehr tief im Gehirn, im sogenannten Mittelhirn, von einer kleinen Ansammlung von Neuronen produziert und über entsprechende Faserverbindungen in zwei Bereiche des Gehirns weitergeleitet. Zum einen in den Nucleus accumbens, zum anderen direkt ins Frontalhirn. Doch sind die Produzenten dieser Glücksdroge nicht dauernd aktiv, sondern nur dann, wenn ein Ereignis eintritt, das besser als erwartet ist. Sie legen zum Beispiel los, wenn der Erstklässler das Wort, das die Lehrerin ihren i-Dötzchen am ersten Tag an die Tafel schreibt, sofort erkennt, weil er schon ein wenig lesen kann. Im Nucleus accumbens, einer Kernstruktur im unteren Vorderhirn, werden sodann – angeregt durch das Dopamin – opiumähnliche Eiweiße produziert, die ihrerseits als Neurotransmitter ins Frontalhirn gelangen. »Unser Gehirn macht also selbst eine Art Opium, und wenn dieses im Frontalhirn ausgeschüttet wird, dann macht das – Spaß!«, schreibt Manfred Spitzer, einer der bekanntesten Hirnforscher Deutschlands.

Das ist aber nicht alles; das Dopamin wird auch direkt im Frontalhirn ausgeschüttet. »Dies wiederum bewirkt, dass es besser funktioniert«, erklärt Spitzer weiter. Man könne sich besser konzentrieren, klarer denken und Informationen schneller verarbeiten, weil mehr Synapsen involviert seien. Die Effekte des Dopamins gehen somit weit über das süchtig machende Wohlbefinden hinaus. Sie setzen dem Lernen einen Turbo auf; denn Informationen, die unter dem Einfluss der Hormondusche und damit bei positiver Gefühlslage das Kurzzeitgedächtnis entern, werden auch bevorzugt im Langzeitgedächtnis gespeichert.

Dopamin macht also nicht nur glücklich, sondern auch effizient. Spitzers Kollege Henning Scheich vom Leibniz-Institut für Neurobiologie in Magdeburg drückt die möglichen Folgen dieser positiven Rückkopplung noch deutlicher aus: »Wenn Sie oft diesen Mechanismus betätigen, bewirkt das, dass sie generell hoch motiviert sind, Erfolge zu haben und etwas zu leisten. Das ist gewissermaßen der Mechanismus, der hinter den Erfolgserlebnissen steht.« Diese zwei Wirkungen haben dem biochemischen Wundermittel Dopamin auch den Beinamen »Erfolgsdroge« oder »Glückshormon« eingebracht. Unser Gehirn verfügt also über sein eigenes Belohnungssystem. Das ist die neurobiologische Erklärung dafür, dass sich der Mensch mit dem guten Gefühl, etwas geschafft zu haben, einfach nicht zufriedengeben will. Er lechzt nach mehr, will wieder und wieder erleben, wie diese winzigen Teilchen im Mittelhirn die Produktion der Opiate in Gang setzen und dem Frontalhirn damit zu seiner »Dusche« der Seligkeit verhelfen.

Diese Dopaminproduktion ist vor allem in jungen Jahren besonders ergiebig. Sie nimmt mit zunehmendem Alter ab. Das Gehirn reagiert später nicht mehr so gut auf die eigenen Belohnungsanreize. Das jedenfalls hat vor einigen Jahren ein amerikanisches Forscherteam herausgefunden. Die Leistungsmotivation nimmt ab, was im Grunde nichts anderes bedeutet, als dass man vor allem Kindheit und Jugend dazu nutzen sollte, nicht nur Sprachen, Sportarten und jegliche Art von Kulturtechniken zu erlernen, sondern auch, um das Glücksgefühl des Erfolgs möglichst fest im Gehirn zu verankern. Und das geht – wie alles andere auch – nur durch ständige Wiederholung.

Bei ihrer unermüdlichen Erforschung des Gehirns haben die Neurobiologen allerdings kein menschliches Perpetuum mobile gefunden. Leider sorgt der Neurotransmitter Dopamin nicht ganz automatisch für Dauermotivation, mit der sich zunehmend mühelos immer neue Erfolgsstufen erklimmen ließen; sonst würden sich ja alle Menschen ununterbrochen um ihren Leistungsfortschritt kümmern und von Erfolg zu Erfolg jagen, ohne jene Hürde überwinden zu müssen, die uns alle immer wieder zur Verzweiflung treibt: die eigene Faulheit.

Wer hoch hinauswill und damit mehr als nur hin und wieder ein nettes kleines Aha-Erlebnis mit Dopamindusche, der muss sich quälen, nicht einmal, sondern immer wieder aufs Neue. Das ist die andere Seite des Erfolgs: die Anstrengung. Wer Erfolg haben will, wird die eigene

Bequemlichkeit überwinden und sich wohl oder übel nach der Decke strecken müssen. Isabel gibt sich inzwischen keinen Illusionen mehr hin:

Erfolg bedeutet Arbeit. Und Arbeit bedeutet nichts als Wiederholung. Das habe ich jahrelang unterschätzt. Alles muss permanent wiederholt werden, damit man irgendwann erfolgreich wird. Das gilt für Aufschläge beim Tennis und Tonleitern auf der Flöte genauso wie für Mathematikaufgaben oder Vokabeln. Üben, üben, üben – dann stellt sich die Leistung ein, die Befriedigung verschafft. Inzwischen weiß ich: Man kann nur Erfolg haben, wenn man übt, trainiert, lernt … Hundert Mal, tausend Mal das Gleiche, immer weiter, weiter und weiter. Kein Wunder, dass »Üben« das Lieblingswort meiner Mutter ist. Überwindung kostet die Anstrengung jedes Mal. Meine Mutter behauptet von sich, sie sei eigentlich chronisch faul. Das ist sie natürlich nicht. Doch weiß ich inzwischen, was sie meint. Die Sache mit der Überwindung wird wohl ein Leben lang so bleiben.

Programmierung der Minimalisten

Lassen wir die Neurobiologen wieder ihre Arbeit tun und wenden uns der Verhaltensforschung zu. Die nämlich hat einen anderen Mechanismus ausgemacht, der uns Menschen leider auch zu eigen ist: das Ökonomieprinzip der Natur. Die Natur hat ihre Lebewesen über die Jahrmillionen hinweg auf Sparsamkeit programmiert und damit auf einen höchst effizienten Umgang mit den eigenen Ressourcen. Diese Effizienz war und ist die Überlebensvoraussetzung für alle Arten, die es gibt – außer für den Menschen. Denn nicht allein der physisch Stärkste seiner Art hat seit jeher die besten Überlebenschancen, sondern jenes Lebewesen, das am schonendsten mit seinen Ressourcen umgeht.

Angesichts der zivilisatorischen Fortschritte ist das optimale Haushalten mit den eigenen Kräften aber ausgerechnet für unsere Spezies keine unabdingbare Notwendigkeit mehr, weil auch jene überleben, die Raubbau an ihrem Körper betreiben. Doch ist die evolutorische Programmierung auf möglichst geringen Ressourceneinsatz bis heute wirkungsmächtig geblieben und hat uns lernende Menschen – Dopamindusche hin oder her – zu Minimalisten gemacht. Das heißt: Um einen bestimmten Zweck zu erreichen, betreiben wir nicht mehr Aufwand als unbedingt nötig. Und das selbst dann nicht, wenn uns einer unserer stärksten Triebe, die Neugierde, reitet. Selbst diese Impulse werden stets einer Kosten-Nutzen-Abwägung unterworfen. Bewusst oder unbewusst geht es immer nach der Devise: Lohnt sich der Aufwand? Wer kennt das nicht! Wir sind hin und her gerissen zwischen der Sehnsucht nach Erfolg und dem damit verbundenen Glücksgefühl einerseits und der eigenen Trägheit andererseits.

Ganz wunderbar kann man das an Kindern beobachten oder auch an sich selbst. Kinder sind Minimalisten. Zumindest dann, wenn es nicht mehr nur darum geht, die überlebenssichernden Triebe der Nahrungsaufnahme, Kommunikation und der Fortbewegung zu befriedigen. Da zeigen sie sich in jungen Jahren noch akribisch. Doch irgendwann, wenn Fertigkeiten wie das Gehen und die selbständige Nahrungsaufnahme gelernt sind, wird es plötzlich mühsam. Es gibt eben einen Unterschied zwischen dem natürlichen Drang, Laufen zu lernen, der eine evolutionsgeschichtliche Entwicklung von Millionen Jahren hinter sich hat, und dem Bedürfnis, eine Kulturtechnik wie das Lesen oder das Klavierspiel zu beherrschen. Die Entdeckung der Schrift liegt gerade einmal

3000 Jahre zurück. Und die Jahrhunderte, in denen sich die Menschen an den Sinn oder Unsinn des Gebrauchs von Tasteninstrumenten gewöhnen konnten, lassen sich an einer Hand abzählen. Auf solchen Gebieten geht nur wenig von allein. Und das, obwohl auch Kinder schon relativ schnell begreifen, dass sie zufriedener oder auch glücklicher sind, wenn sie ein Buch zu Ende gelesen, eine Rechenoperation in Mathematik begriffen oder ein Klavierstück endlich gelernt haben. Doch hält die momentane Erkenntnis, dass Anstrengung und Erfolg Zufriedenheit verschaffen, kaum bis zum nächsten Tag. Dann obsiegt die Unlust wieder:

Immer wieder muss ich diese innere Stimme ertragen: »Wieso, wieso tust du das alles?« Oder in anderer Variante: »Ach, es hat doch alles noch ein bisschen Zeit.« Und dann würde ich mich am liebsten auf mein Bett werfen, ein Schläfchen halten oder in der Küche verschwinden, um mir etwas zu kochen. Diese Faulheit sitzt tief in mir drin. Normalerweise versuche ich, sie irgendwie in Schach zu halten. Aber oft ist sie stärker. Darüber ärgere ich mich. Faulheit ist unbesiegbar. Sie holt einen immer wieder ein. Dann hänge ich ab, schaue Fernsehen – am liebsten irgendwelche Soaps – oder lese in Klatsch-Zeitschriften. Überwinden kann ich meine eigene Faulheit nur, wenn ich von anderer Seite genügend Druck bekomme. Entweder durch einen Prüfungstermin oder aber von meinen Eltern, die mich aus diesem unseligen Zustand der totalen Unzufriedenheit herauskatapultieren. Ehrlich: Ohne deren Motivation wäre ich wirklich viel fauler. So geht es übrigens nicht nur mir, sondern auch den meisten anderen Jugendlichen, die meine 30 Fragen beantwortet haben. Diese innere Stimme flüstert eben immer weiter.

Laufen für Schokoriegel

Diese Ambivalenz zwischen Anstrengung und Müßiggang, zwischen Erfolgsbedürfnis und Faulheit hat unlängst ein vielbeachteter Versuch an der Booth School of Business der Universität Chicago zutage gefördert, der in dem renommierten Wissenschaftsjournal *Psychological Science* von Christopher Hsee veröffentlicht wurde. Hsee bat Studenten, einen vertraulichen Fragebogen über ihre Fakultät auszufüllen. Kaum dass sie die Fragen beantwortet hatten, kündigte er ihnen einen zweiten an, der allerdings erst später verteilt werde. Die Versuchspersonen hätten in der verbleibenden Zeit die Möglichkeit, den bereits ausgefüllten Fragebogen direkt an der Tür abzugeben und zu warten. Oder sie könnten ihre Papiere an einem anderen, 15 Minuten entfernten Ort hinterlegen. Als Belohnung für die Beantwortung der Fragen sollten die Studenten in beiden Fällen einen Schokoriegel bekommen.

Zunächst wurden an beiden Abgabestellen die gleichen Riegel angeboten. Und tatsächlich entschied sich die Mehrheit der Versuchspersonen für die bequeme Variante. Sie nahmen den Riegel entgegen und warteten auf den nächsten Fragebogen. In dem Moment allerdings, da Hsee den Studenten unterschiedliche Schokoriegel anbot, Milchschokolade hier und dunkle dort, machte sich die Mehrheit der Studenten erstaunlicherweise auf den Weg. Und das, obwohl sie nachweislich für keine der Schokoladen eine Präferenz hatten. Auch bei umgekehrter Ausgabe der Riegelsorten entschied sich die Mehrheit dafür, den Fußmarsch zurückzulegen. Mehr noch: Als die Studenten anschließend nach ihrer Befindlichkeit befragt wurden, zeigten sich die, die gelaufen waren, deutlich zufriedener.

Der Wissenschaftler wiederholte das Experiment – allerdings ohne Schokolade. Diesmal durften sich die Studenten auch nicht für eine Variante entscheiden. Eine Gruppe wurde zum Warten gezwungen, die andere musste laufen. Und wieder waren – Zwang hin oder her – diejenigen zufriedener, die gelaufen waren.

Der Göttervater Zeus also wusste, was er tat, als er Sisyphos, den wohl verschlagensten Helden der griechischen Mythologie, mit ewig dauernder Arbeit bestrafte und ihn dazu verdonnerte, im Reich Hades unendlich oft einen schweren Fels den Berg hinaufzustemmen, bis er ihm kurz vor der Kuppe entgleiten und hinabrollen würde. Nicht nur wollte der Göttervater dem Bösewicht die Hände auf immer binden. Vielmehr wusste er auch, dass die Beschäftigung den Bestraften viel eher in seelischer Balance halten würde als der Müßiggang im Kerker, der den malignen Helden nur wieder auf dumme Gedanken bringen würde. So kann die Bestrafung fast schon als milde angesehen werden, weil Zeus seinen Feind vor der Unzufriedenheit durch Tatenlosigkeit bewahrte, wäre sein Tun nur nicht so sinnlos gewesen. In der Sinnlosigkeit nämlich lag die eigentliche Strafe.

Ganz ohne Sinn und Verstand mag der Mensch sich nämlich nicht anstrengen. Hsee gab den wartenden Studenten in einem weiteren Durchlauf seines Experiments Perlenarmbänder für die Zeit des Wartens und stellte sie vor die Entscheidung, ob sie sich die Zeit mit dem Auflösen der Armbänder und Wiederauffädeln der Perlen vertreiben wollten. Das allerdings tat die Mehrheit nur, wenn ihr gestattet war, ein neues Perlenmuster zu kreieren. Einfach ab- und wieder auffädeln war ihre Sache nicht.

»Beschäftigung macht uns zufriedener«, resümiert Hsee, »aber instinktiv präferieren wir den Müßiggang.« Menschen sind von Natur aus faul, wissen aber, dass die Faulheit sie nicht glücklich macht. Deshalb reicht schon der fadenscheinigste Grund, damit sie sich betätigen – und sei es ein spezieller Schokoriegel, für den sie eigentlich gar keine besondere Vorliebe haben. In der Verlockung liegt die Heimtücke des Müßiggangs, der seine Wurzeln tief in der menschlichen Natur hat. Nur: Ressourceneffizienz macht uns nicht glücklich, haben wir doch eigentlich viel zu viel Energie, die wir irgendwo herauslassen müssen.

Hat man sich einmal mit diesen widerstreitenden Prinzipien der menschlichen Natur befasst, kann man das wunderbar beobachten. Schauen wir uns wieder die Kinder an. Da ist der kleine Junge, dessen größter Wunsch es war, Klavier zu spielen. Nur leider hat er es mit dem Üben nicht besonders. Jeden Tag gibt es endlose Diskussionen, wenn es darum geht, sich eine neue Phrase zu erarbeiten. Er mag sich einfach nicht anstrengen. Wer kennt das nicht?

Kinder sind von Natur aus atemberaubend faul und widerspenstig. Die meisten zumindest. Vor allem dann, wenn es um das Erlernen von Kulturtechniken geht, die nicht unmittelbar darauf abzielen, im nächsten Moment ein Bedürfnis wie etwa das der Nahrungsaufnahme oder der Kommunikation zu befriedigen. Sie wollen die Dinge am Ende beherrschen, sich dafür aber keinesfalls anstrengen. Permanent ziehen sie sich auf ihre Verweigerungshaltung zurück, die einem nicht nur den Atem zu nehmen droht, sondern Eltern regelmäßig auf die Palme bringt – oder sie mitten hineinzieht in den häuslichen Kleinkrieg um das Vokabellernen, Klavierüben, Zimmeraufräumen oder sonst irgendetwas. Diskutieren hilft da nur begrenzt oder gar nicht. Die kindliche oder pubertäre Unlust ist übermächtig. Vielleicht brauchen die verwöhnten Kleinen und Großen einfach ein bisschen Druck, um ihnen just zu den Erfolgserlebnissen zu verhelfen, die ihre Seelen dann in Dopamin baden lassen und damit den nächsten Motivationsschub generieren. Meine Kinder sind da sicher keine Ausnahme, meint zumindest Isabel:

*Ein bisschen Druck? Diese Stelle ist vielleicht die beste Gelegen-
heit, mal darüber zu berichten, was bei uns zu Hause so unter
»ein bisschen Druck« verstanden wird. Die Erziehungsmaßnahmen meiner Eltern sind nicht immer angenehm für uns, wenn
es um die beiden großen Themen Schule und Musik geht. Sport
ist eine andere Sache, weil da die Trainer das Antreiben übernehmen. In Sachen Schule kennen meine Eltern kein Pardon.
Wenn Vokabeln nicht gelernt oder Hausaufgaben nicht gemacht
sind, bekommen sie schlechte Laune und setzen sich daneben.
Dann gibt es fast immer Streit. Wenn wir nicht schnell genug
arbeiten, sondern diskutieren, können auch schon mal unsere
nagelneuen Schuhe aus dem Fenster fliegen oder Geschenke einfach wieder eingezogen werden. Meine Eltern können aus der
ganzen Sache eine richtige Show machen. Bei der Musik steht
die permanente Drohung im Hintergrund: Wer nicht genug übt,
bekommt keinen Unterricht. Rutschen uns beim Üben Aus-
drücke heraus, gibt es Taschengeldentzug. Allerdings zahlen
meine Eltern doppelt, wenn sie selbst fluchen. Passiert öfter, da
kommt dann schon ziemlich viel zusammen. Das alles ist aber
noch harmlos. Der meiste Druck findet moralisch statt. Mit
enttäuschten Eltern lässt es sich einfach nicht gut leben. Also
strengen wir uns automatisch an. P.S.: Geschenke werden dann
allerdings wieder zurückgegeben. Und die Schuhe überleben
auch!*

Kinder derart unter Druck zu setzen entspricht wohl kaum
den heute angesagten Erziehungsvorstellungen. Und so
quälen auch mich immer wieder Zweifel. Wer will schon,
dass die vergleichsweise hohe Leistungserwartung bei
den Kindern irreparable Schäden hervorruft, sodass sie
dann später auf der Couch einem Psychiater von allerlei
Kindheitstraumata berichten, die sie auch im Erwachsenenalter nicht loswerden?

Davor warnen viele Experten. Wenn sich Kinder und Jugendliche der Anstrengung so gänzlich verweigern, sind sie vielleicht noch nicht bereit für den nächsten Schritt. Das könnte man zumindest meinen, wenn man dem vielzitierten Entwicklungsspezialisten und »Anwalt der Kinder« (*FAZ*) Remo Largo Glauben schenkt. Bei ihm geht es nicht um die so typisch menschliche Ambivalenz zwischen Anstrengung und Müßiggang, zwischen Genuss jetzt und Erfolg später. Er spricht vielmehr von genuiner Motivation und Neugier der Kinder und Jugendlichen für das dauerhafte Lernen. Wie schön! Nur hat die Sache einen Haken: Das zu Lernende müsse den Interessen entsprechen, man dürfe die Kinder also keinesfalls fremdbestimmen. Und: Sie müssten dort abgeholt werden, wo sie sind. Erfolgreich könne Lernen nur dann vonstattengehen, wenn die eingehende Information an bestehendes Wissen anknüpfe.

Vielleicht hat Largo recht. Der kleine Junge, bei dem es mit dem Klavierspiel nicht so ganz klappen will, fühlt sich womöglich seit jeher fremdbestimmt. Zwar wollte er das Klavierspiel lernen. Nur darf er nicht spielen, was ihm wirklich liegt, sondern muss sich an die Anweisungen seines gestrengen Lehrers halten. Der hat – aus purer Verzweiflung – inzwischen auch in Remo Largos Buch gelesen. Und er kommt zu folgender Überlegung: Sein Schüler ist womöglich überfordert. Die ihm vorgesetzten Stücke entsprechen vielleicht doch nicht seinem Leistungsvermögen. Er bietet also anderes an: eine hübsche Variante von »Fuchs, du hast die Gans gestohlen«.

Der Kleine will nicht. Er winkt ab, kann das Lied nicht leiden und befindet zudem, dass er Kinderlieder schon gar nicht mehr spielen werde. Nun denn, dann vielleicht ein kleines Menuett von Leopold Mozart – auch nicht so schwer. Aber auch dieser Vorschlag geht ins Leere. Soll er doch selbst bestimmen über das, was und ob er überhaupt weiterlernen möchte. Der Junge ist zufrieden. Er blättert eine Stunde lang in seiner Stückesammlung und wird schließlich fündig. Eine Sonatine von Haydn will er lernen – ganz selbstbestimmt. Und alle sind glücklich. Aber nur für den Moment. Kaum ist der Lehrer fort, beginnt die Quälerei. Das Stück ist nicht ganz einfach, aber machbar. Geübt wird trotz allem nur mit Protest und unter Zwang. Die Drohung steht im Raum: Wenn der erste Teil nicht bis zur nächsten Woche von den Noten her gelernt ist, wird der Unterricht gestrichen. Und siehe da: Es geht. Er lernt Takt für Takt. Es klingt. Er freut sich – spielt gelernte Phrasen wieder und wieder, bis er den ersten Teil beherrscht, und bekommt sogar sein Dopaminbad fürs Gehirn. Er hat jetzt den Erfolg, der ihn eigentlich motivieren sollte, wäre da nicht diese vertrackte Programmierung auf die Faulheit. Es kann aber auch sein, dass dieser renitente Knirps gar keine genuine Motivation für das Klavierspiel besitzt und lieber aufhören sollte. Aber gerade das will er ja nicht.

Kinder und Jugendliche wollen den Erfolg. Und sie brauchen dafür den Druck. Das jedenfalls zeigt das Stimmungsbild aus Isabels Umfrage überdeutlich. Kinder ahnen vielleicht, dass sie es ohne den Einsatz ihrer Eltern und diese permanente Antreiberei zu nicht allzu viel bringen werden. Jugendliche indes, die mit 14 oder 15 Jahren ja bereits über ziemlich viel Erfahrung und eine gehörige Portion Abstraktionsvermögen verfügen, wissen, dass sie ohne den Druck ihrer Eltern nicht halb so gut vorwärtskämen. Gerade deshalb nehmen sie ihnen den ja überhaupt nicht übel. Wie sonst wäre es zu erklären, dass eine Mehrzahl der Befragten Ähnliches von sich gibt wie Milena (15)? Ihre Eltern treiben sie grundsätzlich an. »An den Tagen, an denen ich nicht motiviert bin, ermuntern sie mich immer, mich nicht hängenzulassen.« Wenn ihre Eltern unzufrieden mit ihr sind – »kommt eigentlich selten vor« –, dann macht sie sich Vorwürfe. Ob sie zufrieden mit ihrer Erziehung sei? »Ich bin sogar sehr zufrieden. Ich freue mich, dass ich so gut erzogen bin, und das, obwohl es weder Strafen noch großartige Verbote gibt.« Milena, die ihr Leben ab und an als durchaus anstrengend empfindet, ist mit sich, ihren Erfolgen und der Welt rundum zufrieden. Und auch Isabel kommt mit der Erwartungshaltung nach eigenem Bekunden – zu meiner Überraschung – besser klar, als ich jemals vermutet hätte:

Erfolg hat einen hohen Preis. Und das ist der der Kritik. Meine Flötenlehrerin Christina Faßbender ist selten richtig zufrieden. Um es zu präzisieren: ganz selten. Sie hat immer etwas zu kritisieren. Da steht sie meiner Mutter mit ihren permanenten Verbesserungsvorschlägen in nichts nach. Wie ich das finde? Ich kenne es nicht anders. Aber ehrlich gesagt, es kann einem ganz schön auf die Nerven gehen, immer wieder zu hören, dass im 32. Takt des 2. Satzes irgendeiner Sonate die Triolen zu schnell und immer noch nicht gut genug gewesen sind. Trotzdem treibt es mich an. Immer wieder. Das hat auch Vorteile. Vor allem, weil ich dann spüre, dass meine Flötenlehrerin mir wirklich sehr, sehr viel zutraut. Oft mehr als ich mir selbst. Auch da ist sie meiner Mutter ähnlich. Beide behaupten ja nicht, dass ich schlecht, unbegabt oder unfähig sei. Sie sagen mir: Streng dich an, denn wir wissen, du kannst es noch viel, viel besser! Ein Lob schieben sie dann meistens irgendwann nach.

Zwischen Impuls und Überlegung

Noch einmal zurück zu den Gehirnforschern. Auch sie haben sich natürlich damit befasst, was Menschen veranlasst, wider ihre unmittelbaren Bedürfnisse bestimmte Dinge zu tun oder zu lassen. Für Kontrolle, Selbstbeherrschung oder Disziplin gibt es eben auch eine neurobiologische Erklärung. Die Lust, schreibt der Hirnforscher Spitzer, stecke irgendwo im Hypothalamus, die Vernunft im Frontalhirn. Das Frontalhirn hat die Eigenschaft, Informationen nicht nur zu verarbeiten, sondern auch präsent zu halten. Während einfache Lebewesen auf ihre Umwelt und ihre Reize lediglich reagieren, sind wir als hochkomplexe Spezies zu viel mehr in der Lage. Wir können uns selbst kontrollieren – mit Hilfe des Frontalhirns. Dort nämlich sitzt die Fähigkeit, geistige Inhalte zu aktivieren und mit ihnen zu arbeiten, auch wenn sie in der unmittelbaren Wahrnehmung nicht gegeben sind. Genau dadurch wird Handlungsplanung möglich, also die Entscheidung, etwas anderes zu tun, als dem unmittelbaren Bedürfnis nachzugeben, weil das andere langfristig sinnvoller ist. Nur: Warum hat sich der eine mehr unter Kontrolle und der andere weniger?

Die Antwort ist einfach: Weil der eine es gelernt hat und der andere nicht. Schließlich wird man nicht mit der Fähigkeit zur Disziplin geboren, sondern muss sie erlernen. Spitzer behauptet, dass sich das Arbeitsgedächtnis im Frontalhirn durchaus trainieren lasse. Die Leistung dort lässt sich steigern und damit die lusthemmende Verhaltenskontrolle. »Selbstkontrolle ist also lernbar«, schreibt der Wissenschaftler. Man müsse nur dafür sorgen, dass Kinder die entsprechenden Erfahrungen machen könnten. »Darauf muss im Kindergarten und in der Grundschule ebenso geachtet werden wie im Elternhaus. Und es muss das gesicherte Wissen um diese Zusammenhänge die unerträgliche Diskussion über Sinn und Unsinn von Disziplin in der Erziehung ersetzen.«

Mit anderen Worten: Faulheit kann man Kindern bis zu einem gewissen Grad ab- und Selbstdisziplin antrainieren. Nicht allen im gleichen Ausmaß und Tempo; denn schon bei Geschwistern, die nach bestem Wissen und Gewissen von ihren Eltern gleich erzogen werden, begreift der eine den Zusammenhang zwischen Selbstkontrolle und Erfolg schneller als der andere. Menschen sind eben verschieden. Mädchen und Jungen entwickeln sich unterschiedlich. Aber alle brauchen sie Erfolge für ihr Seelenheil, und für die Erfolge benötigen sie Disziplin. Um sich diesen Zusammenhang nachhaltig einzuprägen, brauchen sie ständig Gelegenheiten, zu erfahren, dass man sich für das süße Gefühl des Erfolgs erst einmal ordentlich quälen muss. Dass das ziemlich mühsam ist, angesichts der natürlichen Faulheit für reichlich Auseinandersetzung in der Familie sorgt und die elterlichen Nerven teilweise brutal strapaziert, ist logisch. Doch elterliche Standhaftigkeit lohnt sich, vor allem, weil es einem – allen lautstarken Auseinandersetzungen zum Trotz – die Kinder danken. Nichts anderes lässt sich schließlich aus den beantworteten Fragebogen herauslesen.

Erst kommt die Quälerei, dann der Erfolg und schließlich die Leidenschaft. So stehe ich mit Natascha, einer der Mütter, am Rand des Fußballfelds und beobachte das Training. Der Trainer ist einer, der nie schreit, die Kinder mit seinen Leistungsanforderungen allerdings permanent an ihre Grenzen treibt, einer, der mal wieder kein Ende findet. »Manchmal habe ich das Gefühl, dass wir hier bei Chinesen sind«, sagt Natascha zu mir. »Das ist nichts anderes als Drill.« Ich wundere mich über diesen Ausbruch, weiß sie doch seit langem, was ihr Sohn da dreimal wöchentlich über sich ergehen lässt. »Der ist halt so«, sage ich und setze noch hinzu: »Dafür spielen sie ja auch ziemlich erfolgreich. Immerhin stehen sie an der Spitze ihrer Staffel.« Sie zuckt die Schultern und schweift wieder in die Ferne. »Die Asiaten treiben ihre Kinder richtig an. Ich kenne solche Eltern aus der Schule und habe sie stets dafür verachtet«, sagt sie reichlich versonnen und ist schon längst nicht mehr beim Fußball und ihrem hochroten Söhnchen, das gerade mal wieder den Ball verloren hat. »Aber eines muss man ihnen lassen: Sie setzen ihre Kinder stark unter Druck. Und sind damit auch noch richtig erfolgreich.«

»Ich schreite in Richtung Höhepunkt meines Lebens«

1. Wie heißt du?
   Marie.

2. Wie alt bist du?
   15 Jahre.

3. Wo lebst du?
   Berlin, Germany.

4. Wie viele Geschwister hast du, und wie alt sind sie?
   Drei Geschwister, zwei Brüder und eine Schwester. Sie sind 21, 19 und 13 Jahre alt.

5. Welche Sprachen sprichst du zu Hause?
   Deutsch und ein bisschen Marielisch ☺

6. In welche Schule und Klasse gehst du?
   In die Oberschule, also ein Gymnasium in die 10. Klasse.

7. Welches sind deine Lieblings-, welches deine Hassfächer?
   Meine Lieblingsfächer: Deutsch und Geschichte, Latein; Hassfächer habe ich eigentlich nicht.

8. Lernst du viel für die Schule?
   Ohhh, joa, ich strenge mich an.

9. Wie verhalten sich deine Eltern in Sachen Schule – machen sie Druck, überlassen sie dir alles allein, helfen sie dir?
   Sie machen keinen Druck und helfen mir, wenn ich Hilfe brauche. Aber meistens schaffe ich es schon allein.

10. Bekommst du Notenvorgaben von deinen Eltern?
    Nee. Wenn ich Einsen oder Zweien schreibe, bekomme ich großes Lob. Wenn mal eine Vier dabei ist, dann sind sie

natürlich nicht zufrieden. Wir reden dann darüber, woran es gelegen haben könnte. Wenn ich das einsehe, ist alles gut, wenn nicht, dann kommt die klare Ansage: Nächstes Mal muss es besser werden.

11. Spielst du ein Instrument? Wenn ja, welches?
    Ich spiele Klavier.

12. Wie lange übst du und wie oft?
    Jeden Tag, im Moment anderthalb Stunden, weil es so viel Spaß macht.

13. Zwingen dich deine Eltern dazu, machen sie Druck, oder ist alles freiwillig?
    Nein, das ist alles freiwillig. Aber natürlich ist das mit dem Üben nicht immer so ganz einfach. Wenn ich mal keine Lust habe – kommt auch vor! – und mich motivieren muss, dann denke ich mir immer, dass meine Mutter für den Unterricht ja das Geld irgendwo anders abzwackt. Und das reicht dann schon.

14. Verpflichten dich deine Eltern zum Sport?
    Nee, das ist alles voll freiwillig bei mir.

15. Wie oft trainierst du?
    Insgesamt dreimal die Woche, ich gehe ins Fitness-Studio und habe einmal in der Woche Standardtanzen.

16. Nimmst du gern an Wettbewerben und/oder Turnieren teil?
    Ja, definitiv, und ich gewinne auch gern und oft; da geht es um solche Sachen wie den Minimarathon und anderes. ☺

17. Treiben dich deine Eltern grundsätzlich an?
    Ja. Meine Mutter macht das ganz geschickt. Sie steckt halt voller Sprüche und kluger Sätze. Sie sagt dann schon mal so etwas wie »Wissen ist Macht« oder »Wichtig ist, dass du dir selbst genügst«. Das reicht eigentlich schon.

18. Wenn ja, wer ist dein Motor: deine Mutter oder dein Vater?
Beide, sie ermutigen mich immer, das spornt mich an. Aber meine Mutter ist mehr am Ball, weil wir bei ihr leben. Mein Vater kann am Telefon aber mitunter auch sehr präsent sein.

19. Was machst du sonst noch, wenn du nicht in der Schule bist?
Hausaufgaben, Hobbys und Ausgehen.

20. Wie laufen bei dir die Wochenenden ab?
Chillen, mit Freunden aus- und auf Partys gehen, auf den Markt gehen und tanzen, sonntags gehe ich spazieren, da ich ein naturliebender Mensch bin.

21. Streitest oder diskutierst du oft mit deinen Eltern?
Nee. Eigentlich nie, ich denke, deutlich weniger als meine Geschwister, da ich nicht nur naturliebend, sondern auch friedliebend bin.

22. Bekommst du Ärger bei schlechten Leistungen/Noten?
Nein. Kommt erstens nicht vor, und zweitens strenge ich mich an. Nicht zuletzt ärgere ich mich mehr als sie, wenn eine Note nicht so gut ist.

23. Macht es dir etwas aus, wenn deine Eltern unzufrieden mit dir sind?
Ja, dann strenge ich mich wieder an und schenke ihnen Blumen.

24. Wie wirst du bestraft und wofür?
Ich werde nicht bestraft. Das kam irgendwie nie in Frage. Mama hat immer mehr mit Belohnung gearbeitet – zum Teil sehr ausgefallene Sachen.

25. Macht dir dein Leben richtig Spaß?
Jaaaa, es ist super. Ich schreite in Richtung Höhepunkt meines 15-jährgen Lebens.

26. Was machst du, wenn du nichts machst?
    Dann lese ich meistens Bücher über Preußen und Friedrich den Großen, da ich ein großer Fan bin.

27. Bist du zufrieden mit deiner Erziehung?
    Ja, Todesmann!

28. Was würdest du gern an deinem Leben jetzt ändern?
    Absolut nix!

29. Was würdest du bei deinen Kindern später anders machen?
    Ich würde eventuell etwas strenger sein.

30. Welche Note würdest du deinen Eltern für ihre Erziehung geben?
    1+ mit Sternchen* und Smiley ☺

Das Leid der Streber

Die Wiederentdeckung der Langsamkeit

Begeben wir uns auf eine Zeitreise in die pädagogische Idylle der siebziger oder achtziger Jahre. Damals gingen wir noch zur Schule. »Wir«, das sind die Eltern, die heute über die beschleunigte Schulzeit, den angeblich brutalen Leistungsdruck, dem ihre Kinder ausgesetzt sind, über Selektion und Notenstress, Kopfschmerzen und Depressionen, Hyperaktivitäts- und Essstörungen so lauthals klagen. Zu unserer Zeit konnte man die bevorstehende Beschleunigung des Lebens, die das 21. Jahrhundert nicht zuletzt mit der Globalisierung und der digitalen Vernetzung bringen würde, lediglich erahnen. Aber auch nur dann, wenn man wirklich weitsichtig war. Das waren wir natürlich keinesfalls. Spüren konnte man die Beschleunigung nicht, zumindest nicht als Schüler oder Abiturient.

Wir gingen mehr oder minder unbeschwert in die Schule, erledigten die Hausaufgaben am frühen Nachmittag als lästigste Nebensache der Welt – wenn überhaupt –, um uns dann später vor allem auf den Straßen oder Sportplätzen herumzutreiben oder, wenn es regnete, zum Ärger unserer Eltern viele Stunden am Telefon zu verbringen. Wir schrieben die ersten Referate auf der Schreibmaschine, überklebten geänderte Passagen, verzichteten auf Illustrationen und hielten unsere kleinen Vorträge vor prallgefüllten Klassen weitgehend ohne mediale Hilfsmittel mehr schlecht als recht. Oder sagen wir: relativ unprofessionell. Und zwischendurch langweilten wir uns gehörig, zu Hause und vor allem in der Schule. Die schien mit ihren 13 Schuljahren einfach kein Ende zu nehmen.

Das idyllische Leben von anno dazumal ist lange vorbei. Das jedenfalls möchte man meinen, wenn man das Klagen besorgter Eltern hört oder die Aufrufe der Entwicklungspsychologen, deren Wartezimmer angeblich voll sind mit überforderten Kindern. Und, schlimmer noch, täglich voller werden, weil die zunehmende Lebensgeschwindigkeit angeblich immer mehr Menschen und vor allem unseren Kindern zu schaffen macht.

Mittlerweile ist so häufig von der »Entdeckung der Langsamkeit« oder von »Entschleunigung« die Rede, dass die Begriffe es sicher bald in den Duden schaffen. Mit »Entdeckung der Langsamkeit« war im *Spiegel* vor gar nicht langer Zeit ein Artikel überschrieben. Thema war die so umstrittene Verkürzung der Gymnasialzeit um ein Jahr, über die unter dem zum Kampfbegriff mutierten Kürzel »G8« schon ausgiebig diskutiert wurde. In dem Artikel geht es – mal wieder – um engagierte Eltern und ihre ganz eigene Form des Widerstands gegen die unliebsame Schulzeitverkürzung. Dabei versuchen die Eltern nicht etwa, die Bevölkerung zum Protest in Form von Unterschriftenaktionen oder Demonstrationen zu motivieren. Sie wählen eine höchst merkwürdige Form der Verweigerung und verabreden im Freundeskreis eine freiwillige Ehrenrunde für ihre Sprösslinge, um sich das geklaute 13. Schuljahr wieder zurückzuholen. Gemeinsam fühlt man sich eben komfortabler.

Reform gegen die Langeweile

G8 – die längst überfällige Schulzeitverkürzung gegen die Langeweile in den Klassenzimmern ist in Deutschland inzwischen zum Sinnbild der unmenschlichen Beschleunigung des Kinderlebens geworden. Während vor ein paar Jahren noch darüber diskutiert wurde, wie sinnvoll diese Verkürzung der Schulzeit im internationalen Vergleich sein könnte, sind jetzt, da sie da ist, alle erschrocken. Die Vorzeichen der Reform sind plötzlich negative. Vor allem für die Eltern der angeblich allzu geplagten Kinder, denen die Zeit zum Müßiggang regelrecht gestohlen worden sei und damit das Recht, die Welt in ihrer eigenen Geschwindigkeit zu entdecken. Jetzt wird im Rückwärtsgang argumentiert, und die Schule kann gar nicht lange genug dauern. Waren es nicht vor allem die Eltern, die seit Jahren über mangelnde Qualität unserer Schulen klagten? Nun wollen sie partout, dass ihre Kinder wieder ein Jahr länger in diesem qualitativ zumindest reformbedürftigen System verbringen, wo doch die frühe Freiheit so viel mehr Chancen auf eine Selbstgestaltung des Lebens böte.

G8 steht aber noch für viel mehr: für einen kolportierten überbordenden Noten- und Leistungsdruck, der Eltern und Kinder stark belaste, und das nicht erst in den weiterführenden Schulen, sondern schon in den ersten Schuljahren. Und zwar so sehr, dass diese Kinder kaum noch Zeit zum Spielen und Träumen hätten, keine ruhige Minute mehr, um ihren Hobbys nachzugehen, Fußball, Geige oder Schach zu spielen. Die verkürzte Gymnasialzeit ist die Projektionsfläche für alle Übel einer beschleunigten Zeit. Und schon sind wir wieder mittendrin in der Debatte um unsere »armen« Kinder, der man in Deutschland nirgends entkommen kann.

Das Lamento wird über die Klagemauer Internet frei Haus geliefert: Immer mehr Kinder sind krank, immer mehr Kinder sind magersüchtig, immer mehr Kinder leiden unter Kopfschmerzen, immer mehr Kinder und Jugendliche müssen in Obhut genommen werden. Immer mehr Jugendliche müssen wegen Alkoholmissbrauchs ins Krankenhaus, immer mehr Jugendliche haben Depressionen. Hin und wieder findet man allerdings auch anderes, wenn man die drei Worte »immer mehr Kinder« in das Suchfeld einer der Suchmaschinen eingibt: Immer mehr Kinder machen Abitur, zum Beispiel. Positive Nachrichten haben allerdings Seltenheitswert.

Verblüffenderweise hört man von den Jugendlichen selbst vergleichsweise wenig. Die arbeiten still vor sich hin, gehen samstags ordentlich feiern und sitzen die Sonntagnachmittage schon wieder am Schreibtisch. Sie kommen überhaupt nicht auf die Idee, für eine Entschleunigung massenhaft auf die Straße zu gehen. Vielleicht setzen sie sich genau deshalb nicht zur Wehr, weil sie einfach keine Zeit mehr haben – weder für Hobbys noch für Ehrenämter und schon gar nicht für bildungspolitische Reflexionen oder gar Proteste. Oder sie sind inzwischen derart angepasst, dass sie den Aufstand nicht wagen. Es gibt vielerlei Gründe, an der Selbständigkeit der Kinder und Jugendlichen zu zweifeln, wenn man die These vertritt, sie stünden seit ihren Grundschuljahren so stark unter Druck, dass ihnen Verweigerung, Protest oder gar die Auseinandersetzung mit ihrer Situation einfach aberzogen wurden. So hart sollte man mit dem Nachwuchs vielleicht aber doch nicht ins Gericht gehen. Das Stimmungsbild, das sich aus der Umfrage meiner Tochter ergab, ist ein anderes. Es spiegelt keinesfalls die Larmoyanz oder Besorgnis der Eltern, Erzieher und Psychologen wider, die von überbordendem Leistungsdruck und Überforderung zu berichten wissen. Isabel findet:

Eltern regen sich unheimlich auf: viel mehr als wir. Wie oft sage ich: Reg dich ab, Mama, ich habe das im Griff. Sie glaubt mir nicht. Viele Eltern sind so. Als ich eines Morgens in die Schule kam und hörte, wie sich die Mutter einer Klassenkameradin mit unserem Klassenlehrer unterhielt, war das schon ziemlich grotesk. Sie beklagte sich über die vielen Klassenarbeiten und Präsentationen in den verschiedenen Fächern mit dem Argument: »Ich schaffe das alles nicht!« Woraufhin der Lehrer ganz cool zurückgab: »Sie müssen das doch gar nicht alles schaffen, sondern Ihre Tochter. Ich glaube, die hat da weniger Probleme.« So ein Gespräch würde ich auch meiner Mutter zutrauen. Manches sollten Eltern besser nicht so ernst nehmen. Meine Mutter hat sich jahrelang eingemischt. Gott sei Dank lässt sie mich jetzt größtenteils in Ruhe. Aber sie hat ja noch meine Zwillingsgeschwister – da gehen ihr die Gelegenheiten nicht aus, weiter mitzumischen. Ich weiß gar nicht, wie sie klarkommen möchte, wenn die auch so weit sind wie ich.

Nebensache Schule

Nicht ein einziger Schüler oder eine einzige Schülerin kam auf die Idee, auf die Frage »Lernst du viel für die Schule?« die Schulzeitverkürzung zu thematisieren, vielleicht, weil Isabel danach nicht direkt gefragt hat; oder weil sie sich darüber einfach keine Gedanken machen; oder einfach nur, weil die Schule sie wirklich nicht über die Maßen beansprucht. Niemand beklagte sich über zu viel Arbeit, über die vermeintliche Unmenge an Hausaufgaben, über zu wenig Freizeit oder eine Einschränkung der Lebensqualität durch Schulstress. Nur zwei Mädchen haben unliebsame Belastungen überhaupt thematisiert. Aber die hatten wenig mit der Schule zu tun, sondern mit der Kuratel der Eltern: Das eine Mädchen leidet unter dem Zwang, täglich zwei Stunden Cello üben zu müssen, das andere unter den vielen Tennistrainerstunden, wo sie doch eigentlich lieber einem ganz anderen Hobby nachginge. Die Schule aber ist bei den 120 befragten 12- bis 18-Jährigen einfach kein Leidensthema.

Und das, obwohl die Mehrheit der Eltern von ihren Kindern gute Noten erwartet und mit Blick auf die schulischen Leistungen sicher nicht wenig Druck ausübt. »Ich mache meine Hausaufgaben, und vor anstehenden Klassenarbeiten lerne ich, also nicht sonderlich viel«, schreibt zum Beispiel Niklas (16). Jana (13), eine sehr gute Schülerin im G8-Durchlauf, tut nach eigenen Angaben »nun wirklich nicht zu viel«. Katharina (14) geht etwas mehr ins Detail. »Wie viel ich lerne, kommt immer auf das Fach an«, schreibt sie. Für Französisch übe sie besonders viel, weil dies nicht gerade ihre Paradedisziplin sei. »Ansonsten phasenweise. Manchmal mehrere Stunden am Tag. Aber das auch nur vor einer Arbeit. Manchmal auch nur eine halbe.« Selinas (15) lapidarer Kommentar auf diese Frage sagt mehr als hundert Worte: »Geht so, ich kann mir schnell was merken.« Und Johannes (17) lernt im Endspurt vor dem Abitur natürlich schon eine ganze Menge, findet das aber auch ganz normal.

In der Regel gilt: Vor Arbeiten und Tests legen sich die Schüler ordentlich ins Zeug. Da kann es abends auch schon mal etwas später werden, vor allem dann, wenn sie versuchen, sich auf den letzten Drücker noch ein paar Formeln zu merken. Niki (17) aus München, einer aus dem ersten Jahrgang, der in Bayern den achtjährigen Gymnasialdurchlauf hinter sich bringen musste, gab zu Protokoll, er lerne immer für Klausuren, zwischendurch allerdings nicht sonderlich viel. Da gehe er lieber mehrmals in der Woche zum Training. An den Wochenenden trifft er Freunde, macht Musik oder Sport und sitzt auch schon mal ein paar Stunden am Computer. Er spielt im Internet. Überfordert sei er nicht. Was er an seinem Leben ändern würde? »Nicht viel. Mich nervt zwar die Schule, aber ich brauche mein Abitur, um später zu studieren.«

Und auch Sophie (16) aus Potsdam hat ihre eigene Art, mit den schulischen Anforderungen umzugehen. Nach eigenen Angaben arbeitet sie nicht allzu viel. »Ich lerne vor Klausuren und Tests, ansonsten bin ich der Meinung: Wenn ich in der Schule gut aufpasse, ist das schon mal die halbe Miete.« Ana aus Köln und Katharina aus Berlin (13 und 14) haben einfach zu viele Hobbys, um sich ausschließlich auf die Schule konzentrieren zu können. Katharina nimmt kein Blatt vor den Mund: Sie sei deshalb auch nur durchschnittlich, was ihre schulischen Leistungen angehe. Nikolaus (15) aus Bielefeld ist der Meinung, dass er derzeit ziemlich viel für die Schule arbeite, geht aber unter der Woche dann doch viermal zum Training (Handball und Tennis). Nur Klavier spielt er nicht mehr. Das tut Jasmin. Sie übt neben der Schule jeden Tag eine Stunde, auch am Wochenende. Die Zeit dafür ist offenbar nicht zu knapp.

Nun ist die Sache mit dem Lernen natürlich relativ. Da die Jugendlichen in der Umfrage keine exakten Zeitangaben machen, sondern lediglich die gefühlte Belastung bewerten, lässt sich nicht genau ermitteln, ob sie mehr oder weniger arbeiten als durchschnittliche Arbeitnehmer. Der Vergleich der zeitlichen Belastung von Kindern mit der von Arbeitnehmern ist bei den Beschleunigungskritikern nämlich ein beliebtes Spielchen. Da ist dann schnell von 40- oder 50-Stunden-Wochen die Rede. Und es klingt schrecklich. Dabei kann man die Jugendlichen keinesfalls über einen Kamm scheren: Während die einen es als völlig normal erachten, schon mal ein paar Stunden für das eine oder andere Fach zu investieren, empfinden andere schon eine halbe Stunde Vokabeltraining als Zumutung.

Investierte Lernzeit wäre zwar messbar, ist in Umfragen allerdings nicht kontrollierbar. Natürlich weiß man nicht, wie stark ein Kind wirklich gefordert ist, auch wenn es von sich behauptet, nicht allzu viel für die Schule zu tun. Es gibt schließlich auch genügend ziemlich fleißige Kinder und Jugendliche, die im Grunde immer am Ball sind, jede Stunde akribisch vorbereiten, um mit ihrer Mitarbeit zu glänzen. Sie sahnen die besten Noten ab und behaupten, sich für die Schule nicht besonders einzusetzen. Auch kann man die Lernzeit nicht in ihrer Effizienz bewerten. Manch einer sitzt zwei Stunden am Schreibtisch und hat womöglich, während er eine Erörterung verfasst, nebenher alle zwei Minuten nach Neuigkeiten auf Facebook geschaut, um ja nichts zu verpassen. All das wird sich in dieser Umfrage hinter der Einschätzung des eigenen Arbeitsaufwands mit verbergen. Nur eines findet sich nicht: ein einziger Jugendlicher, der so richtig lauthals über jene Stresssymptome klagt, über die sich die Eltern aus dem postindustriellen Bildungsbürgertum derzeit so quälende Gedanken machen.

Darunter findet sich geradezu prototypisch die Autorin Brigitta vom Lehn, die gleich ein ganzes Buch darüber geschrieben hat, wie die Turbo-Schule Schüler und Familien ruiniere. Oder der *Zeit*-Journalist Henning Sußebach, der seiner Tochter Marie, die eine 5. Klasse besucht, einen vor Sorge und Sehnsucht triefenden öffentlichen Brief schrieb, in dem er sie für die ihr noch bevorstehende Gymnasialzeit so richtig bedauerte. Der Autor sehnte sich nach der guten alten Zeit zurück, seiner eigenen – längst idealisierten – Kindheit, in der es offenbar keine Leistungsvergleiche gab, keinen wirklichen Noten- und Selektionsdruck und es angeblich zuging wie in Bullerbü. Die Larmoyanz des Vaters, der gerade mit seiner Tochter im Kino gewesen ist und auf dem Rückweg mit ihr noch ein bisschen Kopfrechnen geübt hat, ist an Kitsch und Pathos kaum zu übertreffen. »Liebe Marie, erinnerst Du Dich noch an den Tag, an dem wir das letzte Mal im Kino waren?«, beginnt er sein bitter-süßes Klagelied. Monate sei das her. Auf dem Hin- und Rückweg sei er mit ihr ihre Karteikarten mit Mathematik-übungen durchgegangen. »Wir hätten so viel Sinnvolleres tun können«, jammert er weiter. »Den Bildern der Bären nachhängen und Bonbons lutschen zum Beispiel. In dem Zauber verweilen, den jeder kennt, der aus dem Kinodun-kel ins Licht tritt – als laufe man erwachend durch einen Traum. Aber noch nicht mal an einem Sonntag ist es mir gelungen, Dich das Kind sein zu lassen, das Du sein soll-test …« Wirklich herzzerreißend!

Zerrbilder im Kopf

Herzzerreißend ist es tatsächlich, wenn die Kinder sonn-tags mal keine Zeit mehr für gemeinsame Ausflüge oder eine ausgedehnte Kaffeetafel finden, weil die Hausauf-gaben für Montag noch nicht erledigt sind oder für Klas-senarbeiten gelernt werden muss. Das kommt phasen-weise durchaus vor. Dann ist der Nachwuchs schrecklich beschäftigt. Vielleicht sogar häufiger als noch vor ein paar Jahren, als die Schüler 12 Monate länger Zeit hatten, sich den in den Lehrplänen vorgesehenen Stoff anzueignen. Da haben Eltern jetzt natürlich das Nachsehen. Auch ich habe die Schule schon verflucht, weil Isabel die Arbeit an irgendeinem Referat für den Sonntag eingeplant hatte, ohne mit mir vorher zu besprechen, ob mir vielleicht der Sinn danach steht, mit ihr etwas zu unternehmen. Wo-möglich hat sie das sogar mit Absicht getan, weil sie nicht jeden Sonntag Lust auf gemeinsame Familienausflüge verspürt. Ihr eigenes Klagen über zu viel Arbeit hält sich sowieso in Grenzen:

Ob Schule anstrengend ist? Weder ich noch meine Geschwister sind dadurch irgendwie am Ende. Natürlich ist Schule bei drei Kindern schon eines der großen Themen zu Hause, aber doch keines, dem man so viel Raum geben sollte, dass es alle zu sehr belastet. Schule ist unser Alltag. Es gibt zwei Phasen in der Schulzeit, in denen es wirklich drauf ankommt. Einmal ist das der Übergang von der Grundschule aufs Gymnasium, und das zweite Mal ist es wahrscheinlich die Oberstufe. Zwischendurch kann man die Sache deutlich gelassener angehen, finde ich. Kann sein, dass ich dann nicht 100 Prozent gebe.

Irgendetwas stimmt also nicht mit dem Bild von Deutschlands Nachwuchs, seinen Lebensumständen und vor allem der Schule, das derzeit gern gezeichnet wird. Oft geht es tatsächlich weniger um die Kinder und Jugendlichen selbst als um die Generation darüber, also jene Erwachsenen, die als Eltern, Lehrer, Erzieher, Trainer oder Therapeuten um das Wohl der Heranwachsenden so besorgt sind. Es geht um uns, die wir uns so furchtbar viele Gedanken vor allem um die schulischen Belange machen. Es geht um unsere Zerrbilder der Wirklichkeit im Kopf. Es geht um die Wünsche der Eltern nach mehr Zeit mit ihren Kindern, um das Bedauern so manchen engagierten Lehrers, dem für eine Vertiefung seines Unterrichtsstoffs angesichts von G8 einfach die Muße fehlt. Es geht um die Frustration der Trainer, weil sie jetzt bis 16 Uhr warten müssen, damit der Nachwuchs endlich zum Sport erscheint. Im Grunde geht es um die Interessen der Erwachsenen und ihrem Hin- und Hergerissensein zwischen Förderwahn und Verweigerung, zwischen der Angst, bei den Kindern etwas zu verpassen, und einer aufgesetzten Gelassenheit, mit der sie versuchen, der Beschleunigung die Stirn zu bieten. Was ist es, das uns so sehr verunsichert, dass wir permanent an der Leistungsfähigkeit unserer Kinder zweifeln und immerzu versuchen, Räder zurückzudrehen, um die Welt wieder auf den Stand unserer Kindheit zu bringen – so, wie wir sie kannten und ex post behaupten, dass damals alles viel besser war?

Nicht alles, aber vieles hat mit dem Pisa-Schock zu tun. Und der sitzt tief, nagt an unserem Selbstbewusstsein und wirft noch immer die Frage auf, ob andere Länder nicht alles besser machen. Pisa bestätigt Deutschland nun schon seit über zehn Jahren immer wieder aufs Neue die Mittelmäßigkeit seines Bildungssystems. Dass die Schüler im Norden Europas oder in Kanada den deutschen Schülern in Sachen messbarer Leistungsfähigkeit seit langem den Rang abgelaufen haben, ist für viele Eltern hierzulande schlicht unerträglich. Sie haben sich noch längst nicht damit abgefunden, dass selbst die besten ihrer Kinder mit den Nordlichtern nicht mithalten können. Und das nicht aus mangelnder Intelligenz, sondern aufgrund des zweitklassigen Angebots, das das hiesige Bildungssystem bereithält.

Der Gedanke, dass Kinder pflichtgemäß in suboptimalen Bildungseinrichtungen 12 lange Jahre ihres Lebens verbringen müssen, ist für Eltern, die immer nur das Beste für ihre Kinder wollen, eine Qual. Seit der Jahrtausendwende werden nun schon die Bildungsleistungen der Schüler in den Mitgliedsländern der Organisation für wirtschaftliche Zusammenarbeit und Entwicklung (OECD) verglichen, ohne dass es in Deutschlands Bildungsangebot zu erheblichen Leistungsverbesserungen gekommen wäre. Seit Jahren reden die Politiker von der entscheidenden Bedeutung eines hohen Bildungsstands für das Individuum und die gesamte Volkswirtschaft. Doch mittlerweile wissen wir: Mehr als Fensterreden sind das nicht.

Seit zehn Jahren ertragen wir Eltern und unsere Kinder

die in Deutschland offenbar unabänderliche Tatsache, dass selbst gute Gymnasiasten im internationalen Vergleich zu wenig lernen. Wer mehrere Kinder hat, weiß leidvoll zu berichten, was Schule eben teilweise auch bedeutet: viele schlechte Lehrer, veraltete Methoden, heruntergewirtschaftete Gebäude und ziemlich viel Unterrichtsausfall – das ist hierzulande selbst mehr als ein Jahrzehnt nach dem ersten Pisa-Schock immer noch an der Tagesordnung. Lehrmethoden sind – von ein paar preisgekrönten Schulen einmal abgesehen – vielfach veraltet. Ein Großteil der Lehrer ist demotiviert oder ausgebrannt, weil sie in einem streng geregelten System arbeiten, das ihnen nur sehr wenig Freiheit lässt. Die Lehrerschaft ist überaltert, Lehrer sind nicht nur in naturwissenschaftlichen Fächern rar. Der Nachwuchs fehlt. Das Material, das die Schulen ihren Schülern anbieten, ist von vorvorgestern. Und die Schulbehörden halten die Bildungseinrichtungen am Gängelband, obwohl seit Jahren bekannt ist, dass selbständige Schulen, die einer externen Leistungskontrolle unterliegen, die besseren Schüler hervorbringen. Ist es angesichts dieser Bedingungen verwunderlich, dass Eltern ihre Kinder nebenher fördern, was das Zeug hält? Und dass sie gerade das natürlich anstrengt?

Im Shanghai-Schock

Zehn Jahre nach dem ersten Schock kommt jetzt der zweite. Denn nun müssen wir uns auch noch damit abfinden, dass Shanghai, diese chinesische Wirtschaftsmetropole, das neue »powerhouse« Asiens mit seinen 20 Millionen Einwohnern, dem Westen, also uns, nicht nur in Sachen Wachstum und Wertschöpfung den Rang abläuft, sondern auch in Sachen Bildung. Nach Auskunft des Pisa-Koordinators der OECD, Andreas Schleicher, der nicht nur für deutsche Politiker längst zur Reizfigur geworden ist, setzen die Behörden dort sehr hohe Bildungsstandards für jeden Schüler, nicht nur für ein Drittel eines Jahrgangs. Das zahlt sich aus. Und ganz offenbar geht es in Shanghais Schulen nicht mehr nur darum, durch gnadenlose Paukerei möglichst viel Wissen in die Köpfe der Schüler zu drücken – vielmehr stünden dort längst moderne Unterrichtsmethoden und kreatives Lernen im Vordergrund. Darüber hinaus hat Bildung höchste Priorität – bei Eltern und vor allem in der Politik. Der asiatische Erfolg steht für die Nachlässigkeit des Westens. Als Eltern kann einen da schon mal die Verzweiflung übermannen. Selbst Isabel, die Bildungs- und Erziehungsdebatten immer mal wieder verfolgt, reagiert da gereizt:

Wenn einem vorgehalten wird, wie schlecht die deutsche Bildung ist und wie wenig man als Schüler im Vergleich zu ostasiatischen Schülern beherrscht, dann ist das sehr entmutigend. Die Pisa-Ergebnisse sagen uns ja nichts anderes, als dass wir ein Jahr oder sogar mehr zurückliegen und viel langsamer und weniger lernen. Das liegt aber nicht an uns! Und genau das nervt mich und meine Freunde, wenn wir manchmal darüber reden. Das liegt am Angebot an unseren Schulen. Unterricht fällt aus, Kurse in Mathematik oder Naturwissenschaften kommen nicht zustande. Wer also Spaß an Mathe hat – das soll's ja geben –, der muss sich am Nachmittag dafür einen Hobby-Kurs suchen. Und wenn Unterricht ausfällt, dann freue ich mich meistens über die freie Zeit. Aber gut ist das sicher nicht. Mich würde interessieren, wie Leistungsvergleiche an den Universitäten ausfallen. Ob deutsche Schüler als Studenten gegenüber anderen dann aufholen? Zu hoffen wäre es ja.

Dazu kommt noch ein weiterer Aspekt, den die internationalen Leistungsvergleiche mit sich gebracht haben: Bildungsstandards sind plötzlich international. Die Globalisierung hat also auch hier Einzug gehalten. Bildung – oder
nennen wir es Bildungsvorstellungen – sind schon lange
nicht mehr Ländersache. Zwar ringen Lehrer und Eltern,
Wissenschaftler und Politiker weiterhin um die Bildungsinhalte und -methoden an den Schulen. Allerdings tun sie
dies seit der ersten Teilnahme Deutschlands an Pisa und
dem schlechten Abschneiden der 15-Jährigen im Jahr 2000
im internationalen Vergleich unter der Kuratel international vernetzter Experten. Das ist für alle ziemlich neu.

Zwar hatten sich die deutschen Schüler 1964 und 1971
bereits internationalen Leistungsvergleichen gestellt und
schon damals – gemessen an den Vorgaben einer Gruppe
international denkender Bildungswissenschaftler – nur
mittelmäßig bis schlecht abgeschnitten. Doch entschieden
sich deutsche Bildungspolitiker seinerzeit, als Konsequenz
aus den enttäuschenden Ergebnissen, 25 Jahre lang lieber
an keinen internationalen Vergleichsstudien mehr teil-
zunehmen und sich damit nicht nur dem Druck weiterhin
schlechter Ergebnisse zu entziehen, sondern auch der Diskussion einer international vernetzten Bildungselite über
das, was Jugendliche können und wissen sollten. Stattdessen propagierten sie die hohe Qualität des hermetisch
abgeriegelten deutschen Schulsystems, an dessen Verlässlichkeit und Effizienz bald alle wieder glaubten. Gedanken
über Lerninhalte machten sich denn auch unsere Eltern
nicht wirklich. Umso größer war der Schock zur Jahrtausendwende mit der bitteren Erkenntnis: Es gibt sehr viele
Länder und Millionen von Schülern, die in weniger Zeit
sehr viel mehr lernen.

Und plötzlich finden jene wieder Gehör, die die internationalen Leistungsvergleiche konzipieren, Bildungs-

standards vorgeben und den Eltern zeigen, wie wenig ihre Kinder tatsächlich lernen. Die Hoheit über Bildungsinhalte entgleitet den nationalen Bildungsexperten, weil inzwischen anderswo als in deutschen Bildungsbehörden festgelegt wird, welche Bildungsvorstellungen internationalen Wettbewerbsanforderungen entsprechen oder, anders, welche Kompetenzen zukunftssichernd sind und welche nicht.

Mittlerweile sind es nicht mehr die gewählten Kultusminister der Länder, die Niveau und Inhalt festlegen und damit vorgeben, was ein Schüler mit 15 Jahren können muss, damit er in Zukunft seine eigene Wohlstandsposition sichern und die Wirtschaft seines Heimatlandes voranbringen kann, sondern es sind irgendwelche Fachleute, die wir gar nicht kennen. Und die sind mit ihren internationalen Leistungsvergleichen inzwischen ziemlich mächtig. Der Souveränitätsverlust ist schmerzhaft. Erstens können auch wir Eltern immer weniger Einfluss nehmen. Und zweitens müssen wir auch noch ohnmächtig mit ansehen, wie unsere schulpflichtigen Kinder tagein, tagaus in die deutschen Bildungsinstitutionen gehen, die den internationalen Anforderungen bis heute nicht gewachsen sind. Denn sie sind offenbar weiterhin nicht in der Lage, das Gros des Nachwuchses über die Hürden zu bringen, die in einer postindustriellen Wissensgesellschaft als Standards ausgegeben worden sind. Der Pisa-Schock zehrt also in zweifacher Hinsicht an uns.

Und genau das macht die Sache für Eltern richtig schwierig. Denn wenn die Schulen ihre Leistung nicht erbringen, dann müssen sich Eltern wohl oder übel über ihren eigenen Bildungsbegriff Gedanken machen. Sie müssen sich selbst überlegen, was ihr Kind wirklich beherrschen sollte, wenn es später erfolgreich sein wollte. Welche Kompetenzen gehören noch dazu, außer mathematischen Fertigkeiten?

Welche Rolle spielen Fremdsprachen, welche die Künste? Das alles wissen wir nicht. Ehrlich gesagt, weiß es niemand. Und es wäre wohl auch zu viel der Ehre, den Pisa-Konzeptionisten oder den international engagierten deutschen Bildungswissenschaftlern hier überirdische prognostische Fähigkeiten zuzuschreiben. Doch ist ihr Diktat sehr mächtig. »In einer Zeit des Wandels, wie wir sie gegenwärtig erleben, werden die alten Lehren der guten Bildung in Frage gestellt, über die Durchsetzung einer neuen Lehre wird heftig gestritten«, meint der Soziologe Richard Münch. Mit der Internationalisierung des Feldes der Bildung werde eine global einheitliche Lehre der guten Bildung und ihrer Umsetzung in Bildungsstandards durchgesetzt, die auf nationale oder sogar regionale Bildungsvorstellungen keine Rücksicht mehr nehme.

Der Streit um die richtige Bildung ist noch lange nicht ausgefochten. Wir ahnen bereits, dass es am Ende eine Glaubensentscheidung bleiben wird, mit welchem Wissen und welchen Kompetenzen ein Land seine Kinder in die Zukunft entlässt. Für Eltern ist genau das eine enorme Herausforderung. Mehr als früher müssen sie selbst mitdenken und entscheiden. Und das in Deutschland, dem Land der Dichter und Denker, der Heimat Humboldts, Goethes und Schillers, dem Land der Komponisten, der Maschinenbauer und Autokonstrukteure. In diesem Land steht in Sachen Bildung plötzlich so vieles in Frage. Und wir Eltern – aufgewachsen und sozialisiert in einer Zeit eines noch klar definierten Bildungsbegriffs, bei dem Latein, aber sicher nicht Spanisch oder gar Chinesisch eine Rolle spielte – befinden uns irgendwo dazwischen mit unserem tiefen Bedürfnis, den Kindern das Beste zu bieten. Wer würde sich da nicht verunsichern lassen?

Beim Windhundrennen

Eltern wissen nur eines: Ihr Kind ist schulpflichtig und damit in hohem Maße auf das öffentliche Bildungssystem angewiesen. Home-Schooling ist in Deutschland nicht erlaubt. Und Privatschulen oder Internate sind vor allem etwas für Wohlhabende. Eltern und Kinder sind Deutschlands Schulen auf Gedeih und Verderb ausgeliefert. Und hier beginnt das nächste Problem, das Eltern seit Jahren zu schaffen macht: Gute Schulen sind in Deutschland Mangelware, oder ökonomisch gesprochen: Gute Bildung ist ein knappes Gut. In den Schulen wird viel Zeit verschwendet, viel Bildungsballast vermittelt, viel Energie von Schülern gefordert, die sie womöglich gar nicht aufbringen müssten und die sich vor allem für den Einzelnen viel gewinnbringender und erfolgversprechender einsetzen ließe.

Verschärft wird dieses Ohnmachtsempfinden durch die dreigliedrige Struktur des deutschen Schulsystems. Als qualitativ hochwertig gelten gemeinhin noch immer die Gymnasien. Für bildungsambitionierte Eltern gibt es keine Alternative. Und so beginnt der Stress durch Schule schon ziemlich früh. Übergänge von der Grundschule zum Gymnasium hängen von Noten und Lehrerempfehlungen ab, die zwar nicht in allen Bundesländern verbindlich sind, aber doch ein gehöriges Gewicht haben. Haben die Gymnasien selbst die Wahl, spielen die Noten so oder so eine Rolle. Für die Eltern ist das eine ungeheure Belastungsprobe, weil sich darin ihre Machtlosigkeit noch ein weiteres Mal manifestiert.

Mit dem Run auf die wenigen guten Bildungsangebote beginnt für viele Eltern ein psychologischer Teufelskreis, dem man sich kaum entziehen kann. Da muss man schon beim Kindergarten und in der Grundschule immer der

Erste sein. Viele Plätze werden im Windhundverfahren vergeben. Wer zuerst kommt und immer wieder vorspricht, hat die besten Chancen. Eltern rennen wie Windhunde, jagen überall vorbei, um ja nichts zu verpassen. Später dann kommen auch noch die Noten dazu. Das alles erzeugt eine nervliche Belastung und ein Leistungsdruckempfinden, das sicher das der Kinder und Jugendlichen um einiges übersteigt. Eltern geraten in Daueranspannung, sind deutlich gestresster als ihr Nachwuchs, auf den sie ihre Ohnmachtsgefühle unwillentlich übertragen. Doch mit Paranoia oder gar Hysterie, wie sie Eltern immer wieder unterstellt wird, hat ihre gestiegene Sorge um die Bildungskarrieren ihrer Kinder nicht viel zu tun.

Der Wirtschaftswissenschaftler Ludger Wößmann kann Eltern sogar gut verstehen. Deren Nervosität und Anspannung seien durchaus rational, sagt der Münchner Bildungsökonom. »Das Bewusstsein dafür, dass eine gute Ausbildung eine hohe Bedeutung hat, ist enorm gestiegen.« Zu Recht, gute Bildung bringe nun einmal hohe ökonomische Erträge. Ein zusätzliches Jahr an Bildung ergibt nach Berechnungen des Ökonomen ein höheres Einkommen und damit im Durchschnitt eine lebenslange jährliche Mehrrendite von 8 Prozent. Nach den Zahlen des Instituts für Arbeitsmarkt- und Berufsforschung IAB in Nürnberg sind nur 2,5 Prozent der Akademiker arbeitslos. Bei Personen mit Berufsschulabschluss schnellt die Quote dann auf 7 Prozent, bei Menschen ganz ohne Abschluss auf 22 Prozent in die Höhe. Wenn man Kindererziehung als Versuch versteht, Risiken zu minimieren, ist eine gute Ausbildung ein Muss. Sie ist zwar – anders als noch in den siebziger Jahren – keine Garantie mehr für ein gesichertes Arbeitsleben, aber doch zumindest die unabdingbare Voraussetzung dafür. Nur: Gute Bildung ist nun einmal knapp in Deutschland – zumindest solange das eigene Budget für teure Privatschulen nicht reicht. Auch Eltern wissen, dass eine gute Ausbildung die beste Versicherung gegen Arbeitslosigkeit ist. Nur keiner weiß genau, was die Standards einer guten Ausbildung wirklich sein müssten.

Und noch ein weiterer Aspekt der Verunsicherung kommt hinzu. Viele von uns mussten selbst erleben, wie sich mit der Globalisierung und der Verschärfung des internationalen Konkurrenzkampfs die Einkommen immer weiter auseinanderentwickeln. Eine hervorragende Ausbildung und Leistungsbereitschaft werden in Zeiten der Globalisierung höher belohnt, ein Scheitern wird härter bestraft. Erfolg ist unwägbarer geworden. »Das Zittern der Eltern um eine gelungene Bildungskarriere ihrer Kinder ist also durchaus berechtigt«, sagt Wößmann, der sich denn auch nicht wundert, dass Eltern ihren Nachwuchs schon von frühester Kindheit an einem wahren Trainingsmarathon unterziehen. Auf einem anderen Blatt Papier stehe allerdings die Effizienz der ergriffenen Fördermaßnahmen. »Überforderung kann auch das Gegenteil bewirken, also ein Scheitern statt des erhofften Erfolges.«

Oder ökonomisch ausgedrückt: das Ausbleiben der erwarteten Bildungserträge. Was zu viel ist und was zu wenig – das ist individuell so unterschiedlich, dass es darüber kaum Studien gibt. Und damit nichts, woran sich Eltern orientieren könnten. Eltern sorgen sich viel mehr als früher um die Zukunft ihrer Kinder. Zu Recht, haben sie den Wandel von der Industrie- zur postindustriellen Wissensgesellschaft und den Konkurrenzdruck aufsteigender Länder zu Wirtschaftsgiganten doch sehr bewusst und hautnah erlebt. Die Ängste, dass ihre Kinder in dem kommenden globalen Wettbewerb nicht werden bestehen können, sind mächtig und berechtigt. Das setzt sie unter Druck. Die Kinder aber sehen das glücklicherweise viel gelassener. Über den Optimismus von Isabel wundere ich mich manchmal:

Sorgen um die Zukunft? Wenn ich mir darüber überhaupt Gedanken mache, dann immer nur positive. Ich habe wirklich das Gefühl, dass mir die Welt mit all ihren Möglichkeiten offensteht. Viele von uns sehen das genauso. Sorgen oder Zweifel kenne ich nicht. Schon gar nicht, dass ich später nicht arbeiten und Geld verdienen werde. Nur wie, das weiß ich nicht. Wenn ich an die Zukunft denke, dann eher darüber, was genau ich später werden möchte. Ich mag Mathe und Physik, Musik und Sport. Außerdem koche ich sehr gern. Sollte ich Naturwissenschaften studieren, Jura oder Wirtschaft, Ernährungswissenschaft oder erst einmal eine Kochlehre machen? Ich könnte ja auch an die Musikhochschule gehen – wenn die mich nehmen. Wenn ich jetzt höre, dass es zu wenig Fachkräfte gibt, zu wenig Krankenpfleger, zu wenig Ingenieure, zu wenig Auszubildende, dann ist das für mich eine sehr gute Nachricht. Die Konkurrenz nimmt ab. Ich denke, ich habe mehr Chancen als meine Eltern. Ich weiß gar nicht, ob sie das auch so sehen.

Systeme im Schatten

Alles ist im Fluss. Mit dem Umfeld, in dem wir Eltern unsere Berufskarrieren planten, hat das Leben heute nicht mehr viel zu tun. »Es gibt keine normierten Lebensverläufe mehr, sondern so viele Möglichkeiten wie nie zuvor«, sagt Christine Henry-Huthmacher dazu, eine Soziologin, die mit ihrer Studie *Eltern und Druck* für Aufsehen gesorgt hat. »Viele Eltern stellen fest, dass ihr Ausbildungsweg mit dem ihrer Kinder nicht mehr vergleichbar ist.« Es gibt eine unübersichtliche Flut nicht nur von Möglichkeiten, sondern auch von Zertifikaten. Und ohne die geht nichts. Nur: Welches ist das richtige? Inzwischen bekommen Eltern sich ja schon darüber in die Haare, ob das Abitur oder das Internationale Bakkalaureat die besseren Startchancen bringt. »Darüber hinaus identifizieren sich Eltern heute über die Maßen mit ihren Kindern«, sagt Henry-Huthmacher weiter. Sie könnten nicht loslassen. Dadurch bekämen die ganzen Sorgen, das Zittern und Bangen noch einmal diesen ungesunden Drive.

Das Phänomen, das keinesfalls nur ein deutsches ist, hat auch eine finanzielle Dimension. Nie haben Eltern so viel für die Bildung ihrer Kinder ausgegeben wie wir. Allein für Nachhilfe werden in Deutschland jährlich bis zu 1,5 Milliarden Euro gezahlt. Das hat Bildungsforscher Klaus Klemm ausgerechnet. Wie groß dieser Bereich des »Schatten-Bildungssystems«, wie es die EU-Kommission inzwischen nennt, wirklich ist, weiß niemand. Diese 1,5 Milliarden sind eben nur die Nachhilfe. Musikunterricht, Sporttraining, Baby-Schwimmen, Ergotherapie, die Stunden beim Logopäden, die Extra-Sprachkurse oder Auslandsaufenthalte sind da noch gar nicht eingerechnet. Dass Eltern immer mehr finanziellen Aufwand treiben, gilt auch unter Wissenschaftlern als unstreitig. Mehr noch: Der Trend ist ungebrochen, die Tendenz also weiter steigend. Bezeichnend für den Grad der Leistungsorientierung ist die Tatsache, dass Nachhilfe nicht erst dann organisiert wird, wenn der Nachwuchs schlechte Noten bringt. Befeuert werden die Eltern dabei von den geschäftstüchtigen Nachhilfe-Unternehmen. »Erfolg ist planbar«, lautet dann der Werbeslogan. »Wenn Sie uns erst bei Leistungsabfall rufen, ist es eigentlich schon zu spät.« Und genau das schreibt auch Milena (15): Wenn sie mal eine schlechte Note schreibe, dann würden ihre Eltern ihr umgehend zu Hilfe eilen. »Wenn ich selbst das möchte, dann bieten sie mir auch an, eine Nachhilfe für die nächste Arbeit zu engagieren.«

Ein sich verändernder und alles andere als festgelegter Bildungsbegriff, ein allenfalls mittelmäßiges Bildungsangebot, kaum noch normierte Ausbildungsverläufe und ein globaler Kompetenzwettbewerb – unsere elterlichen Erfahrungen passen nicht mehr zu diesem neuen Bildungskosmos. Unsere Sehnsucht nach der heilen Welt festgelegter Bildungsnormen verzerrt den Blick auf die Welt der Kinder und Jugendlichen. Sie überträgt elterliche Sorgen auf die nächste Generation in einem ungesunden Ausmaß. Und wenn wir weiter mit dieser verängstigten Attitüde auf den Nachwuchs blicken, dann entdecken wir mehr Leid als Freude, mehr Verhaltensauffälligkeiten als Normalität. Dann beginnt die übertriebene Defizitforschung in der eigenen Familie, die mit der Bestandsaufnahme einsetzt, die Schulzeitverkürzung ruiniere unsere Kinder.

Im Grunde ist es unser eigener verunsicherter Blick, der die Umstände zum Problem erhebt und die Kinder in den vermeintlichen Krankenstand verbannt. Dabei werden Kinder dann so krankgeredet und so willfährig, dass sie sich der Dramatik ihrer Situation noch nicht einmal bewusst seien. »Ein Kind hält sein Leben, so wie es ist, für ganz normal. Woher soll es wissen, dass alles auch anders sein könnte?«, jammert *Zeit*-Autor Sußebach seiner Marie vor. »Oder wie die Erwachsenen gelebt haben, als die noch klein waren? Dieses Hinnehmen ist schön, weil Ihr nicht so viel grübeln müsst: ›Was wäre, wenn …?‹ Aber es macht Euch auch da fügsam, wo Auflehnung angebracht wäre.« Da macht er die Kinder unmündiger, als sie tatsächlich sind.

Denken wir zurück: Haben unsere Eltern eigentlich jemals so geklagt? Mitnichten. Denn damals war die Bildungswelt oberflächlich noch in Ordnung. Es gab keine verunsichernden Leistungsvergleiche, keine verbindlichen Übertrittsempfehlungen für weiterführende Schulformen. Es gab ein gesichertes Bildungsverständnis und unangefochtene Lehrstandards. Und es gab einen recht beschaulichen Schulalltag, den wir um halb zwei beendeten. Kurz: Es gab nicht allzu viel, über das sich die Eltern Sorgen machen mussten. Allgemeine Verunsicherung war einfach kein Thema.

»Warum kann es nicht so sein wie damals?«, stöhnte meine Freundin Beate hin und wieder. Das ist schon eine ganze Weile her. Jahrelang hat sie sich Gedanken über die Schulkarriere ihrer Kinder gemacht, hat sie angetrieben, unterstützt, getröstet. Sie hat Schulen besichtigt und gezittert, ob sie einen Platz bekommt. Mittlerweile ist sie gelassener geworden. Ihre zwei Töchter haben die Mittelstufe fast hinter sich. Sie hat sich ihre Kinder angeschaut und festgestellt, wie fröhlich die zwei durch ihren Alltag segeln mit all seinen Aktivitäten, die trotz der verkürzten Schulzeit immer noch gut möglich sind. Sie hat gesehen, dass die Schule eigentlich nur in den Phasen wirklich anstrengend ist, in denen sich eine Klassenarbeit an die nächste reiht. »Irgendwann habe ich gemerkt, dass mich das alles sehr viel mehr stresst als die zwei«, sagt sie rückblickend. Sie ärgert sich nur noch manchmal über die mangelnde Qualität des Unterrichts, kann der Schule aber auch etwas Positives abgewinnen. »Nicht jeder Lehrer ist schlecht. Es gibt auch richtig gute.« Im Grunde hat sie gelernt, die Dinge einfach laufenzulassen. Und es läuft.

Sehen wir es positiv. Das Gros der Kinder und Jugendlichen ist längst noch nicht an seine Grenzen gekommen. Sie sind leistungsstark, motiviert und viel abgeklärter als wir, ihre in Nostalgie schwelgenden Eltern. Sie wissen, woran sie sind, haben sich auf die angeblich stressigere Schulzeit konditioniert und jagen ihren guten Noten hinterher. Nicht mehr und nicht weniger. »Wir nennen das, was wir in der Schule immer wieder mal machen müssen, bulimisches Lernen«, sagte mir eine bayrische Schülerin kurz vor ihrem Abitur, das sie später übrigens bravourös bestand. Als ich sie verblüfft ansah, weil ich diesen Ausdruck noch nie gehört hatte, setzte sie grinsend hinzu: »Hat es bei euch früher nicht gegeben, oder?« Bulimisches Lernen bedeutet nichts anderes, als irgendwelche fachspezifischen Details ohne jeden Mehrwert kurz vor einer Klausur hinunterzuschlingen, um sie dann einen oder zwei Tage später aufs weiße Blatt zu spucken und damit möglichst schnell wieder zu vergessen. Daran erinnere ich mich auch noch, wäre aber wohl nie auf die Idee gekommen, das Lernen mit einer Krankheit zu vergleichen.

Was für eine anstrengende Zeitverschwendung! Schade eigentlich. Aber so ist Schule in Deutschland eben, dieses System von gestern. »Kommt oft vor«, sagte sie noch, um kurz darauf ironisch zu vermerken, sie trainiere damit wenigstens ihr Kurzzeitgedächtnis. Später wird sie es dann wahrscheinlich mit Oskar Kokoschka halten: »Aus meiner Schulzeit sind mir nur meine Bildungslücken in Erinnerung geblieben.«

Schon allein deshalb kann und darf Schule im Leben der Kinder nicht alles sein. Ist sie auch nicht, gehen doch ausnahmslos alle der hier Befragten mindestens einem Hobby nach. Kinder verfügen eben über sehr viel mehr Fähigkeiten als die rein kognitiven. Es steckt mehr in ihnen als das, für das sich die Schule und ihre Lehrer interessieren. Nur was? – Das muss man erst mal herausfinden.

»Ich kenne meine Fehler selber«

1. Wie heißt du?
   Lukas.

2. Wie alt bist du?
   16, bald endlich 17, dann geht der Führerschein los ☺
   (Geburtstag im Herbst!)

3. Wo lebst du?
   In Frankfurt.

4. Wie viele Geschwister hast du, und wie alt sind sie?
   Zwei (13, 6).

5. Welche Sprachen sprichst du zu Hause?
   Deutsch.

6. In welche Schule und Klasse gehst du?
   Ins Gymnasium, Klasse 11.

7. Welches sind deine Lieblings-, welches deine Hassfächer?
   Mathe, Sport, Biologie, Chemie. Latein gefällt mir nicht,
   aber das wähle ich nach diesem Jahr sowieso ab.

8. Lernst du viel für die Schule?
   Nein, ich mache Hausaufgaben und lerne vier Tage vor
   jeder Klausur, aber das reicht völlig aus. Mehr lernen würde
   meinen Erfolg in der Schule nicht weiter steigern.

9. Wie verhalten sich deine Eltern in Sachen Schule –
   machen sie Druck, überlassen sie dir alles allein, helfen
   sie dir?
   Sie machen keinen Druck und überlassen es mir, da meine
   Noten absolut in Ordnung sind (Schnitt 1,3). Druck
   würde es mir nur unnötig stressig machen, ich kenne
   meine Fehler ja selber und schaffe es ganz gut, daran zu

arbeiten, ohne dass mir dabei auf die Finger geschaut wird.

10. Bekommst du Notenvorgaben von deinen Eltern?
    Nein, nie. Solange ich gut genug gelernt habe, ist jede Note okay.

11. Spielst du ein Instrument? Wenn ja, welches?
    Klavier.

12. Wie lange übst du und wie oft?
    30 Minuten, so oft es geht (5 × pro Woche).

13. Zwingen dich deine Eltern dazu, machen sie Druck, oder ist alles freiwillig?
    Es ist freiwillig, da ich meinen Fokus in der Oberstufe auf Schule legen möchte, um später ein erfolgreiches Abitur zu schreiben.

14. Verpflichten dich deine Eltern zum Sport?
    Nein, aber es ist der optimale Ausgleich für mich.

15. Wie oft trainierst du?
    4 × pro Woche, zwei Stunden mindestens. Ich spiele leidenschaftlich gern Volleyball und gehe ins Fitness-Studio.

16. Nimmst du gern an Wettbewerben und/oder Turnieren teil?
    Sehr gern, um mich mit anderen zu messen.

17. Treiben dich deine Eltern grundsätzlich an?
    Sie motivieren mich, lassen mir aber dennoch alle Freiheiten bei dem, was ich tun möchte.

18. Wenn ja, wer ist dein Motor: deine Mutter oder dein Vater?
    Sowohl als auch.

19. Was machst du sonst noch, wenn du nicht in der Schule bist?
    Musik hören, Freunde treffen, Sport, manchmal Playstation spielen.

20. **Wie laufen bei dir die Wochenenden ab?**
Sehr unterschiedlich, von oft abends weggehen bis zum absoluten Nichtstun ist alles dabei.

21. **Streitest oder diskutierst du oft mit deinen Eltern?**
Diskutieren gehört immer dazu, Streit wird natürlich vermieden.

22. **Bekommst du Ärger bei schlechten Leistungen/Noten?**
Nur wenn ich vorher nicht genug geübt habe. Eine schlechte Klausur kann immer mal passieren (selbst bei vielem Lernen), ich fände es sehr ungerecht, das dann irgendwie zu bestrafen.

23. **Macht es dir etwas aus, wenn deine Eltern unzufrieden mit dir sind?**
Natürlich, ich versuche mich dann zu bessern (bestes Beispiel: Mithilfe im Haushalt).

24. **Wie wirst du bestraft und wofür?**
In meinem Alter fände ich Strafen unpassend. Ich weiß selber, was ich zu tun oder zu lassen habe, ich weiß, wie lange ich abends wegbleiben darf und wann ich wieder zu Hause sein sollte. Die beste »Strafe« ist meiner Meinung nach immer ein klärendes Gespräch bei Unzufriedenheiten.

25. **Macht dir dein Leben richtig Spaß?**
Sehr, ich genieße jeden Tag ☺

26. **Was machst du, wenn du nichts machst?**
Siehe 19. ☺

27. **Bist du zufrieden mit deiner Erziehung?**
Ja, sehr, meine Eltern wollen schließlich nur das Beste für mich. Sie haben den optimalen Weg zwischen »Kontrolle« und mir meine Freiheiten lassen gefunden, das ist sehr angenehm für mich.

28. Was würdest du gern an deinem Leben jetzt ändern?
Alles bestens.

29. Was würdest du bei deinen Kindern später anders machen?
Bis auf Kleinigkeiten nichts.

30. Welche Note würdest du deinen Eltern für ihre Erziehung geben?
14 Punkte (Note 1), da ich sehr zufrieden bin. Die Schule läuft gut, privat habe ich immer genug Zeit für Freunde und Sport.

Die Zweifel der Talent-Scouts

Erst mal Schatzsuche

Eigentlich ist die Sache ja ganz einfach. Man schaut sich an, was sein Kind gern treibt. Mit Bällen spielen zum Beispiel. Oder singen. Dann erklärt man diese offensichtlichen Neigungen einfach zum Talent, und schon ist alles klar. Kinder sollen ja gefördert und ermutigt werden. Insofern war bei meiner jüngeren Tochter die Sache ziemlich schnell entschieden. Mit ihrem Gesang beschallte sie uns über Jahre. Schon als Sechsjährige hat sie unentwegt gesungen, geträllert, gebrüllt oder sonstwie ihre Stimme ausprobiert. Sie imitierte Popsongs aus dem Radio, Jazz-Lieder, die mein Mann hörte, oder »Die schöne Müllerin«. Dieser Liederzyklus für Singstimme und Klavier von Franz Schubert hat dann vor zwei oder drei Jahren alles verändert. Unsere Tochter hatte ihn auf einer Kinder-CD mit Thomas Quasthoff mindestens 100-mal gehört. Meistens auf Autofahrten. Und der Künstler hatte den Kindern, die er auf der CD um sich versammelt hatte, auch den Weg verraten, wie er zum Gesang gekommen war: Als Kind habe er immer nur gesungen. Seine Eltern hätten fortan überlegt, dass dies etwas für ihn sein könnte, und ihm die ersten Gesangsstunden verpasst. Die hat unsere Tochter jetzt auch.

Wahrscheinlich funktioniert es in vielen Familien so. Hingucken, nachhaken und dann für seine Kinder eine Vision entwickeln, die sich zwischen Operngesang und Leistungsfußball bewegt. Nur weiß man natürlich nicht genau, ob sich hinter einer gewissen Hingabe, die Kinder im täglichen spielerischen Umgang mit Büchern, Bällen,

Klettergerüsten, Musik oder Schere, Stiften und Papier an den Tag legen, auch wirklich ein Talent verbirgt. Noch weniger lässt sich erahnen, ob es die Kinder jemals so weit bringen werden, wie sie sich das selbst erträumen: in die Bundesliga oder auf die Bühne. Die Wahrscheinlichkeit ist eher gering. Und das ist womöglich auch gar nicht wichtig; weil der Glaube nun einmal Berge versetzen kann, ist das Wichtigste, sie glauben erst einmal selbst daran.

Nur ist die Sache mit dem Talent gar nicht so einfach. Was ist das eigentlich? Wie finde ich die Stärken und Neigungen heraus? Und mehr noch: Bin ich als Mutter oder Vater überhaupt verpflichtet, meinen Kindern zu helfen, daraus etwas zu machen? Das sind aber nicht die einzigen Zweifel, die ich habe, wenn ich über die Talente und Neigungen meiner Kinder nachdenke. Es könnte ja auch sein, dass ich ihre wahren Fähigkeiten schon deshalb verkenne, weil mein Blick so eingeschränkt ist und ich ihre Fähigkeiten nur vor dem Hintergrund an Möglichkeiten betrachte, der mich interessiert.

Georg (14) spielt Eishockey. Seit Jahren und sehr gut. Er gilt als großes Talent. »Ich trainiere vier- bis sechsmal die Woche«, notiert er. Warum er sich gerade diesen Sport ausgesucht hat, wird schnell klar: »Mein Vater hat früher auch Eishockey gespielt.« Georgs Leben besteht eigentlich nur aus Eishockey und seinem Vater. Den hat er im Nacken. Er macht ihm und seinem Bruder ziemlich viel Druck und würde niemals zulassen, dass sie sich von dieser Sportart abwenden. Georg weiß, dass er viel kann. »Meistens spiele ich ziemlich gut«, schreibt er von sich selbst. Er setzt alles daran, dass das so bleibt, schließlich ist er dauernd auf dem Eis.

Meinen Mann und mich interessieren die klassischen Sportarten, allerdings nicht Eishockey. Fußball natürlich – mich allerdings sehr viel weniger als Tennis. Leichtathletik,

Hockey nur am Rande. Schon das Schwimmen, Klettern oder Kampfsportarten wie Judo, Karate oder Taekwondo habe ich nicht auf dem Schirm. Ebenso wenig wie Voltigieren. Mich begeistert dazu klassische Musik. Als Mitglied einer Familie, in der lediglich Blasinstrumente eine Rolle spielten, kommen mir schon Streichinstrumente nicht in den Sinn und auch nicht so etwas wie E-Gitarre. Und was ist mit sicher ebenfalls herausfordernden Aktivitäten wie Schach, Angeln, Ringen, Eiskunstlauf oder Briefmarkensammeln? Habe ich Isabel womöglich viel zu früh viel zu festgelegt?

Na ja, ich spiele nun einmal Tennis, Flöte und Klavier. Und um ehrlich zu sein, ist für mich fast nichts anderes in Frage gekommen. Meine Mutter wollte immer, dass ich Tennis spiele, weil ihre Mutter ihr auch immer gesagt hat, sie solle Tennis spielen. Seit Generationen spielen in meiner Familie mütterlicherseits deshalb alle Tennis. Ich wollte – oder besser noch –, ich sollte ein Instrument spielen. Erst sollte ich Blockflöte lernen. Doch die Lehrerin stellte sich quer. Sie meinte, auch kleinere Kinder könnten gleich mit Querflöte beginnen. Seltsam, dass ich zufälligerweise genau das Instrument ausgewählt habe, das mir angeblich sehr liegt. Glückssache. Doch die Sache ist noch verzwickter. Meine Mutter behauptet, ich hätte Talent im Tennis. Mein Vater, selbst Fußballfan und verhinderter Leichtathlet, findet, dass ich eher über athletische Fähigkeiten verfüge. Er sucht bis heute nach Leichtathletikkursen. Aber womöglich bin ich für diese klassischen Sportarten wie Tennis oder Leichtathletik gar nicht gemacht. Vielleicht auch gar nicht für die Flöte. Schließlich wurde ich ja nie gefragt. Vielleicht bin ich eine geborene Turmspringerin. Nur leider werde ich das nie mehr feststellen können. Da meine Mutter jedes öffentliche Schwimmbad meidet und mein Vater an Höhenangst leidet, waren wir kaum in Schwimmbädern. Schon gar nicht in solchen mit Sprung-

türmen. Um jetzt noch auf einen Zehnmeterturm zu steigen, ist
es vielleicht zu spät. Das sagt mir mein Gefühl. Irgendwie bin
ich dafür zu beschäftigt.

»Begeben Sie sich auf Schatzsuche!«, fordert uns der passionierte Pädagoge Adolf Timm in seinem Buch *Die Gesetze des Schulerfolgs* auf. Das ergibt natürlich Sinn, weil es für Kinder – wie wir alle wissen – viel besser ist, sie in ihren Stärken weiter zu bestärken, als sie aufgrund ihrer Schwächen zu beschämen. Vor allem dann, wenn sie noch gar nicht genug darüber gelernt haben, wie sie mit ihren Schwächen umgehen sollen.

Nun gut, nehmen wir die Herausforderung an und suchen nach den Schätzen. Aber wie macht man das genau? Und vor allem: Wie vermeidet man die immer gleiche Falle, nur die Fähigkeiten zu entdecken (oder auch zu vermissen), die einem als Elternteil selbst wichtig sind? Talente oder Begabungen sind nämlich stark vom Blickwinkel und der Wahrnehmung der Außenwelt abhängig. Sprich: Talente werden zugeschrieben und abgesprochen – häufig genug ganz unabhängig von der Realität. Und das wiederum determiniert am Ende zu einem Großteil, was aus den Kindern wird.

Dabei ist der Mechanismus so einfach. Denke ich an unsere ewig singende Tochter, dann zeigt sich das überdeutlich. Wie oft haben wir sie für ihren Gesang gelobt, sie immer wieder darin bestärkt, auch wenn uns die plötzlichen Gesangsausbrüche mit vollem Vibrato bis ins Mark erschütterten und gehörig auf die Nerven gingen. Wahrscheinlich haben wir sie so häufig gelobt, dass sie begonnen hat, ganz fest daran zu glauben. Je mehr sie daran glaubt, desto experimentierfreudiger wird sie. Je mehr sie experimentiert, desto intensiver trainiert sie ihre Stimme. Und die wird immer kräftiger. Die Frage ist nur, ob es sich hier wirklich um Talent oder einfach um reichlich Übung handelt. Das herauszufinden ist nicht ganz leicht. Hätten wir im Umkehrschluss versucht, ihr das Geträller abzugewöhnen, um damit die Dezibelbelastung in unserer lauten Familie zu mindern, wäre sie unter den häufig eher genervt vorgetragenen Ermahnungen womöglich verstummt. Kein Gesang, keine Übung – und das Talent, so sie denn eines hätte, wäre einfach in der Versenkung verschwunden.

Die Talentforschung ist inzwischen ein großes Feld. Nichts ist spannender, als der Frage auf den Grund zu gehen, was es mit den Begabungen auf sich hat und wie sie zustande kommen. Meinte man früher, bestimmte Stärken seien angeboren, so ist man heute dank der Neurobiologie sehr viel weiter. Wir wissen, dass sich das Gehirn permanent verändert. Die Veränderung ist abhängig davon, womit wir uns tagein, tagaus beschäftigen. So legt die enorme Plastizität des Gehirns wiederum die Vermutung nahe, Talente würden nicht geboren, sondern einfach gemacht.

Im Kindergarten meiner Kinder gab es einen Jungen, dem ein außergewöhnliches handwerkliches Talent beschieden wurde. Die Kindergärtnerinnen gerieten immer in Verzückung, wenn sie von seinen Fähigkeiten sprachen, die er beim Ausschneiden und Basteln an den Tag legte. Er war ein Künstler im Umgang mit Scheren jeder Größe – und das im bescheidenen Alter von gerade einmal vier Jahren. Als ich die Mutter seinerzeit darauf ansprach, erzählte sie, dass ihre Kinder zu Hause einen großen Basteltisch besäßen, auf dem eben nicht nur Kinderscheren, sondern auch richtig spitze, scharfe Schneideinstrumente lägen. Sie ärgerte sich darüber, dass die Kinder im Kindergarten immer nur mit stumpfen, schlecht schneidenden Kinderscheren hantieren durften – aus Sorge vor Verletzungsgefahren. Kein Wunder, dass sich alle mit dem Ausschneiden so schwertaten und natürlich auch keiner Lust hatte, sich mit dem schlechten Werkzeug wirklich darin zu üben. Ich selbst gab meinem Sohn noch am selben Abend eine kleinere, aber bedrohlich scharfe Schere aus unserem Nähkästchen. Und siehe da, binnen ein paar Tagen hatte auch er sich in einen kleinen Scherenmann verwandelt, dem umgehend großes schneiderisches Talent zugeschrieben wurde. Was für ein Blödsinn – er hatte einfach ein bisschen mehr geübt als die anderen.

Der IQ – Lieblingsmaß des Bürgertums

Lange bevor die Neurobiologie die Plastizität des menschlichen Gehirns entdeckte, haben sich Wissenschaftler mit der Frage der Begabungen befasst. Offenbar scheint es eine fast kindliche Sehnsucht danach zu geben, diese mehr oder minder natürlichen Begabungen zu vermessen. Der französische Psychologe Alfred Binet entwickelte mit dem Mediziner Théodore Simon bereits vor mehr als 100 Jahren einen ersten Test, um die kognitiven Begabungen von Kindern möglichst objektiv zu bewerten. Seine Idee, Kinder mit einer Reihe von verschiedenen Aufgaben zu konfrontieren, ist bis heute Grundlage aller Intelligenztests. Dabei handelte es sich um Fragen zu den eher schlichten Dingen des Alltags und Aufgaben logischer oder mathematischer Natur. Aus der Zahl der gelösten Aufgaben ergab sich ein Punktwert und damit das erste Maß für Intelligenz.

Mittlerweile gibt es eine Vielzahl verschiedener Tests, mit denen sich der Intelligenzquotient als wohl gängigste Maßeinheit für die intellektuelle Begabung einer Person feststellen lässt. Obwohl die Tests nicht unumstritten sind, erfreuen sie sich inzwischen großer Beliebtheit. Immer mehr Eltern lassen ihre Kinder auf ihre Begabung testen. In bürgerlichen Gesellschaftsschichten gehört es schon fast zum guten Ton, zumindest *ein* vermeintlich hochbegabtes Kind in der Familie aufzuweisen. Der IQ ist das Lieblingsmaß des Bildungsbürgertums. Es wird getestet und geprüft, um die Kinder ja in richtiger Manier zu fördern. Sebastian (14) gilt als hochbegabt. »Ich bin den anderen in der Schule zwei Jahre voraus«, schreibt er in seinem Fragebogen. Gut findet er das nicht. »Alle sagen, dass ich besonders schlau bin, hochbegabt angeblich, und deswegen bekomme ich dauernd Stress von zu Hause.« Er hasst das. Er selbst wäre zumindest seine schulische Laufbahn lieber etwas langsamer angegangen, anstatt zwei Klassen zu überspringen.

Eltern auf Schatzsuche – aber wie soll man diese denn anders angehen als so wissenschaftlich und objektiv wie möglich? Ist eine überbordende Intelligenz erst einmal festgestellt, dem Kind selbst und den Lehrern mitgeteilt, befindet sich der Sachverhalt alsbald in der Schulakte des Kindes, und das Unvermeidliche nimmt seinen Lauf. Das Kind glaubt an sich selbst, die Lehrer glauben an das »amtliche« Ergebnis, die Familie glaubt an ihren Sprössling und fördert ihn, so gut es geht. Und jeder neue Lehrer, der einen Blick in die Schulakte geworfen hat, meint ebenfalls alsbald zu wissen, wen er vor sich hat: einen wahrhaft Hochbegabten. Der Glaube an die geistigen Fähigkeiten zieht besondere Aufmerksamkeit und Förderung nach sich, was das betroffene Kind im günstigen Fall nicht unter einen hohen Erwartungsdruck setzt, sondern erst richtig voranbringt. Und schon ist aus dem aufgeweckten Knilch ein kleiner Superstar geworden, der alle anderen aussticht. Es kann natürlich auch alles anders kommen, vor allem dann, wenn die ausgewiesene Hochbegabung

Neid oder den Ehrgeiz der Lehrer hervorruft, dem Schüler zu beweisen, dass er so brillant nicht ist.

Die Frage, was daran nun natürliche Begabung ist und welchen Anteil die intensive Förderung und der starke Glaube an sich selbst haben, ist noch immer nicht beantwortet. Katharina (18) hat ihr Leben lang an die Schicksalslotterie geglaubt und darunter auch irgendwie gelitten. »Mein Bruder ist ziemlich schlau«, sagt sie. Dem Bruder, in der Schule ein Tunichtgut und angeblich vollkommen unterfordert, wurde eine Hochbegabung ausgestellt. Er verließ seine alte Schule und besucht heute ein Hochbegabten-Internat, in dem er nach allen Regeln der Kunst gefördert und gefordert wird. Er muss nicht mehr mit 30 Kindern in einer Klasse sitzen und die Langeweile ertragen, die sich immer dann einstellt, wenn Lehrer mit oft unzulänglichen Methoden versuchen, einer Horde vielfach desinteressierter und zum Teil sehr unterschiedlich leistungsstarker Jugendlicher etwas beizubringen. Seine Intelligenz ist nun viel mehr gefordert, er wird schlauer und schlauer, während seine Schwester sich weiterhin dem Kraftakt stellen muss, sich unentwegt selbst zu motivieren. Sie sieht das allerdings ganz anders. »Mein Bruder hat ein bisschen zu viel davon und ich zu wenig«, kommentiert sie die Verteilung der Intelligenz in ihrer Familie. Sie traut sich viel weniger zu. Das Abitur wird sie natürlich schaffen. Ganz klar aber meint sie, dass sie zu höheren Weihen wohl kaum berufen ist. Schicksal eben.

Die Eltern haben einen nicht unerheblichen Anteil daran. Ihre Tochter tue sich nun einmal »schwer« in der Schule, sagt die Mutter liebevoll-mitleidig über ihre Älteste. Dafür habe sie andere Fähigkeiten; sie könne zum Beispiel sehr gut mit Kindern umgehen – was übrigens immer wieder als Standardsatz fällt, wenn Jugendliche in der Schule nicht »performen«. Sind ihre Eltern unterwegs, bekommt Katharina die Verantwortung für die Geschwister aufgetragen. Sie verbringt Zeit in der Küche statt am Schreibtisch. Die nächste Klassenarbeit fällt deshalb wieder einmal nicht besonders gut aus. Und schon bestätigt sich aufs Neue, was alle stets von ihr erwartet haben. Wie ungerecht! Wie wäre es ihr wohl ergangen, hätte man ihr einfach eine Hochbegabung zugeschrieben, sie auf ein Internat geschickt, auf dem der Schüler-Lehrer-Schlüssel besonders günstig gewesen wäre und wo sie vor allem ihren Neigungen hätte verstärkt nachgehen können? Nein, Katharina schüttelt den Kopf. »Ich bin eben einfach nicht so schlau«, sagt sie. Genau das wird sie ihr Leben lang glauben. Und genau so wird sie sich auch verhalten. Ich jedenfalls habe mir fest vorgenommen, meinen Kindern immer wieder zu sagen, wie schlau sie sind und wie viel sie dafür tun können, um noch schlauer zu werden.

Auffällig ist, dass sich Intelligenz vor allem in oberen Gesellschaftsschichten häuft. Kinder aus weniger privilegierten Milieus weisen tendenziell einen geringen IQ auf. Dass die Kinder in unteren Schichten dümmer geboren werden, kann wohl niemand ernsthaft behaupten wollen. Sie werden nur einfach nicht so schlau gemacht. Sie werden weniger gefördert, weniger motiviert, weniger angeregt, weniger gelobt. Es ist geradezu zwangsläufig, dass sich Intelligenz unter diesen Bedingungen weniger stark entwickeln kann. Alexander (12) ist nachgewiesenermaßen hochbegabt, ein talentierter und angeblich hingebungsvoller Klavierspieler. Er kommt garantiert nicht aus einer unteren Gesellschaftsschicht. Seine Eltern haben ihn wahrscheinlich von klein auf gefördert. Er spiele, seit er vier sei, und übe täglich ein bis eineinhalb Stunden, schreibt er. Früher wurde er dazu gezwungen. »Inzwischen habe ich mich daran gewöhnt.«

Das Bundesministerium für Bildung und Forschung hat

kürzlich einen Ratgeber für Eltern, Lehrer und Erzieher herausgegeben, der sich auf über 100 Seiten mit der Begabtenförderung befasst. Vor allem begabte Kinder sollen noch besser gefördert werden. Was allerdings Hochbegabung ist und wie sie entsteht – dazu steht in dem dicken Informationsheft eher wenig. Das Ministerium empfiehlt in jedem Falle Intelligenztests. Auch die Forscher, die das Ministerium beauftragt hat, den Leitfaden für den Umgang mit den vermeintlich Superbegabten zu schreiben, wissen über den Ursprung der Begabung wenig zu sagen – außer dass nicht alles angeboren ist. »Dennoch zeichnet sich in der Forschung bereits jetzt das Bild ab, das frühe Stimulation und Förderung für die Entwicklung bestimmter Fähigkeiten entscheidend sind.« Und an anderer Stelle heißt es: »Die häufige und intensive Nutzung bestimmter Hirnareale – also wiederum Übung und Training – scheint somit wichtiger für das Verständnis von Begabungen und ihrer Entwicklung zu sein als bestimmte übungsunabhängige, statische hirnstrukturelle Merkmale, die als Hinweis auf ein angeborenes Begabungspotenzial gedeutet werden können.«

Das Glück der Vielfalt

Wer ist intelligent, und wer ist schlauer? Das ist ein riesiges Thema. Vor allem bei den Eltern. Ich kenne so viele Eltern, die ihre Kinder auf Hochbegabung haben testen lassen. Sobald man in der Schule ein paar Einsen schreibt, halten Lehrer, Mitschüler und Eltern einen für intelligent. Man bekommt den Intelligenzstempel und wird gleich anders behandelt. So ein Blödsinn, handelt es sich dabei doch meistens nur um Schulintelligenz. Also eine ganz spezielle Begabung, die man braucht, um in der

Schule erfolgreich zu sein. Am besten hat man dazu auch noch ein Schulintelligenzgesicht oder weiß, wie es aufzusetzen ist. Doch Schulintelligenz ist die langweiligste unter den vielen Intelligenzen, die ich kenne. Da gibt es zum Beispiel die Lösungsintelligenz. Die finde ich sehr spannend. Ich habe Freunde, die für alles sehr schnell eine Lösung finden – eine Intelligenz, die in der Schule garantiert nicht viel zählt, weil die Lösungen immer so sein müssen, wie der Lehrer sie wünscht, obwohl es meistens mehr als eine gibt. Das gleiche gilt für Kreativität – für mich auch eine Art der Intelligenz. Man hat gute, brauchbare Ideen. So wie Steve Jobs, der kürzlich verstorbene Apple-Gründer, der eine unglaubliche Kreativität besessen haben muss. Natürlich war er intelligent, viele sagen sogar genial. Intelligenz ist eben vielseitig. Aber was bei den Erwachsenen zählt, ist meistens nur die langweiligste Form der Intelligenz. Und das ist die, die man für gute Noten braucht.

Intelligenz hat viele Formen. Das vermutet auch der amerikanische Wissenschaftler Howard Gardner. Schon vor Jahren hat er das Konzept der multiplen Intelligenzen entworfen und zieht damit noch immer durchs Land. Kaum ein gutes Haar lässt er an der Tradition der Standardmessungen wie den IQ-Tests. Seiner Meinung nach gibt es viel mehr als nur die kognitive Intelligenz, die in unserer Leistungsgesellschaft so hoch im Kurs steht.

Der Erziehungswissenschaftler und Psychologe der Harvard University hat sieben solcher Intelligenzen ausgemacht, in der Grundannahme, dass wir unser geistiges Leben nicht vollkommen einheitlich verstehen müssen. Es bestehe vielmehr aus verschiedenen Modulen oder Bausteinen – es gibt eben unterschiedliche mentale Fähigkeiten. Von einer einzelnen als der Intelligenz schlechthin zu sprechen, ergibt für ihn wenig Sinn. Im Grunde handelt es sich dabei um nichts anderes als das, was wir immer wieder feststellen. Gibt es da nicht das Kind mit dem verblüffenden Orientierungssinn, das sich mit dem Schreiben noch immer so schwertut? Und: Würde man dieses Kind so ohne weiteres als nicht besonders talentiert bezeichnen oder gar weniger intelligent?

Howard Gardner hat folgende Intelligenztypen ermittelt: die sprachliche, die logisch-mathematische, die musikalische, die Bewegungsintelligenz, die soziale Intelligenz und die intrapersonale, also eine Intelligenz der Selbsteinschätzung. Wahrscheinlich gebe es noch weitere. Dazu existieren wissenschaftliche Hinweise darauf, dass diese Intelligenzen nicht ganz isoliert voneinander existieren. Der Begriff der multiplen Intelligenz, der bereits vor 25 Jahren die bis dahin sehr eingeengte und ausschließlich auf die kognitiven Fähigkeiten begrenzte Auffassung der Intelligenz weltweit in Frage stellte, bietet eine viel komplexere Möglichkeit, Fähigkeiten und Begabungen von Menschen zu beschreiben. Allerdings ist trotz dieser Erkenntnis noch immer nicht ganz klar, ob die eine oder andere Form der Intelligenz, Begabung oder des Talents den Menschen von Beginn an in die Wiege gelegt oder nicht vielmehr durch akribisches Einüben entstanden ist. Bis heute weiß das so richtig niemand zu beantworten.

Naturtalente und andere Mythen

Was heißt schon Talent? Mozart, Beckham, Federer und das Geheimnis von Spitzenleistungen. Mit diesem Buch machte unlängst der ehemalige englische Tischtennisspieler Matthew Syed von sich reden. Er ist der Meinung, dass jeder alles lernen und auf jedem Feld exzellente Leistungen erbringen kann, wenn er sich nur lange und intensiv damit beschäftige – und wenn er das Glück habe, in ein entsprechend förderliches Umfeld hineingeboren zu werden. So jedenfalls erklärt er seinen eigenen Erfolg.

Bahnbrechend waren in dieser Hinsicht die Experimente und Studien, mit denen der schwedische Psychologe K. Anders Ericsson von der Florida State University vor rund 20 Jahren versucht hat, dem Phänomen der Begabung auf die Spur zu kommen. Eine seiner Arbeiten nahm er in Berlin in Angriff, die Ergebnisse veröffentlichte er 1993. Die Versuchspersonen waren 30 Violinstudenten der Berliner Universität der Künste. Sie wurden von den Professoren in unterschiedliche Leistungsklassen eingeteilt. Die erste Gruppe waren die Stars, denen man ein natürliches Talent zuschrieb und ihnen eine exzellente Karriere vorhersagte. Bei der zweiten Gruppe handelte es sich um Studenten, denen man, wenn auch keine solistische, so doch eine gute Karriere als Orchestermusiker zutraute. Die dritte Gruppe bildeten die vermeintlich weniger Begabten, die wohl als Musiklehrer ihren Lebensunterhalt bestreiten würden.

Ericsson und sein Team machten sich sodann auf die Suche nach den Gründen für die Leistungsunterschiede, in der Hoffnung, der Sache mit dem Talent endlich auf die Spur zu kommen. »Das Einzige, was wir fanden, war die Zahl der Stunden, die sie trainierten«, sagt der Forscher, der bis heute nicht an Naturtalente glauben will. Die Anzahl der Stunden nämlich differierte. Die Guten hatten sehr viel mehr und offenbar auch intensiver geübt. Auf Basis seiner Erkenntnisse errechnete Ericsson eine Faustregel. »10 000 Stunden und zehn Jahre benötigen Menschen, um Außergewöhnliches zu leisten«, lautet sein Credo. Dieser Zusammenhang habe sich bisher auf vielen Feldern wiedergefunden, sei es im Sport, im Schach oder auch im Dartspiel. »Bis jetzt hat mich schlicht noch keine Untersuchung davon überzeugen können, dass herausragende Fähigkeiten angeboren sind.« Allerdings komme es dabei nicht nur auf die bloße Masse an Übungseinheiten an, sondern auch auf die Intensität. Die besten Geiger investierten fast die Hälfte der Zeit in konzentriertes Einzeltraining, übten immer wieder für sich allein genau das, was sie noch nicht beherrschten. Kein Hobbyspieler könnte sich Derartiges abverlangen.»Sie haben hart daran gearbeitet, ihre Grenzen auszuweiten«, sagt Ericsson.

10 000 Stunden! Diese schrecklichen 10 000 Stunden sind es also, die den feinen Unterschied machen. Wahrscheinlich hatte die »Tiger Mom« Amy Chua just diese Zahl im Kopf, als sie versuchte, aus ihren beiden Töchtern ganz unabhängig von deren Neigung professionelle Musiker zu machen, deren vermeintliches Talent alle Welt bewundern würde. Auch Lilly (12) kommt der Sache mit den 10 000 Stunden schon recht nahe. Sie spielt bereits ziemlich lange Cello und übt jeden Tag zwei volle Stunden. Auf die Frage, ob sie das freiwillig tue, schreibt sie nur: »Kann ich nicht beantworten.« Wenn sie jetzt etwas ändern könnte in ihrem Leben, das ihr »noch nicht« besonders viel Spaß mache, wäre es »das viele Üben«. Wer, wie sie, ein Experte auf seinem Gebiet werden soll, müsste sich also zehn Jahre lang jeden Tag drei Stunden mit immer der gleichen Sache befassen: Tonleitern üben, Schachfiguren hin und her schieben und Partien analysieren, Tausende von Bällen übers Netz dreschen oder Pfeile auf eine Scheibe werfen.

Angeborenes Talent – alles Lüge oder was? Fast sieht es so aus, als würden Superstars nicht geboren, sondern gemacht. Wie – das hat der Tennisrebell Andre Agassi in seinem Buch *Open* sehr eindrucksvoll beschrieben. Es war nicht die Begabung für den Sport, die ihn zu dem werden ließ, was er wurde, sondern der gnadenlose Drill seines Vaters. Schon als Siebenjähriger musste er jeden Tag 2500 Bälle schlagen – fast eine Million im Jahr. Und der gewalttätige Vater saß dem von Panik getriebenen »wehrlosen Geschöpf in dieser gottverlassenen Wüste« im Nacken und brüllte, brüllte und brüllte. »Niemand hat mich je gefragt, ob ich Lust hätte, Tennis zu spielen«, schreibt Agassi. Dass es so sein würde, stand offenbar schon lange vor seiner Geburt fest. So entstehen Supertalente. Da ist Agassi kein Einzelfall. Seine Frau hat das gleiche Schicksal hinter sich. Der Geiger David Garrett erzählte von 30 000 Stunden, die er in seinem Leben schon geübt habe, angefangen unter der Fuchtel eines wahrlich furchterregenden Vaters. Die Angst spielt immer mit – auf dem Platz und im Konzertsaal. Seinen eigenen Kindern würde er diesen Zwang ebenso wenig antun wollen wie Graf und Agassi: Deren Kinder sollen auf keinen Fall professionelle Tennisspieler werden, sagen beide.

Dass Talente gemacht und nicht geboren werden, halte ich eigentlich für eine gute Nachricht. Dank der enormen Wandlungs- und Anpassungsfähigkeit des Gehirns ist es eben keine Frage von Schicksal oder Zufall, was aus unseren Kindern wird. Man kann etwas aus ihnen herausholen und muss es wahrscheinlich auch. Auf allzu geringe Begabung kann ich mich eben nicht herausreden, nur weil ich keine Lust habe, den Kindern tagtäglich im Nacken zu sitzen, endlose Diskussionen und noch härtere Konflikte auszufechten.

Leider nur fast genial

Und doch ist das nicht alles. Es bleibt die Frage, warum der eine schneller lernt als der andere, sich leichter tut und irgendwann viel fortgeschrittener ist. Ericsson behauptet, dass es zu Beginn tatsächlich unterschiedlich schnelle

Lernfortschritte gebe, doch holten die Langsameren mit der Zeit und zunehmender Übung auf. »Im Schach beispielsweise ist eine gewisse Intelligenz wohl hilfreich, aber nur am Anfang. Es gibt Schachspieler, deren IQs unter 100 liegen und die dennoch in die Weltklasse vorstoßen«, sagt er. Wie hoch die Intelligenz der drei Töchter von László Polgár war, interessierte den Vater offenbar nicht besonders. Der ungarische Pädagoge, der Anfang der achtziger Jahre eine zweifelhafte Berühmtheit erlangte, war seit jeher der Meinung, dass Kinder zu außergewöhnlichen Leistungen fähig seien, wenn man sie nur früh intensiv und systematisch fördere. Seine drei Töchter drillte er auf Schach. Sie gingen nicht in die Schule, sondern wurden – um Zeit zu sparen – zu Hause unterrichtet, spielten immer auf Männerturnieren und sind bis heute sehr erfolgreich. Auch sein Diktum unterschied sich kaum von den Erkenntnissen des schwedischen Forschers: Begabungen sind nicht angeboren, sondern können anerzogen werden.

Das ist die gute Nachricht. Talente lassen sich erzeugen – zum Großteil zumindest. Wer das will, muss aber auch Konsequenzen ziehen. Er muss für seine Kinder eine Vision entwickeln, er muss sich einsetzen, sie gegen all ihre Widerstände und ihre eigene Bequemlichkeit immer wieder an ihre Grenzen treiben. Denn nur so erhalten sie die Chance, Fähigkeiten zu erwerben und über ihren Erfolg Leidenschaften zu entwickeln. Das klingt hart – für die Kinder nicht weniger als für die Eltern. Denen nämlich wird ein Höchstmaß an Geduld, Kampfgeist und Durchhaltevermögen abverlangt. Für die Eltern, die ihre Kinder permanent fördern, ist das oft nicht minder stressig als für den Nachwuchs selbst. Wer seine Kinder also zu guten Leistungen bringen will, sollte gar nicht erst über angeborene Talente oder Naturbegabungen nachdenken, sondern den Weg wählen, den seit frühester Menschheit alle

Berühmtheiten gegangen sind: Es ist der Weg der Übung, die den Meister macht.

Dabei geht es in diesem Buch noch nicht einmal um Spitzenleistungen, sondern um so einfache Dinge wie die Grundlagen der Mathematik. Diesbezüglich zeigt sich der Glaube an den Mythos vom Talent besonders deutlich. Sind wir nicht alle mit der fixen Idee aufgewachsen, es gäbe tatsächlich zweierlei Arten von Menschen: die mathematisch veranlagten und die mathematischen Versager? Haben uns nicht schon unsere Eltern in eine dieser Gruppen eingeteilt und gesagt, Zahlen lägen uns sehr oder auch nicht? Dabei ist gerade das – wenn man dem Glauben an Naturbegabungen eine Absage erteilt – die absurdeste Form frühester Festlegung. Mathematik ist zunächst einmal ein Sport. Wer gut im Rechnen sein will, muss genauso viel trainieren wie einer, der täglich zum Fußballtraining geht.

Wenn ich mir vorstelle, unsere Kinder würden die gleiche Zeit mit Mathematik verbringen, die sie darauf verwenden, beim täglichen Training hinter Bällen herzujagen und Schläge und Schüsse zu perfektionieren – sie wären in der Schule wahre Überflieger. Nur leider tun sie das nicht. Wahrscheinlich, weil sich weder mein Mann noch ich mit Zahlen beschäftigen und den Kindern somit weder die Faszination für diese Wissenschaft noch das Wissen darüber vermitteln könnten. Wir haben es beide nicht. Anders verhält es sich bei vielen Mathematikern, die schon in jungen Jahren Furore machten. Sie haben die Zahlen bereits mit der Muttermilch aufgesogen, weil ihre Eltern dort ihr Interesse und ihre Stärken hatten. Brillante Mathematiker sind häufig Kinder von Mathematikern oder Naturwissenschaftlern. Es kommt – wenn man über Talente redet – eben schon sehr darauf an, über was beim Frühstück oder gemeinsamen Abendessen diskutiert wird. Wenn wir bei uns zu Hause schon mal über Zahlen sprechen, dann assoziieren wir diese eher mit Daten und historischen Ereignissen, aber sicher nie mit deren Teilbarkeit, Quadratwurzeln oder der Tatsache, ob es sich gerade um eine Primzahl handelt. Das hat mit uns, meinem Mann und mir, eben auch niemand getan. Stattdessen legen auch wir unsere Kinder wiederum auf ihre angeblichen Begabungen fest. Die eine kann singen, der andere wunderbare Geschichten schreiben.

Festlegungen der Kinder auf vermeintliche Begabungen oder Interessen haben aber noch eine andere Seite. Sie sind von hoher destruktiver Wirkung und zerstören jede Form von Motivation und Ehrgeiz. Sie zertrümmern vielfältige Interessen, die durchaus auch vorhanden sein könnten. Sie bringen ein statisches Selbstbild hervor, das den Betroffenen dazu verleitet, die Hände in den Schoß zu legen, weil angeblich so oder so nichts zu machen ist. Die zerstörerische Kraft eines solchen statischen Selbstverständnisses kann übrigens auch in die andere Richtung wirken. Wer an seine hohe Begabung glaubt, ist womöglich nicht motiviert genug, daran auch hart zu arbeiten. Er wird von den Fleißigen, angeblich minder Talentierten eingeholt und ausgebootet und gibt verdrossen auf.

Aber was ist mit der Schatzsuche, die uns der Pädagoge Adolf Timm so sehr ans Herz gelegt hat? Die spielt offenbar überhaupt keine Rolle, denn weder die schachspielenden Töchter noch sonst irgendein Kinderstar wurden je nach ihren Neigungen gefragt. Das macht sich nur niemand klar. Wer einen Jungen oder ein Mädchen mit schier unvorstellbaren Fähigkeiten sieht, der könnte ja einfach mal nachfragen, wie dieses Kind seine ersten Lebensjahre verbracht hat – wahrscheinlich mit gnadenloser Schufterei. Die Öffentlichkeit bekommt das Kind in der Regel erst zu sehen, wenn ihm der Ruf als neues Wunderkind nicht

mehr zu nehmen ist. Vorher bleibt es unter Verschluss.
Und schließlich verneigen sich alle vor diesem Talent.
Isabel, die sich selbst kein besonderes Talent zuschreiben
würde, ärgert so etwas:

*Begabung zählt viel mehr als Fleiß. Das merkt man schon als
Kind oder Jugendlicher. Wenn man eine Leistung bringt und
berichtet, wie viel Zeit man vorher dafür aufgebracht hat, diese
zu erreichen, dann erntet man nur Schulterzucken. Hat man dagegen Erfolg ohne allzu große Anstrengung, wird man bewun-
dert. Eigentlich müsste es umgekehrt sein. Wenn es wirklich
natürliche Begabungen gibt, hätte man sich die überhaupt nicht
selbst verdient. Der Fleißige gilt immer als Spießer. Er ist ehrgeizig, verbissen, humorlos, egoistisch – also total uncool. Und
zwar so sehr, dass auch ich meine Anstrengungen oft herunter-
spiele. Schließlich möchte ich nicht, dass die vielen negativen
Attribute einer Fleißigen an mir kleben. Schade! Es wäre so viel
einfacher, man könnte ehrlich sein. Aber das sind auch viele Eltern nicht, nur um zu zeigen, wie groß die angebliche Begabung
ihres Kindes ist.*

Hören mit Gefühl

So plausibel die Versuche klingen, an dem Talentmythos
zu rütteln, und so wichtig das ist: Ganz kann ich nicht
glauben, dass es nicht doch eine Form von natürlicher
Begabung gibt. Wie könnte sich ein solcher Mythos sonst
über Jahrhunderte halten? Also muss noch einmal die
Wissenschaft herhalten, die sich weiter darum bemüht,
mehr Licht in die Frage um Begabung und Lebenserfolg
zu bringen. Die Londoner Neurowissenschaftlerin Narly
Golestani hat sich unlängst damit befasst, ob Meister ihres

Faches nicht schon mit einer besonderen Prädisposition dafür zur Welt kommen. Sie untersuchte dies am Beispiel von Stimmforschern und fand heraus, dass sich die Gehirnstruktur von Menschen, die sich viel mit Dialekten und Sprachlauten beschäftigen, von der von Laien tatsächlich unterscheidet.

Das wäre bei der enormen Plastizität unseres Denkorgans natürlich nicht verwunderlich, hätten die Studien des Forscherteams nicht auch noch zutage gefördert, dass sich einige Gehirnregionen der Lautspezialisten schon von Geburt an morphologisch von denen der Laien abheben. Andere Gehirnbereiche werden indes erst durch das Training verändert. Die Existenz eines solchen morphologischen Unterschieds gewähre einen enormen Vorteil mit erheblicher Auswirkung auf die Berufswahl, schreibt Narly Golestani im *Journal of Neuroscience*. Dabei beeinflussten sich Prädisposition und Training wechselseitig. Sie bestimmten nicht nur, wie Erfahrung und Übung das menschliche Gehirn veränderten, sondern auch, warum bestimmte Menschen sich wiederum für bestimmte Fachgebiete überhaupt erst interessierten. Die Plastizität des Gehirns und eine natürliche Veranlagung seien beide dafür verantwortlich, warum manche Menschen ein verblüffend gutes Ohr oder »Gefühl« für Sprachen zeigten.

Irgendwie haben wir es ja schon immer gewusst. Der Mensch kommt nicht als Tabula rasa zur Welt, sondern mit bestimmten Prädispositionen. Aus Berti Vogts hätte, bei allem Respekt, trotz größten Trainingsaufwands niemals ein Lionel Messi werden können. Und über Lang Lang heißt es, Gott habe ihm die fürs Klavier perfekten Hände geschenkt. Dass physische Grundvoraussetzungen oder gewisse Prädispositionen ihre Wirkung erst entfalten können, wenn das Gehirn den Anlagen entsprechend gründlich trainiert wird, steht allerdings außer Frage.

Es bleibt also dabei: Als Eltern sind wir in der Pflicht, aus unseren Kindern das Beste herauszuholen – und zwar auch dann, wenn die meinen, sie wollten eigentlich nur spielen. Trotz allen vielleicht doch angeborenen Neigungen oder Begabungen wiegt vor allem die harte Arbeit schwer. »Mein Kind hat einfach kein Talent« – das wird schnell zu einer flüchtigen Ausrede von allen, die sich die Mühsal nicht zumuten wollen, ihre Kleinen und Großen weiter nach vorn zu bringen. Wer gefördert wird, entwickelt Talent. Es dürfte also keine Kinder geben, die nicht irgendetwas richtig beherrschen könnten, wenn sie sich intensiv damit beschäftigten.

Neulich sagte mir Mary, eine ziemlich leistungsorientierte Mutter von zwei Kindern, ihre Tochter sei intelligent und musikalisch recht begabt. Der jüngere Bruder allerdings tue sich in allem schwer. »He is not so bright and hardly shows any talent«, seufzte sie auf Englisch, was sie gern tut, wenn es um eher unerfreuliche Dinge geht. – Er sei nicht besonders schlau und zeige in nichts wirklich Talent. Ich wurde ein bisschen ärgerlich. »Wie kannst du das einfach so sagen?«, gab ich zurück. Vielleicht habe sie einfach noch nicht genau hingeschaut. Sie zuckte die Achseln. Es war genau dieselbe Reaktion, die ihr Sohn schon mehrfach an den Tag gelegt hat, als ich ihn einfach nur so nach der Schule oder seinem Handballspiel gefragt habe. Er sagte nichts, sondern reagierte einfach nur mit dieser kleinen Bewegung – ganz wie seine Mutter. Ein bisschen traurig schaut er immer. Er ist noch keine zehn Jahre alt. Aber ich bin mir sicher: In ein paar Jahren hat sich die Einstellung seiner Mutter zu seinen Leistungen gänzlich auf ihn übertragen. Er wird sie verinnerlicht haben. Und dann wird er auf Fragen nach der Schule oder seinen Hobbys nicht mehr nur die Schultern zucken, sondern mit leiser Stimme sagen: »Geht so. Ich bin nicht besonders intelligent. Und Talent habe ich auch nicht.« Anstrengen wird er sich mit diesem »statischen Selbstbild«, wie es die Wissenschaftler nennen, wohl kaum noch.

Dank der verschiedenen wissenschaftlichen Disziplinen wissen wir heute genauer als je zuvor: Übung macht den Meister und nicht die Schicksalslotterie. Ist es bei solchen Aussagen verwunderlich, dass manche Eltern regelrecht in den Förderwahn getrieben werden? Und ist es dann fair, sie genau dafür zu geißeln und ihnen jegliche Kompetenz und das Gefühl fürs rechte Maß einfach abzusprechen? Man kann sich gar nicht oft genug dagegen auflehnen. Was heißt schon Förderwahn? Talente werden größtenteils gemacht – am besten auf der Grundlage bestimmter Vorlieben, die die Kinder nun einmal an den Tag legen. Das macht die Sache wenigstens ein bisschen einfacher, weil man als ambitionierte Eltern nicht unaufhörlich gegen Widerstände anarbeiten muss. Fördern, fördern, fördern – das ist nicht falsch, sondern richtig. Die Kinder bis an die Grenzen ihrer Leistungsfähigkeit treiben, um ihnen dann die Möglichkeiten an die Hand zu geben, diese Grenzen auch noch zu überwinden. Nur: Wie macht man das? Auf welchen Gebieten? Was macht unsere Kinder wirklich schlau?

»Es gibt welche, die sehr gerne schreien«

1. Wie heißt du?
   Charlotte.

2. Wie alt bist du?
   13 Jahre.

3. Wo lebst du?
   In Berlin.

4. Wie viele Geschwister hast du, und wie alt sind sie?
   Eine Schwester (15).

5. Welche Sprachen sprichst du zu Hause?
   Nur Deutsch.

6. In welche Schule und Klasse gehst du?
   Staatliche Ballettschule in die 8. Klasse.

7. Welches sind deine Lieblings-, welches deine Hassfächer?
   Hassfächer sind Mathe, Physik, und meine Lieblingsfächer sind Englisch, Deutsch und natürlich klassisches Ballett.

8. Lernst du viel für die Schule?
   Nicht so viel, eher mittelmäßig, für Arbeiten schon, aber nicht den ganzen Tag.

9. Wie verhalten sich deine Eltern in Sachen Schule – machen sie Druck, überlassen sie dir alles allein, helfen sie dir?
   Sie helfen mir, aber es ist auch ein gewisser Druck da, die Erwartung, gute Noten zu schreiben.

10. Bekommst du Notenvorgaben von deinen Eltern?
    Nee, aber es sollten schon keine Vieren und Fünfen sein, aber Dreien sind auch nicht so toll.

11. Spielst du ein Instrument? Wenn ja, welches?
    Klavier.

12. Wie lange übst du und wie oft?
    Ich übe fast gar nicht mehr, es gibt, seit ich auf der Ballett-schule bin, keine Zeit mehr. Ich komme erst so um sechs oder halb sieben nach Hause, wenn noch Proben angesetzt sind, dann erst um acht. Das sind manchmal zwölf Stunden. Da ist für Klavier keine Zeit mehr. Ich finde das schade.

13. Zwingen dich deine Eltern dazu, machen sie Druck, oder ist alles freiwillig?
    Ballett mache ich freiwillig.

14. Verpflichten dich deine Eltern zum Sport?
    Sie würden wohl nicht, aber ich mache eh den ganzen Tag Ballett, und das reicht.

15. Wie oft trainierst du?
    Jeden Tag – im Rahmen der Schule, normal sind es drei oder vier Schulstunden, vor Aufführungen und mit Proben komme ich auf viel mehr. Deshalb gibt es auch Samstag Unterricht. Sonntags habe ich frei.

16. Nimmst du gern an Wettbewerben und/oder Turnieren teil?
    Na ja, ja. Eher in Richtung nicht so. Es gibt Wettbewerbe wie den Tanzolymp. Aber wir haben auch einen internen Wettbewerb, und der macht Spaß. Ich habe schon mal was gewonnen. Aber eigentlich spielen bei uns eher die Aufführungen eine große Rolle.

17. Treiben dich deine Eltern grundsätzlich an?
    Es ist nicht so im bösen Willen, es ist kein Drill in dem Sinn. Sie geben mir vielmehr Kraft.

18. Wenn ja, wer ist dein Motor: deine Mutter oder dein Vater?
    Beide.

19. Was machst du sonst noch, wenn du nicht in der Schule bist?
In meiner Freizeit lese ich, spiele mit meiner Katze, mache Hausaufgaben.

20. Wie laufen bei dir die Wochenenden ab?
Meistens habe ich ja samstags Schule, dann mache ich Hausaufgaben, ruhe aus, danach spielen wir zu Hause alle zusammen etwas mit der ganzen Familie. Am Sonntag schlafe ich aus, muss für die Schule lernen, mache Hausaufgaben und treffe mich mal mit einer Freundin. Die sehe ich aber meistens in der Schule.

21. Streitest oder diskutierst du oft mit deinen Eltern?
Nee, eigentlich nicht.

22. Bekommst du Ärger bei schlechten Leistungen/Noten?
Ja, schon. Meine Eltern schimpfen schon ein bisschen und wollen dann, dass es besser wird.

23. Macht es dir etwas aus, wenn deine Eltern unzufrieden mit dir sind?
Ja klar; dann strenge ich mich noch mehr an. Meistens sind sie es aber gar nicht.

24. Wie wirst du bestraft und wofür?
Eigentlich jetzt nicht mehr so.

25. Macht dir dein Leben richtig Spaß?
In mancher Hinsicht nicht, in anderer schon. Wenn mich in der Ballettschule die Lehrerin angeschrien hat, dann habe ich keine richtige Freude am Leben. Die Lehrer dort sind oft sehr impulsiv, da gibt es welche, die sehr gerne schreien. Aber wenn es gut läuft, dann geht es mir natürlich auch gut.

26. Was machst du, wenn du nichts machst?
Wenn ich nichts geplant habe, dann mache ich was mit meiner Schwester und gucke einen Film oder lese.

27. Bist du zufrieden mit deiner Erziehung?
Ja.

28. Was würdest du gern an deinem Leben jetzt ändern?
Ich bin richtig zufrieden und würde jetzt nichts ändern.

29. Was würdest du bei deinen Kindern später anders machen?
*Ich würde bei den Noten lockerer sein, sie nicht anbrüllen,
mal ruhig mit ihnen reden, mehr Zuspruch geben.*

30. Welche Note würdest du deinen Eltern für ihre Erziehung
geben?
*Eine Eins oder Zwei, aber manchmal in bestimmten
Momenten auch nur eine Drei oder sogar Vier, wenn sie
wütend werden, weil mal wieder ein Test verhauen ist –
zum Beispiel.*

Die Tränen der Musikliebhaber

Baby braucht Barock

Ziemlich genau vor 15 Jahren lagen plötzlich zwei CDs auf unserem Esstisch – *Baby needs Baroque* und *Baby needs Mozart*. Wenn ich mich richtig erinnere, hatte sie mir eine Freundin schon vor der Geburt unserer ersten Tochter geschenkt. Man solle möglichst viel klassische Musik hören, ordentlich laut, damit die Klänge es auch bis in die Gebärmutter schafften. So sollte schon das Ungeborene mit der »Kleinen Nachtmusik« oder dem Andante aus der Symphonie Nr. 4 in D-Dur beschallt werden. Diese Art von »treatment« sei auch nach der Geburt fortzusetzen. Die Tonträger kamen offenbar aus England.

Wenn ich zurückdenke, muss ich gestehen, diese beiden CDs kaum mehr als ein einziges Mal eingelegt zu haben. Nicht etwa, weil mir klassische Musik nicht gefällt – im Gegenteil. Es liegt daran, dass ich ausgerechnet Bach oder Mozart nicht zur Entspannung nebenher genießen kann. Die Musik zieht mich derart in ihren Bann, dass für mich nichts anderes mehr möglich ist. Aber darum ging es bei dem freundlichen Mitbringsel überhaupt nicht, es ging ja nicht um mich. Die Idee war eine andere: Mozart mache schlau. Wer seine Musik höre, trainiere ganz nebenbei den Intellekt. Das wiederum gelte vor allem bei Kindern, deren Gehirn ja noch sehr formbar sei. Man solle so früh wie möglich – also am besten schon vor der Geburt – mit der Beschallung beginnen; schaden könne sie jedenfalls nicht.

In bürgerlichen Kreisen breitete sich seinerzeit eine wahre Klassik-Hoffnung aus. Eltern setzten verstärkt auf die vermeintlichen Wohlklänge der E-Musik, hatte doch ein paar Jahre zuvor eine Studie Furore gemacht, die behauptete, Mozart mache Kinder intelligent. Das war der Anfang eines neuen Mythos, der sich bis heute hartnäckig hält. Es ist der feste Glaube daran, dass klassische Musik Intelligenz befördere. Damals sprach man vom »Mozart-Effekt«, weil schon zehnminütigem Hören von Mozarts Melodien – genau genommen der Sonate KV 448 – ein positiver Einfluss auf intellektuelle Leistungen zugeschrieben wurde. 1993 veröffentlichten drei Forscher in der renommierten Zeitschrift *Nature* die Ergebnisse ihrer aufsehenerregenden Studie. Darin hatten sie die kurzfristige Wirkung des Musikgenusses auf die Fähigkeit von 36 Probanden untersucht, räumliche Aufgaben zu lösen. Gewählt hatten die Forscher Mozart, weil der angeblich bereits im Alter von vier Jahren seine ersten Stücke komponiert habe, ohne im Nachhinein eine seiner Noten wieder zu ändern.

Die Studenten lauschten der Sonate, bevor ihnen Teile eines klassischen Intelligenztests zur Lösung vorgelegt wurden. Das Ergebnis war überraschend: Tatsächlich leisteten die Studenten mehr, nachdem sie für zehn Minuten die Mozart-Sonate angehört hatten. Heute würde so etwas niemanden mehr verblüffen, denn die Ergebnisse wurden nicht nur in der Fachwelt weiterdiskutiert, sondern auch von den Medien derart umfänglich aufbereitet, dass wir Eltern seit Jahren fest daran glauben. Verwunderlich ist das nicht: Unsere allzu menschliche Sehnsucht nach anstrengungslosem Lernen ist seit Jahrhunderten ungebrochen. Nichts also wäre schöner, als wenn sich die Dinge, wenn schon nicht im Schlaf, so doch zumindest nach zehn Minuten Mozart schneller lernen ließen.

Weil das so ist, sind unsere Ohren weit offen, wenn Wissenschaftler, Musikverlage und Instrumentenbauer, Politiker und Musikpädagogen unisono das Hohelied aufs

Musizieren anstimmen. Man könnte meinen, sie steckten alle unter einer Decke. Kaum dass man die Freuden der Elternschaft erleben darf, nimmt dann das Unvermeidliche seinen Lauf: Man sucht für sein Kind ein Instrument, mietet oder kauft es sogar und greift damit schon mal tief in die Tasche. Dann versucht man, einen guten Lehrer zu bekommen – ärgert sich über Musikschulen, ihre langen Wartelisten oder über häufig nicht besonders motivierte Pädagogen. Und schließlich versucht man, seinem Kind privaten Unterricht zu organisieren. Auch das kostet. Dazu kommen dann die Noten – ebenfalls nicht billig. Doch damit ist es ja noch nicht vorbei. Geld ist die eine Seite, die Energie und Zeit, die man als Eltern investieren muss, um den Nachwuchs zum Üben zu bringen, die andere. Und das alles tun wir, weil uns eine verschworene Gemeinschaft seit knapp zwei Jahrzehnten zu vermitteln versucht, dass Musik schlau mache. Daran denkt der Nachwuchs natürlich nicht, schon gar nicht Isabel:

Musik ist einfach da – das ist mein Lieblingssatz von Leonard Bernstein. Es ist einer der ersten Sätze aus seinem Buch Konzert für junge Leute. *Und es ist die Antwort auf die Frage: »Was bedeutet Musik?« Da schreibt er auch: »Ganz gleich, was für Geschichten euch die Leute über Musik erzählen, vergesst sie. Geschichten können Musik nicht erklären. (…) Sie besteht aus vielen schönen Noten und Klängen, die so zusammengefügt sind, dass wir Freude daran haben, sie zu hören.« Musik hat ansonsten keinen Zweck. Mozart, Bach, Beethoven oder Chopin haben ihre Musik garantiert nicht komponiert, damit wir schlauer werden oder konzentrierter oder sozialer. Was sich unsere Eltern oder Lehrer für uns von Musik versprechen, ist eigentlich immer zu viel. Wir Kinder müssen nicht mit Musik aufwachsen, damit wir bessere Kinder werden. Wen interessiert schon, ob Musik wirklich schlau macht? Musizieren macht vor allem Spaß. Nicht immer, aber wenn man ein Stück dann wirklich beherrscht oder wenn man am Klavier sitzt, improvisiert und der Kopf von Motiven und kleinen Melodien sprudelt, dann macht das Spaß. Das bedeutet Musik. Für mich zumindest. Nicht mehr und nicht weniger.*

Schluss mit Mozart

Während die Forscher über Jahre versuchten, die Ergebnisse der Mozart-Effekt-Studie zu wiederholen und damit zu verifizieren, waren Eltern, Lehrer und Bildungsforscher schon a priori elektrisiert. Sie warteten gar nicht erst ab, ob sich die Wissenschaft nicht doch geirrt haben könnte, sondern meinten, jetzt die Bestätigung dafür zu haben, was sie schon immer ahnten: Nicht der kulturelle Trash von Privatfernsehen und Popmusik mache intelligent, schon gar nicht die sozialen Netzwerke, in denen sich unsere Kinder über Stunden die Zeit vertreiben, sondern das Wahre und Gute. Und das sind bildungsbürgerlichen Vorstellungen entsprechend nun einmal immer schon die E-Musik, also Klassik, Romantik und Barock gewesen. Der Mozart-Effekt verfehlte seine Wirkung nicht. Alle Welt jagte dem Effekt hinterher – gläubig oder ungläubig.

Und noch immer spukt er in den Köpfen von Eltern, Lehrern und Erziehern herum. Selbst die Wissenschaft hatte mit dem Humbug, dass das Anhören einer Mozart-Sonate die Intelligenz befördere, über Jahre nicht abgeschlossen. Erst 2008 veröffentlichte der Schweizer Forscher Lutz Jäncke ein ganzes Buch dazu, das sich mit den Ergebnissen sämtlicher Studien zur vermeintlich intelligenzfördernden Wirkung von Mozart & Co. auseinandersetzt. Und auch das Bundesministerium für Bildung und Forschung gab noch 13 Jahre nach Veröffentlichung der ersten Studie zum Mozart-Effekt eine fast 200-seitige Expertise heraus. Die namhaftesten Neurologen Europas bezogen darin zu der Frage Stellung, ob klassische Musik schlau mache und damit den kognitiven Kompetenzen von Kindern zuträglich sei.

Interessant sind die beiden Publikationen, weil sie mit dem Spuk um die intelligenzfördernde Wirkung klassischer Musik endlich aufräumen: Mozart verfügte mit Sicherheit über eine enorme musikalische Intelligenz, aber lediglich seiner Musik zu lauschen macht nicht schlau. So einfach ist das. »Ein spezifischer Effekt des kurzzeitigen Hörens von Mozart-Musik und insbesondere des Hörens der besagten Mozart-Sonate auf räumliche Fertigkeiten kann nicht zweifelsfrei nachgewiesen werden«, schreibt Jäncke in seinem Buch. Man könne auch anderes hören, das einem anregend und angenehm erscheine, bevor man einen Test bestehen müsse, denn auch dann seien Leistungssteigerungen denkbar. Das ist eigentlich nichts anderes, als wenn man sich vor einem Tennisspiel ordentlich einspielt. Man reagiert dann schneller, ist sozusagen auf Zack und hat am Ende größere Erfolgschancen.

Wer also seine Kinder nicht von früh an mit Mozart beschallt hat, hat nichts verpasst. Das ist eine gute Nachricht. Und es kommt noch eine bessere: die nämlich, dass selbst aktives Musizieren die Kinder nicht intelligenter macht. Denn auch das haben die Wissenschaftler inzwischen längst bestätigt: Der Effekt des Musizierens auf die kognitiven Fähigkeiten eines Kindes ist zu vernachlässigen. Eltern, die über die musikalische Früherziehung ihrer Kinder nicht hinausgekommen sind, weil diese einfach kein besonderes Interesse daran hatten, haben nichts verpasst. Klavierspielen macht eben nicht schlauer.

Meine Freundin Anna hat ihre Tochter über Jahre ans

Klavier »gezwungen«, und das nur, weil ihr der Kinderarzt seinerzeit sagte, dass ihr angeblich leicht unkoordiniertes Töchterchen mit dem Tastenspiel beide Gehirnhälften trainiere, was ihr in ihrem Zustand sicher gut bekäme. Die Tochter erschien mir immer alles andere als unkoordiniert. Aber ihr Kinderarzt – offenbar ein echter Klassikfan – ließ nicht locker. Sie wollte nicht, aber sie musste, und setzte sich nur ans Klavier, wenn ihre Mutter danebensaß. Mutter und Tochter hassten diese tägliche Übung, die zudem ihr Verhältnis über die Gebühr belastete. Doch Anna wollte nicht ablassen, in der Sorge, für ihr angeblich so unkoordiniertes Kind nicht das Maximum an Einsatz gebracht zu haben. Nach all den Jahren der täglichen Auseinandersetzung um das Klavierspiel darf sie sich jetzt einer Tochter erfreuen, die kampfstärker und widerstandsfähiger ist als je zuvor. Aber ob es der Koordination wirklich geholfen hat? Hätte Anna vor zehn Jahren, als sie mit der Tortur für beide begann, die Studie des Bildungsministeriums lesen können, wären ihr sicher viele belastende Stunden erspart geblieben. Nur war man damals noch nicht so weit.

Und auch heute, da wir längst wissen, dass Mozart nicht schlauer macht, will man diese Wahrheit nicht wirklich zur Kenntnis nehmen. Zwar führe intensives Musizieren zu unterschiedlichen kurz- und langfristigen Anpassungen im zentralen Nervensystem, heißt es in der Expertise des Ministeriums für Bildung und Forschung, aber: »Zusammenfassend sind die Befunde hinsichtlich einer positiven Auswirkung des Musizierens auf andere kognitive Leistungen enttäuschend.« Weder Musikhören noch Musikmachen lassen die Menschen intelligenter werden, lautet das desillusionierende Resümee. Dafür braucht man die Musik jedenfalls nicht.

So ganz kann sich allerdings auch das Bildungs-

ministerium mit dieser in der eigenen Publikation fest-
geschriebenen Erkenntnis nicht abfinden. Vielleicht, weil
die Ministerialen und Forscher selbst derart sozialisiert
wurden, dass Musik im Leben eines Kindes nun einmal
eine wichtige Rolle spielen sollte, in welcher Hinsicht auch
immer. So schreibt das Bildungsministerium dann wider
eigene Erkenntnisse unverdrossen weiter: »Aber auch
wenn nur wenig wissenschaftlich fundierte Beweise für
einen Transfer von Musikerziehung und Musizieren auf
andere Intelligenzleistungen existieren, sollte dies nicht
im Umkehrschluss als Argument gegen die Bedeutung
von Musikerziehung für die kognitiven Fertigkeiten und
die Persönlichkeitsentwicklung von Kindern und Jugendlichen eingesetzt werden.« Einem Musikliebhaber wie
mir spricht dieser Satz natürlich aus der Seele, auch wenn
ich begriffen habe, dass man sich von der intelligenzfördernden Wirkung der Musik wohl oder übel verabschie-
den muss. Und auch Hirnforscher Lutz Jäncke konstatiert
noch positive Effekte: Wer schon als Kind musiziere, lerne,
sich zu konzentrieren, zu motivieren. Das Musizieren mit
anderen wirke zudem wie ein Sozialtraining und schule
das Gehör, was wiederum das Erlernen von Fremdsprachen erleichtern könnte. Davon, dass Musik schlau mache,
spricht er allerdings nicht.

So weit, so gut. Nur eines ist auch klar: Sozialverhalten,
verbesserte Hörfähigkeit und Selbstdisziplin kann man
auch anders trainieren. Musik muss es dafür nicht sein.
Lassen wir die Musikliebhaber in Forschung und Politik
einmal beiseite und halten vorerst fest: Musik macht nicht
schlau – egal, wie man sich ihr hingibt, aktiv oder passiv.
Alle Eltern, die es nicht übers Herz gebracht haben, ihre
Kinder gegen deren fortwährenden Übungswiderstand
ans Klavier, an die Geige oder die Klarinette zu nötigen,
haben sich also keinerlei Versäumnisse vorzuwerfen. Aber

das ist noch nicht alles. Die Erkenntnis, dass selbst Musik-studenten und damit sozusagen Intensivtäter nicht intelligenter sind als andere, ist deshalb so beruhigend, weil die Musik – welcher Art auch immer – endlich nicht mehr in den Dienst des kindlichen Lebenserfolgs gestellt und damit zweckentfremdet werden kann.

Musik ist eben einfach da, sie war es immer. Und wer sich mit ihr auf die eine oder andere Weise befasst, wird vielfach glücklich werden – oder weniger pathetisch gesprochen: den einen oder anderen glücklichen Nachmittag verbringen. Fast ein wenig wehmütig gibt etwa Justin (18) zu Protokoll, er würde seine Kinder später dazu anhalten, ein Instrument zu spielen. Ihm habe der Blockflötenunterricht die Sache früher verleidet, was er jetzt richtig bedaure. Mit dieser Erfahrung ist er in der Minderheit. 76 Prozent der Befragten gaben an, regelmäßig ein Instrument zu spielen. Kianoush (14) spielt leidenschaftlich gern Gitarre. Wenn er nichts weiter zu tun hat, übt er oder schreibt Songs, genauso wie Anna (13) – einfach so zur Entspannung. Marilena (17) liebt den Gesang. Sie übt täglich bis zu einer Stunde an klassischen Liedern oder Jazz, dazu spielt sie Klavier. Sicher nicht deshalb, weil sie sich davon Intelligenzvorteile verspricht. Und Benedict (16) hat jetzt wieder Klavierunterricht. Diesmal aus freien Stücken, weil die Musik ihm fehlt.

Abfall der Evolution

Mit der Musik ist das eine seltsame Sache. Im Grunde könnte man die Liebe der Menschen zur Musik als eine Art Abfallprodukt der Evolution bezeichnen. Der Ursprung menschlicher Musik verliert sich im Nebel der Geschichte.

Warum hat der Mensch eine Affinität dazu entwickelt, obwohl Musik zum Überleben genauso wenig notwendig ist
wie dafür, besonders intelligent zu werden? Warum übt
sie diese seltsame Wirkung auf Menschen aus und ist für
ihr Leben von geradezu zentraler Bedeutung? Und das,
obwohl sie vollkommen abstrakt ist. Man kann sie nicht
greifen, sie hat keine Begriffe oder Aussagen, keine Bilder
oder Symbole, nichts, was der Sprache gleichkäme. Woher
also die Affinität kommt, weiß so richtig niemand. Nur
ahnt man, wie mächtig Musik werden kann, weil sie von
den Menschen einfach Besitz ergreift.

Menschen sind von Natur aus musikalisch – auch wenn
so manch einer im Erwachsenenalter das Gegenteil von
sich behauptet. Aber das ist falsch. Wahrscheinlich gibt es
gar keinen Unterschied in der menschlichen Musikalität.
Der Musikpsychologe Stefan Kölsch jedenfalls wagt es,
die Existenz angeborener Unterschiede zu bezweifeln. »Es
gibt Menschen, die eine längere Ausbildung in der Musik
haben als andere. Das allerdings bedeutet nicht, dass sie
wirklich musikalischer sind.« Vielfach behaupten gerade
dann Menschen von sich, sie seien unmusikalisch, wenn
sie als Kinder beim Singen oder Musizieren permanent
entmutigt werden. Dadurch bekommen sie ihr Selbstbild
aufoktroyiert und leben auch danach. Sie blenden Musik
einfach aus. »Das ist aber nicht die Realität, die wir im
Gehirn dieser Menschen tatsächlich beobachten können.
Diese Menschen sprechen oft sehr musikalisch. Und wenn
wir die hirnelektrischen Reaktionen dieser Menschen auf
Musik untersuchen, dann sehen wir, dass auch diese Ge-
hirne sehr feine Unterschiede machen auf feine, musik-
theoretisch kompliziert zu beschreibende Variationen«,
sagt Kölsch, der selbst auch Musiker ist.

Das jedenfalls würde auch die Aussage des schon fast
legendären amerikanischen Neurologen und Bestseller-

Autors Oliver Sacks erklären, der in seinem Buch *Der einarmige Pianist* schreibt: »Doch unabhängig (...) von der Frage, inwieweit die musikalischen Fähigkeiten und die musikalische Sensibilität des Menschen im Gehirn verdrahtet oder das Nebenprodukt anderer Fähigkeiten und Neigungen sein mögen – die Musik ist und bleibt in jeder Kultur von fundamentaler und zentraler Bedeutung.«

Kinder sind fasziniert von Musik – interessanterweise häufig genau von der, die wiederum andere Kinder produzieren. Ungenauigkeiten in der Intonation oder dem Rhythmus stören sie dabei gar nicht. Sie fasziniert von klein auf nicht so sehr das Hören der Musik, sondern vor allem das Mitmachen. Sie klatschen in die Hände, summen eine Melodie, trampeln oder stampfen mit den Füßen, hüpfen auf und ab. Denn Musikmachen bedeutet Spaß und Freude und natürlich ein Zugewinn an Ausdrucksmöglichkeiten. Unmusikalische Kinder gibt es nicht. Wer also wollte diesen Spaß den Kindern auf Dauer vorenthalten?

Das schwarze Ungeheuer gebiert Ungeheuer

Wir jedenfalls nicht. Deswegen fand ein paar Jahre nach der Familiengründung ein glänzendes schwarzes Klavier den Weg in unsere Wohnung. Und das vor allem, weil unser Sohn uns etliche Monate mit dem profunden Wunsch in den Ohren lag, er wolle gern Klavierspielen lernen. Warum Isabel sich neben ihrer Flöte auch noch das Klavierspiel aufbürdete, weiß ich gar nicht mehr.

Ich erinnere mich noch genau: Die Probestunde war vorbei. Langsam öffnete sich die Wohnzimmertür, und meine Geschwister rannten heraus, während die Klavierlehrerin meine Mutter

noch einmal ins Wohnzimmer bat. Sie hatte ihre langen schwar-
zen Haare zu einem Zopf gebunden und wirkte ein bisschen
streng. Ich lauschte an der Tür. »Ich würde Ihre Kinder gern
unterrichten«, sagte sie, »erst einmal für vier Wochen.« Wenn
es ihr gelänge, sie spielerisch an das Instrument heranzuführen,
dann sollten sie dabeibleiben. Wenn nicht, sollten sie sich viel-
leicht ein anderes aussuchen oder einfach noch ein wenig war-
ten. Meine Geschwister, keine sechs Jahre alt, hatten unheimlich
Glück, fand ich. Ich drückte mich durch die halb offene Tür und
setzte mich ans Klavier. Meine Mutter sah mich verwundert an.
Doch bevor sie etwas sagen konnte, rief ich dazwischen. »Was ist
mit mir?« Ich war entrüstet – sollte es tatsächlich nur um meine
Geschwister gehen? »Du spielst doch schon Flöte!«, sagte meine
Mutter. »Und ab heute noch Klavier!« – Die Klavierlehrerin sah
mich fragend an. »Was willst du denn lernen?« »Für Elise.« Ich
glaube, alle Kinder wollen das als Erstes können, da war ich kei-
ne Ausnahme. Und so begann mein Kampf mit dem schwarzen
Ungeheuer mit einer Sonate von Beethoven.

Die vier Wochen Probezeit vergingen wie im Flug. Und
schon bald stand fest, dass das Klavier fester Bestand-
teil unserer Wohnung und das Üben Teil des Alltags der
Kinder werden sollte. Die wollten es so – alle drei. »Wenn
Ihre Kinder jetzt Klavier lernen, dann muss sich die ganze
Familie damit beschäftigen«, gab die Klavierlehrerin zu
bedenken. Und ich ahnte, was sie damit meinen könnte.
Ohne meine Unterstützung, ohne den Antrieb zum Üben,
ohne meine Antworten auf Fragen würden die Kinder in
ein oder zwei Jahren wahrscheinlich die Lust daran verlieren.

Und genau hier bekommt die Sache mit der Musik dann
doch eine andere, weniger sanfte Richtung. So schön das
ist, Musik nur zu dem Zweck zu betreiben, sich selbst und
andere hin und wieder zu erfreuen, so herausfordernd

kann es auch werden. Denn Freude bereitet das Musizieren erst, wenn das Instrument beherrscht wird. Nicht unbedingt auf höchstem Niveau, aber doch wenigstens bis zu einem gewissen Grad, der ein Kind in die Lage versetzt, am Klavier, auf der Akustik- oder E-Gitarre, dem Cello, der Posaune oder mit dem Schlagzeug Wohlklang zu erzeugen. Das allerdings bedeutet nichts anderes als Üben.

Üben, üben, üben – ohne das wird sich ein Kind früher oder später dann doch lieber nur aufs Musikhören verlegen und das aktive Musizieren, das im Grunde viel mehr Spaß und auch viel glücklicher macht, ad acta legen. Und zwar deshalb, weil auch kindliche Ohren ziemlich schnell anspruchsvoller werden. Das fröhliche Geklimper auf dem Klavier, mit dem ein Fünfjähriger versucht, seine Kinderlieder nachzuempfinden, wird ihm schon ein oder zwei Jahre später ziemlich langweilig. Und mit elf oder zwölf Jahren sind diese Lieder sicher out. Dann soll der Soundtrack von »Herr der Ringe« oder »Fluch der Karibik«, »Amélie«-Musik oder auch einfach nur das Lied »Vois sur ton Chemin« erklingen, das sich im Kopf festgesetzt hat. Wenn ein Kind nicht schnellstmöglich mehr lernt als ein einfaches Kinderlied, wird es seine Geige oder Gitarre schon bald zur Seite legen oder auf Nimmerwiedersehen vom Klavierhocker verschwinden. Damit Freude und Spaß, Kreativität beim Improvisieren und Glücksgefühle beim Interpretieren ihre volle Motivation entfalten können, muss leider erst einmal ordentlich geübt werden.

Das Musizieren ist wie ein Kaleidoskop, in dem alles zu sehen ist, was Hausmusik von Kindern so zu bieten hat: die Erziehungsvorstellung der Eltern, ihre Hoffnungen und Wünsche, ihr Ehrgeiz, die natürliche Bequemlichkeit der Kinder und ihre Antriebslosigkeit, ihre Sehnsucht nach Erfolg, der Zusammenhang zwischen Einsatzbereitschaft und Ergebnis sowie die ewigen Zweifel, ob es die

Mühen des Übens wirklich lohnt. Es zeigt sich der Durch-
haltewille der Eltern, ihr Kampfgeist und ihr Verhandlungsgeschick. Hier geht es im besten Sinne ums Fördern
und Fordern. Ein grässlicher Ausdruck. Doch wenn man
wissen will, was damit gemeint ist, dann lasse man seine
Kinder ein Instrument lernen. Im Nu wird das Verhältnis
zwischen Eltern und Kindern immer wieder auf harte
Proben gestellt und an die Grenzen seiner Belastbarkeit
geführt. Wenn es zwischen den beiden Generationen Diskussionen gibt, die absurdesten Verhandlungen, am Ende
Streit und Gebrüll, dann geht es in Familien, die das Risi-
ko des Musizierens auf sich genommen haben, meistens
ums Üben.

Die Rede ist nicht vom wöchentlichen Klavierunterricht,
für den die lieben Kleinen dann zweimal in der Woche 15
Minuten am Instrument sitzen oder vielleicht sogar überhaupt nicht, weil sie einfach keine Lust haben, sich auf die
nächste Stunde vorzubereiten. Es geht um das kontinuier-
liche Üben und damit um die notwendigen Erfolgserleb-
nisse, um langfristig nicht die Lust am Instrument zu verlieren. Das ist nicht anders als etwa beim Basketball – der
Sport macht ja auf Dauer auch nur Spaß, wenn die Treffer-
quote der Korbwürfe mit der Zeit steigt. Was beim Sport
allerdings meistens die Trainer erledigen, das obliegt in
der Musik den Eltern. Und hier beginnt das eigentliche
Problem. Der Musikunterricht findet in der Regel nur einmal in der Woche statt. Dann gibt es Hausaufgaben, und
über die Woche muss weitgehend selbständig geübt werden. An die kindliche und jugendliche Lerndisziplin stellt
das die allerhöchsten Anforderungen, die sie nur in Aus-
nahmefällen bewältigen können, wenn ihnen die Eltern
nicht im Nacken sitzen.

Allein unter Noten

Das war früher zu den Hochzeiten der Wiener Klassik und Romantik in großbürgerlichen und Adelskreisen anders. Wer Musikunterricht hatte, der genoss den Lehrer fast täglich. Ein Großteil des selbständigen Übens blieb ihm erspart. Immer gab es Anregungen und Hinweise. Man musste sich nicht mit sich selbst herumärgern und sich auch nicht permanent selbst motivieren. Das erledigte der Lehrer, was die Sache sehr viel einfacher machte.

Die Jugendlichen von heute wissen sehr genau, was ihnen da aufgebürdet wird, wenn sie darangehen, ein Instrument zu lernen. Oder anders: Sie spüren ziemlich schnell, worauf sie sich einlassen, wenn es sie wirklich danach drängt, Musik zu machen. Giulio (16) äußert auf die Frage hin, was er an seinem augenblicklichen Leben gern ändern würde, den Wunsch nach mehr Musikunterricht für sein Instrument. Für ihn ist einer wie der russische Geiger Anton Barachovsky, 1. Konzertmeister des Symphonieorchesters des Bayerischen Rundfunks, der heute in Deutschland lebt und arbeitet, ein absoluter Glückspilz. Der hatte schon als Kind viermal in der Woche Unterricht – zweimal am Konservatorium und zweimal privat. Und zu Hause übte seine Mutter mit ihm.

Heutzutage in Deutschland liegen die Dinge anders. Niemals in der Geschichte wurden Kinder und Jugendliche mit ihren Versuchen, ein Instrument zu erlernen, derart allein gelassen. Wer Glück hat, bekommt einmal in der Woche eine halbe bis Dreiviertelstunde Unterricht an der Musikschule. Aber auch das nur knapp neun Monate im Jahr, in den Schulferien wird nicht unterrichtet. Mehr gibt es nicht. Den Musikschulen werden weiter die Mittel gekürzt. Viele Lehrer sind enttäuscht und demotiviert, arbeiten zu mickrigen Salärs und geben die so selbst erfahrene

Geringschätzung ihrer Tätigkeit unbewusst an die Kinder weiter. Der Musikunterricht an Schulen ist häufig verkümmert, wenn nicht irgendwo ein missionarisch veranlagter Pädagoge ziemlich viel Begeisterung und Einsatzbereitschaft mitbringt, die dann die Kinder mitreißt. Musik ist der Bildungsbürokratie hierzulande nicht wirklich viel wert. Die Möglichkeit wie etwa in England, sich seinem Tempo und seinen Fähigkeiten entsprechend von einer Stufe auf die nächste zu steigern, gibt es nicht; ebenso wenig eine organisierte Jugendorchesterlandschaft. Es bleibt bei einem Termin in der Woche und dem Üben im stillen Kämmerlein. Irgendwann verliert jeder daran die Lust.

Das Üben ist nämlich grässlich – nicht nur für Kinder. Wer selbst ein Instrument erlernt hat, weiß das. Üben ist eine Zumutung, ein Kraftakt. Warum sonst sollte Arthur Rubinstein gestanden haben, dass er nie gern geübt habe? »Ich war faul. Ich hatte Talent, aber es gab vieles in meinem Leben, das mir wichtiger war als Üben. Gutes Essen, gute Zigarren, große Weine, Frauen …« An anderer Stelle allerdings betonte er die Notwendigkeit dieser täglichen Plackerei. Wenn er nur einen Tag nicht übe, höre er es, bei zwei Tagen seine Frau, und nach drei übungsfreien Tagen sei es auch für das Publikum deutlich vernehmbar. Rubinstein hatte natürlich anspruchsvolle Ohren und das Abstraktionsvermögen, die Notwendigkeit der Überei einzusehen, weil er ja mit Musik auf höchstem Niveau seinen Ruhm begründete und seinen Lebensunterhalt bestritt. Aber welches Kind hat das schon?

Ähnliches sagt die Cellistin Maria Kliegel. Mit mehr als einer Million verkauften CDs ist sie eine der erfolgreichsten Cellistinnen der Welt. Sie bekennt, dass zum Musizieren eben auch der Zwang gehöre. Jeden Sonntag musste sie zu Hause mit ihren Geschwistern Streichquartett spielen, das war der Traum ihres Vaters, eines Musiklehrers. Immer schlug das Metronom den Takt, unerbittlich, tick, tack, tick, tack. Und jedes Mal sei mindestens einer von ihnen in Tränen ausgebrochen. »So ist das mit der Musik. Tränen gehören einfach dazu.« Solche Dinge gibt man heutzutage besser nicht zum Besten – wenn man als Profimusiker nicht schon über alle Zweifel erhaben ist. Denn hier stößt die politische Korrektheit im Hinblick auf die Erziehungsmethoden ohne Zweifel an ihre Grenzen. Und das nicht erst, wenn Eltern versuchen, ihre Kinder mit oder gegen deren Willen zu Berufsmusikern mit einer Solokarriere zu formen. Grenzverletzungen fangen, wenn es um Musik geht, meistens schon viel früher an – nämlich immer dann, wenn man Druck ausüben muss, damit die lieben Kleinen sich unter der Woche überhaupt mal mit ihrem Instrument beschäftigen. Isabels Protestgeschrei habe ich heute noch im Ohr. Erst als mein Mann ihr ein Buch über berühmte Musiker als Kinder schenkte, das sie geradezu verschlang, besserte sich die Sache.

Eines meiner Lieblingsbücher ist bis heute das von dem Musiklehrer Ulrich Rühle: … ganz verrückt nach Musik. *Darin geht es um die Kindheit und Jugend großer Komponisten wie Mozart, Beethoven, Haydn, Chopin und sogar Bernstein. Ich mag das Buch deshalb, weil der Autor die Kindheit der großen Komponisten gerade nicht idealisiert. Mozart, den ich mir immer als »little Amadeus« mit schnellen Fingern vorgestellt habe, hat schwer unter seinem strengen Vater gelitten. Die Kindheit war dem Vater anscheinend egal. Schon als Sechsjähriger kam sein Sohn mit einer lebensgefährlichen Erkrankung von einer Musikreise zurück. Gelenkrheumatismus, Typhus, Pocken, Grippe – das war der Preis, den die Kinder zahlten, weil der überehrgeizige Vater aus deren Fähigkeiten Kapital schlagen wollte. Dem jungen Beethoven erging es ähnlich. Sein Vater wollte ihn zu einem zweiten Mozart machen. Er zwang ihn,*

jeden Tag mehrere Stunden Klavier zu üben. Daneben musste
er noch andere Instrumente lernen. Es war nichts anderes als
gnadenloser Drill. Und immer wieder wurden beide Wunder-
kinder wie Zirkuspferdchen dem Adel vorgeführt. Damit die
Leistungen des jungen Ludwig noch erstaunlicher erschienen,
gab der Vater das Alter seines Sohnes auch noch falsch, also zu
niedrig, an.

Weder Mozart noch Beethoven würden heute wohl ganz
offen darüber reden, was ihnen ihre Väter zugemutet
haben. Denn auch sie wären ja dann unter uns in einer
Umgebung sozialisiert worden, in der diese Form der Dis-
ziplinierung durch Üben äußerst verpönt ist. Das alles
hat einen unangenehmen Beigeschmack von Drill und
Unterwerfung, von Leistungsdruck und allzu ehrgeizigen
Eltern. Und der wird immer mit einem gewissen Argwohn beobachtet. Deutsche Eltern sind da sehr vorsichtig.
Jemand wie der Geiger Barachovsky kann das überhaupt
nicht verstehen. Er ist in Russland aufgewachsen, studierte
in den Vereinigten Staaten und lebt heute in Deutschland.
Ein Jahr lang habe er an einer staatlichen Musikschule in
Hamburg unterrichtet, erzählt er. Nie habe er verstanden,
dass die Kinder nicht übten. »Die Eltern betonen, dass ihre
Kinder in erster Linie Spaß haben sollen, aber beim Üben
hat man nun mal keinen Spaß. Der kommt erst, wenn man
etwas kann.«

Ein unsägliches Thema

Und hier sind wir wieder beim Ausgangspunkt. Musik
bringt unglaublich viel Freude und Erfüllung – oder Spaß.
Aber eben nur, wenn man sein Instrument zumindest

halbwegs beherrscht. Nur: Warum ist die Überei ein so unsägliches Thema, warum treibt es in vielen Familien so seltsame Blüten? Warum entstehen daraus absurde Auseinandersetzungen zwischen Eltern und Kindern, die den Eskalationen im Haus der amerikanischen Bestseller-Autorin Amy Chua gefährlich nahe kommen? Die amerikanische Chinesin hatte mit ihrem provokanten Buch *Die Mutter des Erfolgs* Furore gemacht, weil sie beschrieb, wie sie mit allen Tricks versucht hatte, aus ihren Töchtern berühmte Musikerinnen zu machen, sie über Jahre zu stundenlangem Üben zwang und daran scheiterte. Ganz einfach: Üben ist schrecklich, und das nicht erst dann, wenn man es jeden Tag wider Willen mehrere Stunden lang tun muss. Schon 20 Minuten können zu viel davon sein, findet Isabel.

Ein Instrument zu üben ist deshalb so furchtbar nervenaufreibend, weil man immer wieder mit seinen eigenen Schwächen oder seinem eigenen Versagen konfrontiert wird. Niemand kann das über die Jahre wirklich gut ertragen. Das muss man sich so vorstellen, als würde man immer wieder gegen Wände rennen. Wenn man ein neues Stück einübt, trifft man immer wieder auf Stellen, die man noch nicht beherrscht, und sieht damit sofort, was man nicht kann. Das kann ziemlich schnell gehen, wenn man zum Beispiel schon nach drei oder vier Takten ins Stocken gerät. Neue Stücke müssen immer wieder mühsam erarbeitet werden. Und sie bleiben auch nicht auf ewig im Gedächtnis oder in den Fingern. Was man einmal konnte, kann schon nach ein paar Monaten wieder verlernt sein. Darüber hinaus wimmelt es in der Musik von Stellen, die auch nach der hundertsten Wiederholung noch nicht klappen. Ich empfinde das bis heute als Strapaze. Und manchmal bekomme ich dabei sogar Wutanfälle.

Fördern und nachhalten, Leistung abrufen. Vorspielen, kleine und große Konzerte, Wettbewerbe. Beifall genießen oder sich ärgern, wenn man sich mal wieder vollkommen »verhauen« hat. Dabei ist das Niveau, auf dem Kinder und Jugendliche ihre Musik ernsthaft betreiben, eigentlich zweitrangig. Man muss ja nicht der Beste werden. Man muss nur für sich selbst immer besser werden. Das ernsthafte oder auch ambitionierte Musizieren erfordert – egal auf welchem Level – immer die gleichen Tugenden: Geduld und Disziplin, die Kunst der Selbstmotivation und Selbstkritik und im Fall des Vorspielens in großen oder kleinen Sälen extrem starke Nerven. Vielleicht behaupten deshalb die Anhänger bildungsbürgerlicher Freizeitbeschäftigung bis heute, dass Musik schlauer macht. Dabei meinen sie das gar nicht, sondern vielmehr das Training für die Selbstdisziplinierung und Konzentration. Aber das klingt nicht so schön.

Da Musikalität weitgehend keine Frage der Begabung ist, sondern des Übens, gibt es auch keine Ausrede für Eltern mehr, sie und ihre Kinder seien zu unmusikalisch und hätten deshalb das Musizieren wieder aufgegeben. Nicht der fehlenden Musikalität, sondern der Faulheit wäre das Scheitern am Instrument zuzuschreiben. Die, die besser spielen, sind in der Regel fleißiger. Jeder kann ein Instrument lernen, in jedem steckt Musik. Und kaum ein Kind übt freiwillig. Zumindest nicht am Anfang. Bei meiner 14-jährigen Tochter würde ich sagen, sie tut es phasenweise wirklich freiwillig. Zumindest sieht es so aus. Und auch ihre Geschwister zeigen nach Jahren des Instrumentalunterrichts mitunter Ansätze der Einsicht, dass die Überei irgendwie zum Tagesgeschäft gehört. Aber natürlich ist die Freiwilligkeit von Isabel das Ergebnis eines mühsamen Lernprozesses, dessen simplen Grundsatz sie erst nach Jahren begriffen hatte: Ohne Üben geht es nicht, irgendwann am Tag ist halt die Flöte dran. Und dann noch das Klavier. Doch was kam alles davor? Drohen, Schimpfen, Loben und Belohnen, Betteln, Bestechen, Bestrafen, Unterrichtsverbot und weinende Lehrer. Wir haben Verträge abgeschlossen, Vereinbarungen getroffen und wieder gebrochen. Sie hat sich in ihrem Zimmer verbarrikadiert, damit ich nicht reinkomme und meine Kommentare zu ihrem Spiel abgebe. Manchmal, wenn sie meine Schritte hörte, hat sie prophylaktisch »Neiiiiiiiiiiiiin« gerufen, nur weil ihr schwante, dass ich womöglich auf dem Weg zu ihr war, um sie wieder einmal zu korrigieren. Auch wenn ich das in dem Moment gar nicht vorhatte.

Einsteins Geige

Talent oder nicht Talent – das war die große Frage im vorangegangenen Kapitel. Und noch immer kann ich mich nicht mit dem Gedanken anfreunden, dass Begabung oder Neigung so gar keine Rolle spielen soll. Warum machen manche Kinder im Musikunterricht dann Fortschritte und andere nicht? Warum zeigen die einen eine nahezu explosionsartige Entwicklung, während andere bei annähernd gleichem Übungspensum kaum vom Fleck kommen? Warum entwickeln sich unsere Zwillinge am Klavier so unterschiedlich, obwohl sie schon aus Gründen der Gerechtigkeit für ihren Unterricht die gleiche Zeit üben mussten? Für mich ist das immer der Beweis für die Existenz von mehr oder weniger Begabung gewesen, die den feinen Unterschied ausmacht.

Interessant ist ein Experiment, das zwar nicht ganz neu ist, aber womöglich darüber Aufschluss geben könnte. Der australische Musikpädagoge Gary McPherson untersuchte 133 zufällig ausgewählte Kinder im Alter von 7 bis 9 Jahren, die ein Instrument lernen wollten. Er beobachtete sie schon einige Zeit bevor sie ihr Instrument aussuchten und danach noch neun Monate lang. Das Ergebnis war, wie es immer ist: Einige Kinder hatten kaum etwas gelernt, andere hatten sich rasant entwickelt. Das Gros lag im Mittelfeld. Was aber war der Grund dafür?

McPherson befragte die Kinder danach, wie lange sie ihr Instrument eigentlich zu spielen gedächten. Er gab ihnen vier Optionen für ihre Antworten: ein Schuljahr lang, die Grundschulzeit über, die gesamte Schulzeit hindurch oder sogar ein Leben lang. Anschließend kategorisierte er die Kinder nach der Zeit, die sie in der Woche zu üben bereit waren, und zuletzt untersuchte er ihre Leistungen auf dem Instrument.

Verblüffenderweise waren nicht die Kinder besonders weit gekommen, die viel Zeit in ihr Instrument investierten – wobei »viel« in McPhersons Studie mit einem Übungsaufwand von 90 Minuten in der Woche angegeben wird. Es hatten sich vielmehr jene Kinder geradezu explosionsartig entwickelt, die sich tatsächlich vorstellen konnten, ihr Instrument ein Leben lang zu spielen, um Freude daran zu haben. Sie zeigten Ergebnisse, die um bis zu 400 Prozent besser waren als die der Kandidaten, die sich nur kurzfristig an ihr Instrument binden wollten.

Ganz offensichtlich hatten die Vorstellungen, die die Kinder mitbrachten, einen wesentlich größeren Einfluss auf ihre Lernfortschritte als die Zeit, die sie in das Instrument investierten. »Das Entscheidende ist die Selbstwahrnehmung«, sagt McPherson. »An einem bestimmten Moment ganz zu Beginn kristallisiert sich ein Bild heraus, und sie sagen sich: ›Ich bin ein Musiker.‹ Diese Vorstellung tritt eine Lawine los.«

Das wäre dann allerdings der Extremfall, um den es

hier eigentlich gar nicht gehen sollte. Vielleicht ist es nicht mehr und nicht weniger als die Affinität eines Kindes zu einem bestimmten Instrument, die am Ende seine Selbstwahrnehmung und dann auch die Lernfortschritte bestimmt. Damit ließe sich dann auch der unterschiedliche Leistungsstand von Geschwistern befriedigend erklären, ohne dem einen mehr und dem anderen weniger Musikalität zuschreiben zu müssen.

Die Kinder kommen mit dem Bedürfnis, auf einem guten Niveau Musik zu machen, natürlich nicht auf die Welt. Der Impetus dazu kommt immer von außen, von einer zufälligen Begegnung mit einem begnadeten Lehrer oder einem Konzerterlebnis, das ein Kind tief beeindruckt hat. Doch das alles wiegt wenig im Vergleich zu dem Einfluss des familiären Umfelds – wie hier Musik wahrgenommen und genossen, welcher Stellenwert ihr beigemessen wird und ob jemand Wert darauf legt, dass das Kind musiziert. »Als Musikpädagoge habe ich über Jahre gedacht, der Lehrer habe den größten Einfluss auf die Fortschritte seines Schülers«, sagt McPherson. »Doch ist mir seit einiger Zeit klar, wie verengt diese Sichtweise ist.« Nach vielen Studien beginne er zu verstehen, wie viel mehr das emotionale Klima, das ein Kind zu Hause umgebe, seine musikalischen Fortschritte beflügeln könne. Vor allem die Ziele und Erwartungen der Eltern an ihr Kind hätten darauf einen ganz entscheidenden Einfluss. Und die prägen natürlich die Selbstwahrnehmung des Kindes.

Einstein hatte übrigens immer eine Geige dabei. Schon in Kinderbüchern ist das Genie nicht nur vor einer Tafel mit seiner berühmten Formel $E = mc^2$ abgebildet, sondern stets auch mit einer Geige. Ganz so, als wäre die Geige Teil der von ihm entwickelten Theorien. Aber das ist natürlich Blödsinn. Aller Wahrscheinlichkeit nach hat ihn nicht gerade die Musik zu der Erkenntnis gebracht, dass nichts schneller ist als Licht. Und so lässt er der Musik ihren eigenen Platz, sie ist kein Mittel zum Zweck. Für das Denken und Überleben ist sie entbehrlich, aber nicht für das Glücksgefühl. »Ich weiß, dass mir die meiste Lebensfreude aus der Geige kommt«, sagte der Nobelpreisträger einmal. Ob er auf andere Gedanken gekommen wäre oder sogar auf weniger kluge, hätte er nicht Geige gespielt, weiß indes niemand.

»Ich liebe Musik«

1. Wie heißt du?
   Evin.

2. Wie alt bist du?
   15 Jahre.

3. Wo lebst du?
   In Berlin.

4. Wie viele Geschwister hast du, und wie alt sind sie?
   Ich habe einen kleinen Bruder, er ist 13 Jahre alt.

5. Welche Sprachen sprichst du zu Hause?
   Deutsch.

6. In welche Schule und Klasse gehst du?
   Ins Gymnasium in die 10. Klasse.

7. Welches sind deine Lieblings-, welches deine Hassfächer?
   Meine Lieblingsfächer sind Latein und Altgriechisch, mein Hassfach ist Physik.

8. Lernst du viel für die Schule?
   Ja. Nicht nur für Arbeiten, sondern auch so nebenher.

9. Wie verhalten deine Eltern sich in Sachen Schule – machen sie Druck, überlassen sie dir alles allein, helfen sie dir?
   Wenn ich Hilfe brauche, helfen sie mir, ansonsten mache ich alles allein. Aber sie machen keinen Druck.

10. Bekommst du Notenvorgaben von deinen Eltern?
    Ich sollte kein schlechtes Zeugnis haben. Das wollen sie nicht, aber das versteht sich auch für mich von selbst.

11. Spielst du ein Instrument? Wenn ja, welches?
    Ich spiele Gitarre, Schlagzeug und Klavier.

12. Wie lange übst du und wie oft?

    Ich übe eine halbe Stunde täglich jeweils Klavier und Schlagzeug. Gitarre spiele ich schon so lange, da brauche ich nicht mehr zu üben.

13. Zwingen dich deine Eltern dazu, machen sie Druck, oder ist alles freiwillig?

    Nein, ich liebe Musik. Es ist alles freiwillig.

14. Verpflichten dich deine Eltern zum Sport?

    Nein, das mache ich auch freiwillig. Ich tanze Turnier, Hip-Hop, und ich tauche.

15. Wie oft trainierst du?

    Ich gehe dreimal in der Woche zum Tanzen. Tauchen mache ich, seit ich zwölf bin, und Tanzen seit zwei Jahren.

16. Nimmst du gern an Wettbewerben und/oder Turnieren teil?

    Ja, Tanzturniere, aber dafür muss ich dann ordentlich trainieren.

17. Treiben dich deine Eltern grundsätzlich an?

    Wenn es drauf ankommt, dann natürlich ja.

18. Wenn ja, wer ist dein Motor: deine Mutter oder dein Vater?

    Beide treiben mich an.

19. Was machst du sonst noch, wenn du nicht in der Schule bist?

    Mich mit Freunden treffen, draußen Fußball spielen. Allerdings habe ich eine Bänderschwäche, da muss ich aufpassen.

20. Wie laufen bei dir die Wochenenden ab?

    Mein Problem: Ich habe jeden zweiten Samstag Schule. Danach setze ich mich in ein Café und erledige die Hausaufgaben, dann gehe ich zum Tanzen. Sonntags lerne ich oft für die Schule. Und ich gehe früh schlafen, aber nur weil wir Montag die ersten beiden Stunden Mathe haben.

21. Streitest oder diskutierst du oft mit deinen Eltern?
Äh, gelegentlich. Nennen wir es Meinungsverschiedenheiten. Dabei geht es überwiegend um Ausgehzeiten.

22. Bekommst du Ärger bei schlechten Leistungen/Noten?
Nein, eigentlich nicht, weil ich auch keine schlechten Noten schreibe.

23. Macht es dir etwas aus, wenn deine Eltern unzufrieden mit dir sind?
Nö. Na ja, nein, eigentlich nicht. Ist ja mein Leben.

24. Wie wirst du bestraft und wofür?
Sie haben mir schon mal meinen Laptop weggenommen, weil ich heimlich eine Party geschmissen habe. Aber das ist schon ein halbes Jahr her. Aber auch nur für zwei Wochen. Das war schon verständlich so.

25. Macht dir dein Leben richtig Spaß?
Ja. Richtig. Wäre ja auch schlecht, wenn nicht. Spaß macht es mir eigentlich immer.

26. Was machst du, wenn du nichts machst?
Dann gucke ich meistens einen Film oder lese ein Buch.

27. Bist du zufrieden mit deiner Erziehung?
Ja, im Grunde schon.

28. Was würdest du gern an deinem Leben jetzt ändern?
Hm, an meinem Leben jetzt: keine Samstag-Schule von acht bis halb zwei. Dafür haben wir zwar in der Woche weniger Unterricht, aber ich hasse es.

29. Was würdest du bei deinen Kindern später anders machen?
Oh, das ist schwer, ich weiß nicht. Ich würde meine Kinder nicht so streng behandeln. Was den Haushalt angeht, sind meine Eltern etwas überempfindlich.

30. Welche Note würdest du deinen Eltern für ihre Erziehung geben?

2+, okay, gib ihnen eine 1-. Eine glatte 1 geht ja auch nur, wenn es zwischen Eltern und Kindern nie Streit oder Meinungsverschiedenheiten gibt.

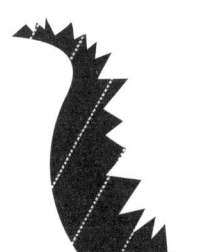

Ein letztes Wort zum Rollenbild

Mütter in der Pflicht

Erziehung ist hauptsächlich Müttersache – immer noch. Daran hat der seit Jahren tobende Geschlechterkampf in Deutschland offenbar nicht viel geändert. Meiner Tochter schien es ein Anliegen zu sein, dieser Frage noch einmal nachzugehen. Sie wollte wissen, wie sich in den Familien ihrer Altersgenossen die Rollen verteilen. Und das Ergebnis ist, wie es immer war: Vor allem die Mütter sind in der Pflicht, weit mehr als die Väter, selbst wenn beide arbeiten. Das hat einen ganz banalen Grund: In den meisten Fällen verbringen die Mütter mehr Zeit zu Hause. So wie zum Beispiel bei Veronika (14): »Das Einzige, was ich mir gewünscht hätte, wäre, dass mein Vater nicht so viel arbeiten müsste, da ich dadurch, dass er früher nicht so oft zu Hause war, einen nicht so guten Bezug zu ihm habe wie zu meiner Mutter.«

Diese elterliche Rollenverteilung ist geradezu klassisch in Deutschland. Nur 11 Prozent der Jugendlichen geben an, dass es vor allem ihre Väter sind, die sie motivieren, anspornen und versuchen, sie zu höheren Leistungen zu bringen. Bei gut 40 Prozent haben diesen Job noch immer ausschließlich die Mütter inne. Doch geraten die Dinge offenbar ganz langsam in Bewegung. Immerhin ein Drittel der Kinder schreibt, dass sie von beiden Elternteilen motiviert oder angetrieben werden – meistens allerdings auf unterschiedlichen Feldern.

Nun ist die Frage danach, wer zu Hause den Part des Antreibers übernommen hat, zugegebenermaßen ein bisschen zu speziell, um daraus abzuleiten, wer sich

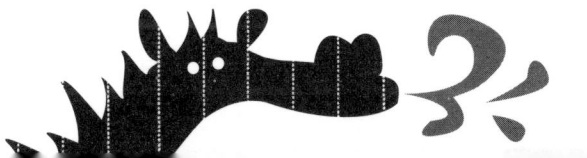

hauptsächlich um die Erziehung der Kinder kümmert. Erziehung lässt sich nicht einfach auf bloße Leistungsmotivation reduzieren. Hier geht es natürlich um viel mehr: um Lebensanschauungen und -einstellungen, um Werte, um das Miteinanderauskommen, um Beziehungsfähigkeit und Hilfsbereitschaft. Dazu kommen die banalen Dinge des Alltags, die Kinder irgendwann beherrschen sollten. Jeder einzelne Aspekt ist – unbestritten – herausfordernd. Doch die unangenehmste und wohl auch konfliktträchtigste Aufgabe unter diesen vielfältigen Anforderungen an Eltern ist die, den Kindern die Faulheit auszutreiben und sie zu mehr Leistung und Selbstdisziplin anzuhalten. Hier entstehen über die Jahre die größten Widerstände, hier werden die eigenen vier Wände zum Kampfplatz, und hier zeigen sich Durchhaltevermögen und Einsatzbereitschaft von Müttern und Vätern. Genau auf diesem Feld wird Erziehung zu Schwerstarbeit. Und das beackern vor allem die Mütter.

Tatsächlich geht es nicht darum, wer die Hausarbeit macht. Die erledigen Maschinen. In der Aufgabenverteilung zwischen Vätern und Müttern ist auch nicht von Bedeutung, wer den Säugling einmal mehr oder weniger gewickelt hat. Da sind die vermeintlich modernen Väter längst zur Stelle. Es geht um Zeit für und mit den Kindern und vor allem um die vielen Auseinandersetzungen, die immer dann entstehen, wenn sich Kinder an ihren Eltern abarbeiten oder sich von ihnen abzugrenzen versuchen. Hier befinden sich noch immer die Frauen an vorderster Front. »Förderung und Betreuung der Kinder: vor allem Aufgabe der Mutter«, überschreibt das Institut für Demoskopie Allensbach eine Graphik aus seinem *Monitor Familienleben 2011,* die keine Zweifel daran lässt.

Nur auf einem einzigen Gebiet sind Väter aktiver als die Mütter: dem Sport. Hier sind sie im wahrsten Sinne des

Wortes am Ball. Auf allen anderen Feldern, die Erziehung ausmachen, graben die Mütter. Väter mischen hie und da schon mal mit, übernehmen allerdings mehrheitlich nie die Verantwortung. Schule – ein Mütterthema; Hobbys der Kinder – Müttersache. Mehrheitlich sind es die Mütter, die in Erfahrung bringen, welche Freizeitaktivitäten es denn sein könnten für den Nachwuchs, wo sie angeboten werden und wie die Kinder am besten zu fördern sind. Selbst vorlesen tut mehrheitlich Mama; Musizieren, Singen – auch eine weibliche Domäne.

Ebenso wahr ist aber, dass Mütter das offenbar nicht nur tun, weil sich Väter heimlich aus der Pflicht stehlen, sondern weil sie es selbst gern möchten. An einer Umfrage des Instituts für Demoskopie Allensbach bei einer repräsentativen Gruppe von Frauen im Alter bis 45 Jahre lässt sich das wunderbar ablesen. Auf die Frage, in welcher Rolle Frauen sich am wohlsten fühlen würden, gaben 59 Prozent »Mutter mit Teilzeitbeschäftigung« an. Nur 18 Prozent würden für sich als Mutter mit Kindern wünschen, einem Vollzeitjob nachzugehen. Gerade einmal 13 Prozent bevorzugten eine Vollzeitberufstätigkeit unter Verzicht auf Kinder. Noch weniger als eine Vollzeitberufstätigkeit ist heute die Hausfrauenrolle das Ideal jüngerer Frauen: Nur 15 Prozent sehen darin ihren Lebensentwurf.

Das sind zugegebenermaßen alles Wunschvorstellungen. Die Realität steht ihnen jedoch in nichts nach, im Gegenteil: Das klassische Hausfrauenmodell lebt noch rund ein Drittel der Familien. In etwas mehr als der Hälfte der Familien mit Kindern unter 18 Jahren haben beide Partner nach Angaben des Statistischen Bundesamtes zwar einen Job; doch 71 Prozent dieser Paare haben sich dafür entschieden, dass der Vater voll und die Mutter mit reduzierter Stundenzahl arbeitet. Sicher nicht nur aus Gründen der Verdienstunterschiede, die in Deutschland zwischen

Frauen und Männern im Durchschnitt immer noch fast 25 Prozent ausmachen. Uns Frauen ist also offenbar nicht zu helfen.

Warum? Das soll an dieser Stelle gar nicht allzu eingehend diskutiert werden, nur so viel: Zweierlei ist denkbar. Frauen haben sich mit ihren Wünschen den Rollenvorbildern, die in Deutschland immer noch vorherrschen, einfach angepasst. Sie können, sofern sie Kinder haben, das hauptamtliche Erziehen also nicht lassen. Wollten sie vor allem Karriere machen, müssten sie – so ihre Annahme – ganz auf Kinder verzichten. Genau das will die Mehrheit der Frauen aber (noch) nicht. Sie wollen vielmehr beides. Das ist der neue Wir-sind-ja-selbst-schuld-Vorwurf von Frauen an Frauen. Ebenso vorstellbar ist allerdings, dass Frau – allen Klischees entsprechend – einfach gern mit ihren Kindern Zeit verbringt, vor allem, weil die Phase, in der Eltern die Chance haben, sich mit ihnen zu beschäftigen, kaum mehr als 15 Jahre ausmacht. Danach ist alles vorbei, und man muss die Lieben ziehen lassen. Viele meiner Freundinnen würde ich eher zu dieser Gruppe zählen, in der festen Überzeugung, dass sie als gut ausgebildete Ärztinnen, Architektinnen, Betriebswirtinnen, Musikerinnen oder Journalistinnen wirklich keinen Rollenklischees mehr anhängen.

Doch auch da darf sich Frau nicht so sicher sein. »Deutsche Frauen kommen von den klassischen Rollenfestlegungen und von ihren Kindern nicht los«, klagte vor gar nicht langer Zeit eine Headhunterin eines sehr bekannten, international agierenden Personalberatungsunternehmens. Ihrer Frustration darüber, wie schwierig es sei, Frauen in der Mitte des Lebens für Führungsaufgaben zu gewinnen, ließ sie ganz ungehemmt ihren Lauf und setzte noch eins drauf: »Und das Schlimmste daran ist, sie merken es noch nicht einmal.« Die Dame ist übrigens kinderlos. So schnell gehen hier die Minen hoch. Angeblich – und das sagt wiederum das Allensbacher Meinungsforschungsinstitut – gehen die Wunschvorstellungen der Frauen auf die Sorge zurück, sich selbst zwischen einer Vollzeitstelle und der Mutterrolle völlig aufzureiben. Dazu gesellt sich die Befürchtung, dass beruflicher Ehrgeiz und Karrieren von Frauen den Kindern schadeten. Davon ist die Hälfte der Bevölkerung überzeugt, und zwar Männer und Frauen.

So ist also vieles noch beim Alten. Bei Leonie (13) engagiert sich die Mutter mehr als der Vater. »Sie kontrolliert immer meine Hausaufgaben.« Julia (14) kommt bei der Frage, wer sie zu Hause antreibe, ins Grübeln: »Hm, meine Mutter ist öfter zu Hause, mein Vater nicht so viel. Insofern treibt mich meine Mutter eher an. Aber wenn er da ist, dann würde ich schon sagen, dass beide in gleichem Ausmaß beteiligt sind.« Genauso sieht es bei Olivia (12) aus, bei Juan (13), bei Milena (14) und Adriano (13). Und auch Alexander (15) weiß viel mehr vom mütterlichen als vom väterlichen Engagement in den mühsamen Fragen der Erziehung zu berichten. Sie ist bei den meisten seiner Antworten sein Bezugspunkt: Sie treibt ihn an, und mit ihr diskutiert oder streitet er, wenn er mit irgendetwas nicht einverstanden ist. Der Vater wird nicht ein einziges Mal überhaupt auch nur erwähnt. Alexa (12) ist sogar froh, dass ihre Mutter in der Familie die Rolle des Motivators übernommen hat. »Früher, als ich noch kleiner war, war es mein Vater.« So richtig gut ging es ihr damals nicht. »Da hatte ich keinen Spaß.«

Bei einer Minderheit liegen die Dinge weniger klar. Väter bringen sich ein, besonders gern offenbar, wenn es um Sport geht. Aber das ist ja auch die angenehme Seite des Kinderlebens. In Sachen Schule stehen die Frauen in erster Reihe. Alles in allem: Mütter sind und bleiben einfach wichtig. Laura (14) leidet darunter, dass sie ihre voll berufstätige Mutter so selten sieht. Es ist ihr großes Thema. Zweimal bedauert sie deren häufige Abwesenheit. Sie sei zu wenig da, um wirklich mit ihr zu streiten, schreibt sie. Und auf die Frage, was sie bei ihren Kindern anders machen würde, antwortet sie unzweideutig: »Mich mehr für meine Kinder engagieren und reden. Vor allem aber öfter da sein als meine Mutter.«

Das alles ist ziemlich deutsch. In anderen Ländern geht es anders zu. Mütter stehen weniger im Zentrum der Familie und damit weniger in der Kritik. In Frankreich zum Beispiel hat sich die Gesellschaft ihr Leben etwas anders organisiert. Eine Debatte über Glucken, Drachen oder Rabenmütter gibt es nicht. Die »deutsche Mutter« dagegen versucht es in der Regel, mit Teilzeitjob und solider Kindererziehung irgendwie allen recht zu machen, um dem ungebrochenen Mutter-Mythos nicht ganz den Boden zu entziehen, und eckt damit trotzdem permanent an. Nichts ist richtig. Dabei ist dieses Mutter-Bild – oder besser, der Mythos – gar nicht so alt. Blickt man auf die Geschichte zurück, stellt man fest, dass sich erst mit der Reformation ganz allmählich jenes Bild der erziehenden, fürsorglichen Mutter entwickelt hat, an dem sich heute noch so viele abarbeiten. Und das auch weitgehend nur in bürgerlichen Schichten. Die Kleinfamilie selbst, wie sie heute von Konservativen idealisiert wird, ist sogar noch deutlich jünger.

Die Literaturwissenschaftlerin Barbara Vinken geht in ihrem Buch *Die deutsche Mutter. Der lange Schatten eines Mythos* dem Grund für unsere derart festgezurrten Rollenvorstellungen nach. Sie spannt den Bogen von Luther über Rousseau bis Pestalozzi, die – verschwörungsgleich – daran arbeiteten, die Frauen an ihre Kinder zu binden und damit von der aktiven Gestaltung des öffentlichen Lebens weitgehend auszuschließen. Vielleicht hatten diese Männer noch nicht einmal so sehr die Unterdrückung der Frau als vielmehr das Kind im Blick. Und für das galt die Familie als privilegierte Stätte seiner Erziehung. So wurde die Mutter zu einer entscheidenden, wenn nicht *der* entscheidenden gesellschaftsverbessernden politischen Kraft, meint Vinken. »In ihr schlagen religiöse Heilsversprechen in Diesseitigkeit um. Ihr Verhältnis zu ihren Kindern verkörpert das Band zwischen Staat und Bürgern. Ihre Kindererziehung sorgt für eine bessere Zukunft.«

Was so positiv klingt, hat für die Gleichberechtigung natürlich negative Konsequenzen: Wer Mutterschaft derart überhöht, wer Mütter zu einer durch ihre Erziehungsarbeit gesellschaftsverbessernden Kraft erhebt, der verwehrt ihnen jeglichen Einfluss auf Wirtschaft und Politik jenseits der eigenen vier Wände. Denn dort soll die Mutter ja noch ein viel größeres Werk verrichten: die Erziehung derer, die die Zukunft bestimmen werden. Nur öffentlich mitreden können sie dann nicht mehr. Genau diese Sicht der Mutterschaft ist nach Vinken der Grund für die von ihr beklagte Malaise deutscher Frauen, die in Führungspositionen weit weniger vertreten sind als im Heim und am Herd und sich damit auch noch zufriedengeben. »Skeptisch sollten wir nicht auf Weltverbesserung hoffen, sondern daran arbeiten, dass Mütter als normale Erwachsene in einer Welt der normalen gesellschaftlichen Verpflichtungen (…) weiterleben können, statt im bestgeschützten Reservat der Welt, der deutschen Mutter-Kind-Symbiose, zu verschwinden.«

Was an Vinkens Gesellschafts- und Mütterkritik richtig oder falsch ist, muss wohl jeder für sich selbst herausfinden. Nur eines ist sicher: Mütter sind und bleiben eben das Verlässlichste, was es gibt – und das offenbar auch in Sachen Rollenverständnis. Allerdings greift die Kritik am deutschen Sonderweg auf dem umstrittenen Feld der Gleichberechtigung ein wenig zu kurz. Die Ansprüche der Gesellschaft an Frauen und Mütter sind nicht ganz so altbacken, sondern auch – ein wenig – in der Moderne angekommen. Und genau hier liegt das Problem. Der Psychologe Stephan Grünewald, der auf der Basis von 20 000 Tiefeninterviews dem Lebensgefühl der Deutschen nachgegangen ist, berichtet davon.

Frauen von heute sähen sich widersprüchlichsten Anforderungen gegenüber: Sie müssten genauso fürsorgliche Mütter und Ehefrauen sein, wie sie beruflich Karriere machten. Sie sollten interessante Gesprächspartnerinnen sein und ihren Freundinnen verlässliche Gefährtinnen. Dieser Anspruchsfalle entkämen sie auch dann nicht, wenn sie versuchten, sich ihr kürzere Zeit durch die Geburt eines Kindes zu entziehen. »Spätestens wenn die Mütter spüren, dass die Kleinen nicht mehr auf ihre ständige Fürsorge angewiesen sind oder wenn sich durch Tagesmütter oder Krippenplätze alternative Betreuungsmöglichkeiten eröffnen, erwachen die Ansprüche der anderen und vernachlässigte Lebensbilder«, schreibt Grünewald. Dann werde der Druck spürbar, mehr und anderes zu leisten, als nur Kinder zu erziehen – eine »pochende Forderung an die moderne Frau«.

Frau also sitzt in der Falle. Perfekte Mütter werden wir aus gesellschaftlicher Sicht nur, wenn wir uns ganz den Kindern widmen. Aber dann versagen wir als moderne Mitglieder einer Gesellschaft, die doch erwartet, dass auch wir unseren Beitrag zum Bruttosozialprodukt leisten. Beginnen wir mit der Arbeit, dann vergehen wir uns am Muttersein oder an unseren Kindern. Teilen wir unsere Zeit auf, dann machen wir es niemandem recht. Immer kommt irgendwer oder irgendwas zu kurz.

Die Tyrannei des schlechten Gewissens

Was bleibt, ist ein gnadenlos schlechtes Gewissen. Wahrscheinlich zu Recht. Wenn Kinder der Meinung sind, dass ihre Mütter zu wenig zu Hause sind, und darunter zu leiden beginnen, dann ist das kein Pappenstiel. Genauso, wenn der Chef ein missbilligendes Gesicht aufsetzt, weil man ihm mit der Tasche voller Unterlagen vor dem Ausgang des Büros in die Arme rennt. Das schlechte Gewissen ist einfach immer da. Es verursacht einem Kopf- und Nackenschmerzen und treibt einen vor sich her. Der Psychologe Grünewald ist auch diesem Phänomen auf der Spur und spricht von einer »Inflation des schlechten Gewissens«.

Kein Wunder, wenn die Ansprüche an die Perfektion steigen, wenn man nicht nur Kinder haben und arbeiten soll, sondern dabei auch noch blendend aussehen muss und keinesfalls ein paar Pfunde zu viel auf den Hüften haben darf – dann lässt sich ein schlechtes Gewissen gar nicht mehr abstellen. Es hebt ja schon die Hand, wenn man sich am frühen Abend aus lauter Erschöpfung einen Riegel Schokolade in den Mund schiebt oder zur Entspannung ein Gläschen Rotwein einschenkt, bevor man sich in den Nahkampf um Hausaufgaben und Vokabeln oder ums Chatten stürzt. »Psychologisch betrachtet«, schreibt Grünewald, »gibt es kein Leben ohne schlechtes Gewissen.« Das moderne schlechte Gewissen sei zu einer Art Grundrauschen im Alltag geworden. »Wir haben nie das Gefühl, alles richtig zu machen.« Einen der vielen Ansprüche, die da täglich, wöchentlich, monatlich das Leben erschweren, verletze man permanent. »Das schlechte Gewissen ist immer latent da. Es wechselt nur seine Lautstärke.«

Über das schlechte Gewissen lässt sich wunderbar Druck ausüben. Chefs arbeiten damit, es ist zum gängigen

Führungsinstrument geworden. Kinder arbeiten damit, machen ihren Eltern ein schlechtes Gewissen, um ihre Forderungen und Wünsche besser durchsetzen zu können. Psychologen, Pädagogen und andere ausgewiesene oder selbsternannte Erziehungsexperten beherrschen diese Technik perfekt. Und Mütter und Väter ihrerseits wahrscheinlich auch. Frauen treiben sich damit gegenseitig schon mal zur Verzweiflung. Wer anderen ein schlechtes Gewissen bereitet, bringt sich in eine moralisch überlegene Position, wenn auch nur für einen kurzen Moment. Ein schlechtes Gewissen kennen übrigens nicht nur Mütter, sondern definitiv auch viele Väter. Doch behaupte ich, dass es noch immer überwiegend eine weibliche Eigenart ist, sich das alles besonders zu Herzen zu nehmen. Unser schlechtes Gewissen können wir einfach schlechter verdrängen.

Die neuen Sugar-Daddys

»Er ist ein Sugar-Daddy!«, beklagte sich meine Freundin Brigitte unlängst entrüstet. »Er ist einfach nur ein Sugar-Daddy!« Gerade hatten wir über alles und nichts gesprochen, vom Job und den Kindern erzählt. Ihre Tochter sei beim Vater, hatte sie gesagt und sich bitter beklagt. Der Vater ihrer Tochter lebt und arbeitet im Ausland, während sie in Deutschland ihre Künstleragentur am Laufen hält und das Dasein einer weitgehend alleinerziehenden Mutter führt. Das war eigentlich immer so, doch seit sie geschieden ist, fühlt es sich noch viel mehr danach an. »Du kannst dir nicht vorstellen, wie er sie verwöhnt«, rief sie. »Alles darf sie bei ihm, während ich wer weiß was organisiere, damit sie nicht auf dumme Gedanken kommt.«

Brigitte hat in der Tat die Nachmittage ihrer Tochter vollgepackt mit Gesang, Musik, Tanzen – dass die pubertierende 13-Jährige nur ja nicht mit irgendwelchen Jungs und Mädchen im Park oder sonst wo abhängt oder allein vor dem Computer hockt und sich auf Facebook herumtreibt. »Doch wenn sie bei ihrem Vater ist, dann macht sie nichts anderes als das!« Der Vater sei – getrieben von seinem schlechten Gewissen – überaus großzügig, lasse sie endlos ausschlafen und tagsüber ihrer Wege gehen, während sie als Mutter den miserablen Job des Erziehens übernommen habe, der einem nur selten offen zur Schau gestellte Dankbarkeit eintrage, meistens dagegen vehementen Protest. Immer antreiben, motivieren, diskutieren, verbieten oder ein Machtwort sprechen: »Wie ich das eigentlich hasse!« Wenn die Tochter beim Vater sei, gerate ihr ganzes Erziehungskonzept ins Wanken. Der Vater hat den Part des Verwöhnens übernommen – »er tut ihr damit keinen Gefallen« –, scheut jede Auseinandersetzung und greift für seine Tochter gern tief in die Tasche. Ihr soll es an nichts fehlen. Wahrscheinlich plagen ihn Gewissensbisse. Nur: Ist es jemals irgendwo anders gelaufen?

Ich erzähle ihr, dass vor allem meine Töchter am liebsten mit ihrem Vater einkaufen gehen und nicht mit mir – weil er großzügiger ist und sich leichter bearbeiten lässt. Geschickt nutzen sie meine Abwesenheit aus. Ich versuche also, Brigitte zu beruhigen. Ihr Ex sei kein Sugar-Daddy, beschwichtige ich. »Sugar-Daddy« ist dabei vielleicht auch nicht ganz der richtige Begriff, bezieht er sich doch im allgemeinen Sprachgebrauch eher auf ältere Männer, die eine Beziehung zu einer jüngeren Frau unterhalten und ihr im Gegenzug dafür materielle Vorteile gewähren. Aber so meinte meine Freundin das natürlich nicht, sie bezog sich eher auf den Erziehungsstreik ihres Exmannes, der sich das Leben durch die großzügige Tour seiner Tochter gegenüber ziemlich vereinfachte. Väter kaufen ihren Kindern die schöneren Klamotten, während Mütter immer auf den Preis achten und alles daransetzen, dass aus ihren Kindern nicht verwöhnte Konsumschweinchen werden, die nichts anderes als ihr eigenes Wohlergehen und den Müßiggang im Kopf haben. Die Familienkonstellation spielt dabei also nicht so sehr eine Rolle, die verheirateten Biedermänner halten es nicht anders als die modernen Väter in Patchwork-Konstellationen.

Mütter müssen aber keine Angst haben, wenn sie allzu oft die Peitsche schwingen. Im Urteil der Kinder kommen die Sugar-Daddys nicht deswegen besser weg, weil sie Süßigkeiten verteilen und ansonsten durch Abwesenheit glänzen. Der Nachwuchs hat genau begriffen, dass Erziehung nichts anderes ist als Schwerstarbeit – unvergleichbar mit der angeblich so kräftezehrenden Plackerei im Büro bis spät am Abend, die immer dann besonders fordernd ist, wenn Kinder gerade krank sind oder sonst irgendwelche Probleme bereiten. »Selten habe ich meine Kollegen so fleißig gesehen wie als Väter vor allem kleiner Kinder«, lautete der lapidare Kommentar einer befreundeten Bankerin. Auch sie erinnere sich dunkel an die Zeiten, in denen sie noch ganztags im Büro verharrte und sich bis abends spät die Zeit dort vertrieb, weil es sich einfach besser machte, bei Lampenschein noch zu tippen, falls der Chef seine späte Runde drehen würde. Damals allerdings hatte sie noch keine Kinder. »Meine Väter-Kollegen saßen aber auch dort, mehrere von ihnen waren in ihrer Familienplanung früher dran als ich«, erinnert sie sich. Bei hartnäckigem Nachfragen hätten sie dann doch mit schiefem Lächeln zugegeben, dass es ihnen zu Hause im Moment einfach ein bisschen zu stressig sei.

Allen Vätern sei hiermit gesagt: Abwesenheit kommt nicht gut an. Auch nicht, wenn man dann am nächsten Wochenende mit »sweets and sugar« um sich schmeißt. Victoria (13) nimmt da kein Blatt vor den Mund. Ihre Mutter ist Managerin. Sie hat fast immer gearbeitet, in Deutschland und Frankreich Karriere gemacht und die Sache mit der Familie auch noch oder trotzdem auf die Reihe bekommen – und zwar in klassischer Rollenaufteilung. Das jedenfalls ist Victorias Kommentar zu entnehmen, mit dem sie die Benotung ihrer Eltern begründet. Dabei schneidet ihr Vater eine ganze Note schlechter ab als ihre Mutter mit einer glatten Eins. »Mein Vater bekommt deshalb eine schlechtere Note, weil er viel zu wenig zu Hause ist und nicht viel Zeit für uns hat. Anders als meine Mutter, die auch voll arbeitet«, schreibt sie. Kinder wollen eben, dass Eltern da sind. Nicht nur die Mütter, sondern auch die Väter sollen sich einbringen. Das tun sie auch, aber vielfach eben auf ihre Weise. »Waren die traditionellen Leitfiguren der vergangenen Jahrzehnte (vor allem in Westdeutschland) der ›Ernährer und die Erzieherin‹, so scheinen die neuen Figuren der ›Spaß/Event-Vater und die Pflichtmutter‹ zu werden«, schreibt die Sozialarbeiterin und Politikwissenschaftlerin Gerda Holz. Geändert hat sich offenbar kaum etwas.

Oder doch? Ganz so erbarmungslos sollte man das Beharrungsvermögen der immerhin schon ein paar Jahrhunderte alten Rollenverteilung in den Familien vielleicht doch nicht unter Beschuss nehmen. Die Dinge verändern sich langsam. Zumindest ein klein wenig. Immerhin gibt es eine wachsende Zahl an Vätern, die sich sehr ernst- und sehr ehrenhaft Gedanken darüber macht, was in einer postindustriellen Gesellschaft eigentlich ein »guter Vater« sein könnte. Allen voran der Philosoph Dieter Thomä, der vor einigen Jahren ein wunderbares Buch über *Väter* und ihre *moderne Heldengeschichte* geschrieben hat und mit einem ganz offenen Bekenntnis beginnt: »Alles ist, seit ich

Kinder habe, anders geworden. Der Haushalt – auch der Seelenhaushalt – geriet durcheinander, die Wohnung wurde klein, der Geldbeutel leer, das Herz voll.« Väter geben das zu. Und das ist doch immerhin schon ein Fortschritt.

Der Philosoph ist auf der Suche nach dem, was einen guten Vater ausmacht. Gute Väter seien »Lebenshelfer« ihrer Kinder. Nicht mehr und nicht weniger. Und das meint Thomä zunächst ganz praktisch. »Im täglichen Leben bewährt sich die väterliche Lebenshilfe zum Beispiel dann, wenn das Kind am Ende weiß, wie man Fahrrad fährt, Pfannkuchen bäckt, Löcher in die Wand bohrt, den schnellsten Weg nach Suomussalmi auf der Landkarte findet, sich gegen einen fiesen Mitschüler oder gegen einen schikanösen Busschaffner zur Wehr setzt etc.« Kein antiautoritäres Dogma oder individualistischer Kult hindere Väter daran, ihren Kindern Handgriffe und Kniffe dieser Art beizubringen. Autorität solle er schon mitbringen, der gute Vater, allerdings weniger in der Beherrschung seines Kindes, sondern vielmehr in Form von Fähigkeiten, die er vermittelt. Das allerdings dürfte der leichtere Teil sein.

Schwieriger wird es, wenn er in der Vermittlung seiner Lebensanschauung gefragt ist, wenn er also mit der »Kraft des Vorbilds« wirken soll. Starke und gleichzeitig nahbare Väter sind nicht die schlechtesten, weil sie ihren Kindern dadurch die Möglichkeit geben, ihre eigene Entschiedenheit an den Vätern zu stärken. Väter dürfen sich nach Thomä befugt fühlen, ihren Kindern die eigene Lebensanschauung nahezubringen und ihnen ihre Überzeugungen vorzuleben. Nur müssen sie dafür auch welche haben. Wenn man sich umschaut, dann sieht man eine ganze Menge Väter, die sich genau an dieser Rollenbeschreibung versuchen. Sie sind Lebenshelfer ihrer Kinder. Sie sind Werte-Vermittler und Werte-Vorleber.

Mal gelingt es ihnen besser, mal schlechter; ganz so, wie jeder von uns Müttern manches leicht von der Hand geht und anderes weniger. Isabel findet die Rollenverteilung in unserer Familie relativ klassisch, lässt auf ihren Vater allerdings nichts kommen:

Mein Vater mischt sich so gut wie nie ein, wenn es um uns Kinder und unsere Erziehung geht. Weder in der Schule noch bei Sport oder Musik. Höchstens bei den Tischmanieren. Er treibt meine Geschwister und mich nicht wirklich an, sondern tut meistens genau das, was meine Mutter ihm aufträgt. Nur bei Referaten und größeren Projekten für die Schule ist das anders. Wenn wir ihn da um Hilfe bitten, gibt es kein Zurück mehr. Dann wird er zum Perfektionisten und treibt uns vor sich her. Wir müssen Material suchen, unsere Texte drei- oder viermal schreiben, bis sie gut genug sind. Das kann dann schon mal mehrere Wochenenden in Anspruch nehmen und ziemlich mühsam sein. Meine Mutter hätte die Geduld dafür nicht. »Weiter«, eines der Lieblingswörter meiner Mutter, höre ich dann auch von meinem Vater ziemlich oft. Meine Eltern haben sich das aufgeteilt. Bei vielen meiner Freunde ist das auch so. Wenn sich die Väter in eine Sache einmischen, dann oft ganz besonders intensiv. Ich glaube, es ist eher eine Typ-Frage, wer von den Eltern was übernimmt. Jeder von ihnen macht das, was ihm am meisten liegt. Wenn meine Mutter nicht da ist, dann geht es bei uns etwas lockerer und unorganisierter zu, was nicht heißt, dass Termine nicht wahrgenommen werden oder wir zu spät kommen.

»Väter, die von Anfang an wussten, was sie machen wollten, das bejaht und es auch praktiziert haben, findet man kaum in der Geschichte«, sagt Dieter Thomä. »Aber es gibt viele, die sozusagen erst mal mit dem falschen Fuß aufstehen und dann trotzdem noch die Kurve kriegen.« Väter – das sind eben öfter Bekehrungs- als Heldengeschichten.

Eines allerdings sei hier der guten Ordnung halber doch noch erwähnt: Das Gegenteil der Sugar-Daddys und Spaß-Väter gibt es natürlich auch. Das sind die Väter, die sich in der Erziehung ihrer Kinder besonders engagieren. Sie legen einen Ehrgeiz und eine Intensität an den Tag, die das mütterliche Bemühen um ein Vielfaches übertreffen: wie Konvertiten, die – einmal übergetreten – die Dinge besonders ernst nehmen. Sinah (13) weiß davon ein Lied zu singen, das nicht ausschließlich in Dur gesetzt ist. Sie wird von ihrem Vater permanent angetrieben. »Er kontrolliert alles. Er macht Druck, aber hilft mir auch.« Auf die Frage nach den Wochenenden schreibt sie: »Immer nur Lernen und in der Pause mit Freunden treffen. Das war früher richtig brutal. Jeden Tag hat er mit mir alles durchgearbeitet. Den ganzen Tag. Inzwischen lässt er mich mehr alleine machen.« Mitunter habe er ihr auch schon mal damit gedroht, die geliebten Mäuse als Haustiere wieder abzuschaffen, wenn sie in der Schule nicht besser würde.

In der Umfrage sind solche Väter die absolute Ausnahme, wie etwa die Tennis- und Eishockey- oder Musiker-Väter. »Ich würde gerne mit Eishockey aufhören«, schreibt Wilhelm (16), der fast jeden Tag trainiert. Aber das würde sein ehrgeiziger Vater, selbst ein Eishockey-Spieler, niemals zulassen. »Ich finde das schon ziemlich link!«, beklagt er sich darüber. Wenn die Väter mit ihren Ambitionen keine Grenzen kennen, dann benennen ihre Kinder das deutlich. Auf die Frage, was sie in ihrem Leben gern ändern würden, geht es um das ihnen aufoktroyierte Hobby. Sie wollen weniger Tennis oder Cello oder eben Eishockey spielen. Aber das bleibt wahrscheinlich noch einige Jahre ein frommer Wunsch.

Denn Väter können gnadenlos sein und die vor überbordendem Ehrgeiz schmallippig gewordenen Mütter noch übertreffen, wenn es »ernst« wird und um die Karrieren der Kinder geht. Stars werden vor allem von Vätern gemacht, nicht unbedingt von Müttern. Vielleicht hätten es die Töchter der chinesischen Tiger-Mom, der Mutter des – angeblichen – Erfolgs, tatsächlich auf die großen Konzertbühnen dieser Welt gebracht, wäre Amy Chua nicht die Mutter, sondern der Vater gewesen. Auch das hat sich über die Jahrhunderte kaum geändert: Vielfach machen Väter die Karrieren ihrer Kinder; die des Geigenvirtuosen David Garrett zum Beispiel oder von Starpianist Lang Lang, von Tennislegenden wie Andre Agassi und Steffi Graf und der von Popikone Michael Jackson oder Weltklasseturner Florian Hambüchen. Und vielleicht auch von einem derer, die an der Umfrage meiner Tochter teilgenommen haben.

Kehren wir noch einmal zurück zu Dieter Thomä und seiner Suche nach dem guten Vater. Grundvoraussetzung dafür, einer zu werden, ist vor allem die Präsenz. Neu ist, dass Väter ihre häufige Abwesenheit nicht erst im Rückblick als für Kinder und sich selbst gleichermaßen schmerzhaftes Manko erleben, sondern im Moment ihres Fernbleibens selbst. Und das offenbar nicht nur als Lippenbekenntnis. Aber Vorsicht: Das Modell des »neuen Vaters«, der seinen Kindern zunehmend als Lebenshelfer zur Seite ist, steht auf wackligen Füßen. Es gibt Männer, denen das gar nicht passt. Und auch Frauen. Es sind jene, die der angeblich einsetzende gesellschaftliche Wandel nicht mehr schlafen lässt, weil die patriarchalischen Strukturen der guten alten Kleinfamilie angeblich zerfallen und die Rollen in der Familie mitunter mühsam neu ausgehandelt werden müssen. Familien würden zu einer Neubestimmung sozialer Positionen gezwungen, weil vielleicht die Frau lieber arbeiten geht, dem Mann die Mühsal der Erziehung aufzudrücken sucht und ihm damit die natürliche Autorität desjenigen nimmt, der das Geld nach Hause schleppt. Und schon geht der Kampf der Geschlechter in die nächste Runde.

Zurück auf Los

Mütter sind immer heftige Diskussionen wert. So wie Eltern in Deutschland längst als überforderte Problemgruppe wahrgenommen werden, sind es Mütter noch einmal im Besonderen – über sie lässt sich in jeder Hinsicht trefflich streiten. An der Mutter scheiden sich die Geister. Hier manifestieren sich gesellschaftspolitische Vorstellungen besonders deutlich: fortschrittlich oder traditionell oder irgendwo dazwischen. Mütter zu Hause, Mütter den ganzen Tag bei der Arbeit, Mütter in Teilzeit – wieder einmal ist nichts wirklich richtig. Das kann man sehr gut an sich selbst überprüfen.

Meine Freundin Andrea ist vergleichsweise traditionell eingestellt, sie hat auf eine Managementkarriere verzichtet und ihre Arbeit so organisiert, dass sie spätestens gegen 16 Uhr zu Hause für ihre Kinder da sein kann, was nur manchmal nicht klappt. Dabei hat sie sich wenig Gedanken über ihre gesellschaftspolitischen Vorstellungen gemacht, sondern lediglich darüber, wie sie es für sich persönlich gern organisieren möchte und gut verkraften könnte. Für die Verfechterinnen der These, dass Frauen unbedingt arbeiten gehen und – selbst mit Kindern – Karriere machen sollten, ist so eine wie sie ein rotes Tuch. Sehr gut ausgebildet, hat sie sich der klassischen Karriere einfach verweigert und sich sozusagen jenseits aller Hierarchien in Unternehmen verselbständigt.

Ich würde glatt behaupten, dass sie in dieser Hinsicht

sogar sehr emanzipiert ist, weil sie sich im vollen Bewusstsein aller beruflichen Konsequenzen für dieses Modell entschieden hat. Kritikerinnen sehen genau das natürlich anders und halten ihr vor, so jemand wie sie sei ein hoffnungsloser Fall: Ohne es selbst zu merken, sei sie noch immer in traditionellen Rollenvorstellungen gefangen und habe sich gemütlich eingerichtet. Sie würde sich draußen in den stürmischen Büroetagen dem Kampf um die Macht einfach verweigern – und damit dem Kampf für die Gleichberechtigung der Frau. So wie so viele in ihrem Alter. Und das Schlimmste daran: Sie würde sich ihre Befangenheit noch nicht einmal eingestehen, sondern ihre Entscheidung für ihr Modell als eine aus freiem Willen heraus propagieren.

In der Tat ist mein Freundeskreis voll von solchen Müttern. Beruflich aktiv, aber dann irgendwie doch auch immer für die Kinder da, während die Väter den ganzen Tag auf Achse sind. Meine Freundin Karin ist ein weiteres Beispiel. Sie betreibt mit ihrem Mann und einem weiteren Partner ein großes Architekturbüro. Sie leistet also genau den gleichen Beitrag zum Bruttosozialprodukt wie ihre männlichen Mitstreiter, verdient das Gleiche und hat auch genauso viel zu sagen. Die drei beschäftigen an die 20 Mitarbeiter; sie ist also Chefin, wenn man so will. Nichts könnte den Argwohn gesellschaftskritischer Frauenrechtlerinnen erregen, wenn meine Freundin mit ihrem Mann nicht drei Kinder hätte. Denn auch bei ihnen hat sich auf ganz wundersame Weise wieder die klassische Schieflage durchgesetzt: Um die Kinder hat überwiegend sie sich gekümmert, während ihr Mann für seine Auftraggeber um die Welt gereist ist. Und wenn es um ihre Mitarbeiter geht, ist wiederum sie diejenige, die nicht nur für deren Effizienz und Einsatzbereitschaft da ist, sondern auch für die seelische Befindlichkeit.

Es ist kaum zu glauben, aber sie macht das alles auch noch gern, möchte gar nicht immer nur entwerfen und auf Baustellen herumklettern. Und das, obwohl sie in der DDR groß geworden ist, wo die Rollenverteilung in der Gesellschaft eine ganz andere war. Aber wahrscheinlich hat auch bei ihr zu Hause die Mutter gekocht und die Betten abgezogen und nicht der Vater. Womöglich ist es genau wie bei mir zu Hause gelaufen, als wir noch Kinder waren. Wir haben die Rollenverteilung als gegeben hingenommen und uns zu eigen gemacht, genauso wie unsere Töchter von unserem Vorbild programmiert werden, weil Kinder ja so oder so nur über Vorbilder lernen.

Ich frage ihre und meine Töchter, ob sie es richtig finden, dass die Mütter sich etwas mehr um die Kinder kümmern als die Väter. Und die sagen doch glatt: »Ja, eigentlich schon«, weil sie es so gewohnt sind, um nur bei nochmaliger Aufforderung, ernsthaft darüber nachzudenken, zuzugeben, dass es eigentlich egal sei, wer was mache. Isabel kommt zu folgendem Schluss:

Mütter und Väter sind für mich absolut gleichwertig. Wer zu Hause welche Rolle übernimmt, ist meiner Ansicht nach unerheblich, wenn nur nicht beide zu viel weg sind. Dass vor allem Mütter Kinder gut erziehen können, halte ich für absolut altmodisch. Mütter sollten, wenn sie das möchten, auf jeden Fall arbeiten gehen, schon allein, um unabhängig zu bleiben. Ich werde arbeiten – ganz klar. Ich würde für meine Kinder auch nicht auf meinen Beruf verzichten. Niemals. Ich kann mir auch nicht vorstellen, meinen Mann jemals um Geld bitten zu müssen, weil ich selbst keins verdiene. Selbst ein gemeinsames Konto finde ich als Idee schon sehr gewöhnungsbedürftig. Wichtig ist eigentlich nur, dass Eltern am späten Nachmittag zu Hause sind und ein wenig Zeit für ihre Kinder haben. Es müssen ja nicht beide sein. Denn zu lange allein zu sein ist eine etwas traurige

Angelegenheit. Manchmal geht es nicht anders. Dann fühlt sich das an, als würde man vertrocknen. Selbst Hausaufgaben lassen sich leichter und entspannter erledigen, wenn jemand einfach nur da ist. Auch wenn man gar keine Fragen hat. Ob das dann immer die Mutter oder der Vater sein muss, die Großmutter oder sonst wer, ist eigentlich nicht so wichtig.

Mit der Emanzipation der Mütter von den ihnen zu-geschriebenen Rollen ist es jedenfalls nicht allzu weit her, aus welchen Gründen auch immer. Derzeit scheint sich die Welt sogar wieder zurückzudrehen. Es findet eine ge-wisse Retraditionalisierung statt, eine erneute Festlegung der Frauen auf ihre Funktion als Mütter und Kümmerer in der Familie. Und das nicht nur in Deutschland, sondern auch bei unseren angeblich so fortschrittlichen Nachbarn. In Frankreich wird derzeitig heftig wieder über die Mütter und ihre Rolle gestritten, ausgerechnet in diesem Vorzei-geland für emanzipierte Mütter. Frauen – obwohl sie deut-lich mehr Kinder bekommen als hierzulande – waren dort bisher eben nicht in erster Linie Mütter, sondern Frauen mit Berufen und nebenher auch Kindern.

Im vergangenen Jahr veröffentlichte die französische Philosophin Elisabeth Badinter, Mutter dreier längst er-wachsener Kinder, ihre Streitschrift *Der Konflikt. Die Frau und die Mutter.* Darin beschreibt sie, wie die französische Gesellschaft in Sachen Emanzipation und Gleichberechti-gung der Frauen anscheinend den Rückwärtsgang einge-legt hat. »Wir erleben derzeit eine bedenkliche Entwick-lung«, sagte sie dazu in einem Interview, »einen Rückfall in längst überwundene Zeiten.« Da stünden die Interessen der Mutter eindeutig hinter denen des Kindes zurück, sie seien zweitrangig geworden. Der Druck, für das Kind zu Hause zu bleiben und nicht sofort wieder arbeiten zu ge-hen, wachse. Das Kind, so ihre These, werde zunehmend zum besten Verbündeten des Mannes – weil beide ihren grenzenlosen Egoismus zulasten der neuen Mütter auslebten. Das Kind, das die unablässige Anwesenheit und ungeteilte Aufmerksamkeit der Mutter fordere, helfe dem Mann, seine Frau aus dem Berufsleben fernzuhalten.

»Was wir zurzeit erleben, ist die Abrechnung der Töchter mit ihren Müttern«, meint Badinter. Sie habe nie werden wollen wie ihre Mutter, habe es abgelehnt, zu Hause zu sitzen, auf den Mann zu warten und darauf zu hoffen, dass er sie finanziell nicht zu knapp hält. »Jetzt aber haben wir es mit einer Generation von jungen Frauen zu tun, die Töchter der Feministinnen der siebziger Jahre sind.« Auch sie wollen keinesfalls wie ihre eigenen Mütter werden und sich »wie ihre Mütter zerreißen zwischen Job und Familie, ständig gehetzt, ständig müde sein«. Da kann es schon attraktiv werden, sich lieber gleich ganz auf das Kind zu konzentrieren, dem rauen Leben auf dem Arbeitsmarkt den Rücken zu kehren und sich in die eigenen vier Wände zurückzuziehen. Interessant sei dieses Modell fatalerweise ausgerechnet für die gut ausgebildeten Frauen. Welch ein Rückschritt – konnten die französischen Frauen doch bisher arbeiten und Kinder bekommen und mussten – anders als wir Deutschen – kein schlechtes Gewissen dabei haben.

Vielleicht haben die Französinnen tatsächlich ihre besten Zeiten hinter sich. Dabei haben bisher nirgends in Europa so viele Frauen so viele Kinder bekommen – mit so einer großen Selbstverständlichkeit. Doch jetzt haben konservative Kräfte die französischen Frauen auf sehr subtile Weise in die Zange genommen. Unter dem Postulat der Rückbesinnung auf die Natur und ihre Anforderungen im Verhältnis von Mutter und Kind steigen die Ansprüche an die Frauen in ihrer Mutterrolle leise, aber unverkennbar und treffen die Frauen an ihrer empfindlichsten Stelle: der nämlich, dass sie sich mit der Geburt ihres ersten Kindes – Emanzipation hin oder her – zumindest in einem emotionalen Zwiespalt befinden, mehr Zeit mit dem Kind oder im Büro zu verbringen. Mit der französischen Avantgarde in Sachen mütterlicher Berufstätigkeit könnte es bald vorbei sein.

»Die Versuchung wird noch verstärkt durch einen neuen Diskurs, der sich mit dem Nimbus der Modernität und der Moral umgibt und der den Namen Naturalismus trägt. Diese Ideologie, die einfach die Rückkehr zum traditionellen Rollenmodell predigt, ist eine Bedrohung für die Zukunft der Frauen und ihre Freiheit der Wahl«, warnt die Französin. Gute Mütter könnten eben nur die sein, die sich auch wirklich um ihre Kinder kümmerten, was nicht gehe, wenn man außer Haus Karriere mache, lautet die immer vehementer vorgetragene These derer, die die Gesetze der Biologie wieder an erste Stelle heben wollen. »Wie einst Rousseau will der Naturalismus von heute die Frauen davon überzeugen, wieder in eine Beziehung zu ihrer Natur zu treten und sich auf die Fundamente zurückzubesinnen, die vom Mutterinstinkt getragen seien.«

Eine Debatte wie in Frankreich würde sich manch eine Feministin in Deutschland sicher wünschen; denn das hieße, wir wären weiter, als wir sind. Doch deutsche Mütter befinden sich aus europäischer Sicht eben immer noch auf einem Sonderweg, weil sie sich nie wirklich von den Rollenerwartungen an die »gute Mutter« emanzipiert haben, obwohl sie seit Jahren darüber heftig streiten. Die Retraditionalisierung findet deshalb bei uns nicht auf gesellschaftlicher, sondern vielmehr auf individueller Ebene statt, und zwar mit dem Übergang zur Elternschaft. Genau dann nämlich, wenn junge Frauen, die zwar im Durchschnitt eine anspruchsvollere Ausbildung durchlaufen als ihre männlichen Altersgenossen, kaum aber, dass sie ein

Kind erwarten, von einem Großteil ihrer beruflichen Ansprüche zurücktreten und in die häuslichen vier Wände eintauchen. »Dieser Effekt lässt sich bereits beim ersten Kind beobachten und verstärkt sich bei weiteren Kindern«, meint die Soziologin Christine Henry-Huthmacher. Die Gründe seien in den hohen Anforderungen zu sehen, die Mütter und Väter an ihre Rolle stellten. Ganz nach der Devise: Wenn Kinder schon nicht mehr selbstverständlich sind, dann sollten sie wenigstens perfekt erzogen werden.

In Deutschland mühen sich die Ministerinnen und Minister seit einem halben Jahrhundert mit der Gleichstellung ab – relativ erfolglos. Das wiederum belegt die Statistik: Hatten vor 15 Jahren fast 50 Prozent der arbeitenden Mütter immerhin einen Vollzeitjob, waren es 2009 kaum noch 30 Prozent. Mütter arbeiten heute mehr denn je, aber vor allem in Teilzeitmodellen. Das tun 71 statt damals 50 Prozent.

Kein Wunder, in Deutschland ist die Lehre von der guten Mutter noch immer sehr wirkmächtig: Da steht zum einen das Wohl des Kindes über allem anderen; und zum anderen herrscht immer noch die Meinung vor, dass es nur durch eine möglichst umfassende Präsenz der Mutter gewährleistet werden kann. So nimmt es nicht wunder, dass Frauen, kaum dass sie Mütter werden, sich schnellstmöglich retraditionalisieren. »Als verheiratete Mutter verliert eine Frau in Deutschland von einem Tag auf den anderen nicht nur ihre finanzielle Unabhängigkeit, sondern fast alles, was ihr Leben bisher ausgemacht hat«, schreibt die Autorin Barbara Vinken in ihrem streitbaren Buch *Die deutsche Mutter.* Die große Mehrheit der Frauen in Deutschland sei bereit, diese Veränderungen widerstandslos hinzunehmen oder – aus ihrer Sicht schlimmer noch – jeden sich bietenden Vorwand zu ergreifen, um den Status quo aufrechtzuerhalten.

Nicht ohne meine Familie

Diese gesellschaftspolitische Debatte um die Geschlechterrollen in der Familie und die Frage, ob sich an dem noch immer traditionellen Verständnis der Arbeitsteilung nicht irgendwann etwas nachhaltig ändert, geht an den Kindern vorbei – sie nehmen ihre Mütter so, wie sie sind. Und die Väter auch. Hauptsache, die Familie ist irgendwie da. Auf die Frage, wie die Wochenenden ablaufen, findet sich in den Aufzählungen verschiedener Aktivitäten meistens auch die Familie. Wochenende – das ist Familienzeit. »Mit der Familie zusammen sein«, schreibt Konstantin (13). Ähnlich äußert sich auch Antonia (14). Katharina (14) schreibt auf die Frage, was sie später in der Erziehung ihrer Kinder anders machen würde: »Wahrscheinlich würde ich mehr Familienzeit einplanen. Einen Wochentag, an dem alle zusammen etwas unternehmen, was bei uns durch die vielen Termine von uns allen zunehmend schwierig wird.« Und Alexander (14) schreibt sein gutes Lebensgefühl ganz eindeutig auch seiner Familie zu. Ob ihm sein Leben richtig Spaß mache? »Ja, klar, ich habe tolle Freunde, bin gut in der Schule und im Sport und hab dazu auch noch eine super Familie!«

Vor allem in der Altersklasse der unter 15-Jährigen steht die Familie noch sehr im Vordergrund. Mit zunehmendem Alter werden natürlich andere Dinge wichtig. Familie ist nicht alles, aber ohne Familie ist vieles nichts. Für Cara (15) ist die Welt, so wie sie ist, in Ordnung: »Ich habe keine Probleme. Die Erziehung ist gut, die richtige Mischung aus Familienleben, Schule und der Möglichkeit, Freunde zu treffen.« Familie ist vielen wichtig, und sie ist eben immer da. Elvira (15) kann sich zum Beispiel auf sie verlassen. »Meine Eltern stehen grundsätzlich hinter mir und passen auf, dass ich in kein Loch falle.« Leonhard (15) findet, dass er mit seiner Familie ziemlich viel Glück und so oder so die besten Voraussetzungen fürs Leben habe. »Wenn ich irgendwie Unterstützung haben möchte, egal ob beim Klettern, Angeln oder in Latein, dann bekomme ich sie auf jeden Fall. Da sind meine ansonsten etwas sparsamen Eltern wirklich nicht kleinlich.« Und Carolina (15) weiß, dass Familie nur dann funktioniert, wenn sich alle Mitglieder engagieren. Wenn sie mal Familie habe, würde sie »darauf achten, dass die Familie immer etwas zusammen macht, zum Beispiel mal Kino oder einfach nur zusammen abendessen. Da soll man sich nicht ausklinken«.

Deutschlands Kinder sind mehrheitlich wahrscheinlich nicht stark belastet, krank oder zu sehr unter Druck und Deutschlands Familien nicht allesamt kaputt. Familie – ganz gleich in welcher Form – ist noch immer die große Konstante im Leben von Kindern und Jugendlichen.

»Wenn ich älter bin, werde ich mich bedanken!«

1. Wie heißt du?
   Kianoush.

2. Wie alt bist du?
   14 Jahre.

3. Wo lebst du?
   In München.

4. Wie viele Geschwister hast du, und wie alt sind sie?
   Ich habe einen Bruder. Der ist elf Jahre alt.

5. Welche Sprachen sprichst du zu Hause?
   Farsi und Deutsch, Farsi ist Persisch.

6. In welche Schule und Klasse gehst du?
   Ins Gymnasium in die 9. Klasse.

7. Welches sind deine Lieblings-, welches deine Hassfächer?
   Englisch und Sport liebe ich. Physik mag ich überhaupt nicht. Der Lehrer ist zwar cool, aber es liegt mir nicht so. Es ist – das muss ich aber dazu sagen – kein Hassfach.

8. Lernst du viel für die Schule?
   So viel wie nötig, manchmal auch mehr. Bin auch ziemlich gut. Ich mache Hausaufgaben und lerne vor Klassenarbeiten. Meine Eltern erwarten das von mir. Dabei fühle ich mich aber nicht sonderlich gestresst.

9. Wie verhalten sich deine Eltern in Sachen Schule – machen sie Druck, überlassen sie dir alles allein, helfen sie dir?
   Sie machen nicht sonderlich viel Druck, aber sie überlassen es auch nicht alles mir allein. Sie drillen mich nicht. Irgendwie haben sie es geschafft, dass ich selbst ziemlich ehrgeizig bin.

10. Bekommst du Notenvorgaben von deinen Eltern?
   Meine Eltern wollen Zweien und Einsen sehen, Dreien finden sie nicht so toll. Auch wenn sich die manchmal nicht vermeiden lassen.

11. Spielst du ein Instrument? Wenn ja, welches?
   Gitarre.

12. Wie lange übst du und wie oft?
   Ich übe jeden Tag 20 bis 40 Minuten, das kommt auf die Menge der Hausaufgaben an.

13. Zwingen dich deine Eltern dazu, machen sie Druck, oder ist alles freiwillig?
   Ich spiele freiwillig. Sie meinen auch, wenn ich nicht wollte, dann müsste ich nicht spielen. Aber es macht mir irgendwie Spaß, vor allem, weil ich jetzt schon ziemlich gut bin. Und je besser man wird, desto mehr Spaß machen die Dinge eben.

14. Verpflichten dich deine Eltern zum Sport?
   Was für eine Frage! Wer muss denn dazu verpflichtet werden? Ehrlich: Nein, Sport mache ich freiwillig.

15. Wie oft trainierst du?
   Ich mache Kung-Fu und Fußball, habe aber gerade eine Fußballpause eingelegt. Kung-Fu trainiere ich zweimal in der Woche und täglich dazu auch noch zu Hause.

16. Nimmst du gern an Wettbewerben und/oder Turnieren teil?
   Ja klar, Punktspiele im Fußball sind immer witzig. Und auch im Kung-Fu gibt es Wettkämpfe. Ich will immer Erster werden. Aber das klappt nicht immer. Ich kann damit leben und sage mir dann: Nächstes Mal wird besser. Ich lerne aus meinen Fehlern. Das bringt was.

17. Treiben dich deine Eltern grundsätzlich an?
   Ja, eigentlich schon.

18. **Wenn ja, wer ist dein Motor: deine Mutter oder dein Vater?**
    Definitiv meine Mutter – auch wenn sie das vielleicht nicht so gern hört. Aber so ist es. Schule, Haushalt, was weiß ich? Sie sagt schon dauernd, was zu tun ist.

19. **Was machst du sonst noch, wenn du nicht in der Schule bist?**
    Zeichnen und Songs schreiben. Texte schreiben. Ich denke mir Geschichten aus, solche Sachen.

20. **Wie laufen bei dir die Wochenenden ab?**
    Meistens schaue ich freitags und samstags Filme. Sonntags lerne ich dann für die Schule. Ich schaue alles Mögliche. Filme interessieren mich unheimlich.

21. **Streitest oder diskutierst du oft mit deinen Eltern?**
    In letzter Zeit schon; irgendwie geraten wir oft aneinander, aber nicht so krass, es ist dann meistens nach zehn Minuten vorbei.

22. **Bekommst du Ärger bei schlechten Leistungen/Noten?**
    Ärger? Eigentlich schon, aber nicht so stark, es reicht schon, dass sie enttäuscht sind. Wahrscheinlich empfinde ich das dann als Ärger, weil ich selbst unzufrieden bin.

23. **Macht es dir etwas aus, wenn deine Eltern unzufrieden mit dir sind?**
    Ja, dann fühle ich mich auch schlecht, ich versuche mich dann zu verbessern. Das belastet mich schon.

24. **Wie wirst du bestraft und wofür?**
    Bestrafung – nee, eigentlich nicht. So etwas gibt es bei uns überhaupt nicht. Kann mich jedenfalls nicht erinnern. Vielleicht wenn ich zu spät nach Hause komme. Dann darf ich nicht fernsehen, aber das ist eigentlich keine richtige Strafe, würde ich sagen. Sie haben sich dann Sorgen gemacht und sind einfach sauer.

25. **Macht dir dein Leben richtig Spaß?**

    Ja, absolut, mein Leben ist super. Total abwechslungsreich. Es ist auf keinen Fall stressig.

26. **Was machst du, wenn du nichts machst?**

    Lesen, Musik hören, manchmal alles gleichzeitig. Manchmal bin ich abends am Computer, aber nicht so oft. Ich spiele keine Online-Games, so was langweilt mich.

27. **Bist du zufrieden mit deiner Erziehung?**

    Ja, auf jeden Fall. Nur wenn ich auf meine Eltern sauer bin, dann natürlich nicht. Aber wenn ich älter werde, werde ich mich bedanken für ihren Einsatz. Sie lassen mich eben nicht alles machen, und das zeigt, dass sie sich für mich interessieren. Das ist für mich total wichtig.

28. **Was würdest du gern an deinem Leben jetzt ändern?**

    Manchmal denke ich, ich könnte eigentlich noch etwas mehr lernen. Mein Traum ist es, dass ich jetzt schon anfangen könnte, mich auf meinen Beruf vorzubereiten. Ich will Regisseur werden und würde am liebsten wirklich schon mal loslegen.

29. **Was würdest du bei deinen Kindern später anders machen?**

    Gar nichts. Genauso handeln.

30. **Welche Note würdest du deinen Eltern für ihre Erziehung geben?**

    Eins, eine glatte Eins, ganz klar, das ist überhaupt keine Frage.

Viel Streit ums Menschenbild

Angst vor dem Fernen Osten

Es war nur eine Frage der Zeit. Schon lange war absehbar, dass uns die Chinesen nicht nur auf dem Gebiet der Wirtschaft einholen und irgendwann den Rang ablaufen würden, sondern auch in Sachen Bildung. Das eine hängt mit dem anderen eng zusammen, denn ohne gut ausgebildete Menschen kann sich ein Land nicht in eine der stärksten Volkswirtschaften der Welt verwandeln; eine Volkswirtschaft, die nicht nur durch die Konsumfreude ihrer Menschen glänzt, sondern dem Westen zunehmend aufgrund ihrer Innovationskraft zu schaffen macht. Die Chinesen lernen, lernen und lernen. Sie bauen Autos und schießen Raketen ins All. Und sie kennen auch, was ihre Kinder angeht, keine Gnade.

Was viele ahnten, ist jetzt amtlich. Und trotzdem stehen wir unter Schock. China ist nicht nur das exportstärkste Land der Welt und das mit den höchsten Devisenreserven, sondern eben auch das mit den besten Pisa-Ergebnissen. Diese betreffen zwar nur 5000 Schüler in Shanghai und sagen noch nicht viel darüber aus, wie es im Landesdurchschnitt um die Bildung der vielen Millionen 15-Jährigen bestellt ist. Aber schon die Ergebnisse aus Shanghai sprechen für sich: Die besten Schüler dort sind denen des Westens in ihrem Wissen um bis zu zwei Jahre voraus. Es ist wiederum nur eine Frage der Zeit, bis sich das hohe Bildungsniveau Shanghais in dem ganzen riesigen Land ausbreiten und auch die letzte Provinz erreichen wird. Das wird womöglich noch ein oder zwei Jahrzehnte dauern. Aber dann wird uns der asiatische Gigant erst recht das Fürchten lehren.

Der Pisa-Sieg der Shanghai-Schüler, der Amerikas Eltern und Pädagogen übrigens ebenso erschütterte wie uns in Deutschland, ist vor allem deshalb so aufsehenerregend, weil er eine enorme Welle an Deutungsversuchen nach sich zog, in denen Welten aufeinanderprallten. Da wurde an Klischees ebenso wenig gespart wie an Zweifeln über Erhebungsmethoden und Aussagekraft der internationalen Leistungsvergleiche überhaupt. Mit Unterstellungen war der Westen schnell zur Stelle. In China würden die Kinder zu Leistungsmaschinen erzogen, zu Wesen, in deren Köpfen es zwar von Fakten nur so wimmle, denen aber Kreativität und vor allem Denkvermögen abgingen. Westliche Journalisten zerrten chinesische Zeugen für derlei Befürchtungen vor die Mikrofone, die sich dann über die Brutalität und den hohen Selektionsdruck des chinesischen Schulsystems beklagten. Und auch in China selbst meldeten sich selbstbewusste Eltern mit systemkritischen Anmerkungen zu Wort und klagten über allzu viel Prüfungsdruck und geradezu unmenschliche Leistungsanforderungen an die Kinder jeder Altersstufe.

Schließlich griff sogar der gebürtige Shanghaier Ke Yu, der in Deutschland Erziehungswissenschaften studierte und heute eine Professur an der Shanghai Normal University innehat, zur Feder. Er sieht die Pisa-Ergebnisse seiner Heimatstadt mit reichlich Skepsis. »Um das Pisa-Wunder zu vollbringen, wurden keine Kosten gescheut, und es wurde auf dem Rücken von Schülern ausgetragen«, schrieb der Wissenschaftler in einem kulturkritischen Essay. Und weiter: »Gute Schülerleistungen resultieren aus Schweiß und Tränen.« Pauken sei schließlich das einzige Erfolgsmittel, um im Meer der Testaufgaben überleben zu können. Die Kinder verlören auf Dauer die Freude am Wissen, an der Schule, am Sport, am Leben. Wissenschaftliche Studien bestätigten, dass die Kinder mit zunehmendem Alter an Kreativität und Lernfreude einbüßten, um spätestens an der Universität zu absoluten Faulenzern zu werden.

Die Bemühungen, den Sieger Shanghai schlecht- und den Westen besser zu reden, als er womöglich ist, entbehren nicht ganz jeglicher Grundlage. Natürlich gibt es Grenzen des Leistungsvermögens von Kindern und Grenzen der Belastbarkeit. Doch streifen die Diskussionen um das chinesische Pisa-Wunder nur die Oberfläche einer tief darunter liegenden Frage: Auf dem Grund der Debatte nämlich liegt schwer wie Blei der alte Streit darum, welche Erziehung und Bildung die besseren Menschen hervorbringt. Oder anders formuliert: Es geht um die Frage, ob es der Preis dauerhaft höchster Leistungsanforderungen ist, ein schlechter Mensch zu werden.

Leistungsmaschinen oder Traumtänzer

Genau das wird hierzulande immer wieder behauptet. Werden Kinder und Jugendliche über Jahre auf Erfolg gedrillt, so die landläufige Vermutung, bleibe ihnen kaum die Möglichkeit, anderes zu lernen, was im Leben auch wichtig sein könnte – nicht nur für sie selbst, sondern für die Allgemeinheit und den gesellschaftlichen Zusammenhalt. Das wären dann Tugenden wie Mitgefühl, Verantwortungsbewusstsein, Hilfsbereitschaft, Solidarität.

Derartige Befürchtungen sind in der Tat nicht so schnell von der Hand zu weisen. Die Leistungsorientierung beflügelt den Egoismus zumindest dann, wenn nur noch Leistung und Erfolg die Identität von Menschen bestimmen und nichts anderes mehr. Aber davon sind wir in Deutschland selbst in den bildungsbürgerlichen Schichten, deren

Eltern eine hohe Leistungserwartung an ihre Kinder charakterisiert, meilenweit entfernt. Das lässt sich auch aus den Antworten der Jugendlichen herauslesen, die den Leistungsdruck vor allem deshalb gut aushalten können, weil sie sich als junge Menschen gerade nicht nur aufgrund ihrer Erfolge geliebt fühlen, sondern vor allem um ihrer selbst willen. Wann, wenn nicht unter derartigen Voraussetzungen, kann man wirklich gute Leistung bringen?

Eugine (16) bekommt keinen besonderen Ärger mit ihren Eltern, wenn sie mal eine schlechte Note schreibt. »Aber sie sind auch nicht gerade glücklich«, berichtet sie. Enttäuschen will sie ihre Eltern, die tatsächlich »sehr selten« unzufrieden mit ihr sind, auf keinen Fall. Vor allem zu ihrer Mutter hat sie ein enges Verhältnis: »Meine Mutter und ich reden über alles Mögliche – das Buch, das ich vor kurzem gelesen habe, Politik, Schulleben, Berufsleben. Ich habe die besten Eltern der Welt. Sie akzeptieren mich, wie ich bin.« Katharina (14), die ebenfalls ziemlich unter Druck steht und weiß, dass ihre Eltern sehr viel Wert auf exzellente schulische Leistungen legen, würde sich trotzdem nicht über ihr Leben beklagen. »Ich finde es gut, zu wissen, dass meine Eltern immer für mich da sind.« Und das ist sicher nicht nur auf die schulischen Leistungen bezogen; sonst würde sie am Ende auf die Frage nach der Benotung nicht schreiben: »Ich würde sagen, eine Eins oder Zwei, weil sie dadurch, dass beide arbeiten, zwar manchmal etwas weniger Zeit für uns haben, dann, wenn sie da sind, aber wirklich super Eltern sind und man bei ihnen super wohl und geliebt fühlt.«

Kinder zu fleißigen, engagierten, leistungsbereiten Menschen zu erziehen ist anstrengend. Man muss immer dranbleiben, unendlich viele Widerstände überwinden. Es ist ein täglicher Kampf, der pro Kind wahrscheinlich 12 oder 13 Jahre dauert. Hat man mehrere Kinder, was heute in Deutschland ja nicht mehr allzu oft vorkommt, dann sind die Eltern mit diesem täglichen Ringen um Anstrengung, Selbstdisziplin, Leistung und Erfolg schon mal gern 15 oder auch 20 Jahre ihres Lebens beschäftigt. Und zwar nicht nur immer wieder gedanklich, sondern faktisch durch Anwesenheit. Man führt viele unsinnige und manchmal auch gute Gespräche, man kontrolliert immer einmal wieder, man muntert auf, treibt an, man handelt und feilscht, bettelt, fleht, man korrumpiert, um am Ende dann doch ein Machtwort zu sprechen. Das alles kostet ziemlich viel Zeit und Energie und vor allem Durchhaltevermögen. Wer aber will sich das wirklich zumuten?

Es gibt genügend Eltern, die dazu bereit sind und dafür ziemlich viel ertragen. Das Schwierigste dabei sind nicht die zum Teil grenzüberschreitenden Konflikte mit ihren Kindern, wenn die Emotionen hochkochen; das Unangenehmste ist der öffentliche Argwohn, der gerade den ambitionierten Eltern entgegengebracht wird. Er äußert sich bestenfalls in beißender Ironie, vor allem aber in der ätzenden Kritik, die Eltern gern dem Generalverdacht aussetzt, ihre Kinder aus Erfolgsbesessenheit und Eitelkeit zu egoistischen Menschen zu erziehen, zu Leistungsmonstern, frei von Empathie, so wie sie der asiatische Raum angeblich seit Jahrzehnten hervorbringt.

Weit verbreitet sind hierzulande deshalb ganz andere Tugenden: die soziale Kompetenz zum Beispiel, die Verantwortungsbereitschaft, die Kreativität und Phantasie – allesamt angeblich mit einer auf Leistung ausgerichteten Erziehung nicht wirklich vereinbar. Dadurch ist man dann ziemlich schnell die Sorge los, seine Kinder wider deren Willen zu Höchstleistungen anzutreiben, obwohl man weiß, wie viel tatsächlich in ihnen steckt. Es gibt weniger Kämpfe, man selbst braucht weniger Energie, um seine Erwartungen bei den Kindern durchzusetzen. Das Leben wird leichter, die Konflikte nehmen vordergründig ab. Es ist so einfach, dem Leistungsgedanken abzusagen und es sich dann zu Hause mit seinen Kindern vorwiegend gemütlich zu machen, wenn man überhaupt Lust und Laune hat, ein wenig Zeit mit ihnen zu verbringen. Isabel wundert sich manchmal über die negativen Attribute, die einer leistungsorientierten Erziehung anhängen:

Wenn man zu hohen Leistungen gezwungen wird, kann das schon mal zu Egoismus führen. Vor allem dann, wenn die Erwartungen viel zu hoch und unerfüllbar sind. Wenn die Leistungsbereitschaft dagegen aus einem selbst kommt, ist das nicht so, glaube ich. Ich erlebe das manchmal zum Beispiel beim Tennis: Die Kinder, die unfair spielen und schummeln, stehen meistens unter dem Druck ihrer Eltern, die mit verkrampfter Miene das Spiel verfolgen. Das sind Eltern, die ihre Kinder am liebsten um jeden Preis zu Tennisprofis machen würden. Um die hohen Erwartungen zu erfüllen, greifen sie dann vielleicht auch aus Verzweiflung zu unfairen Mitteln. Klar, auch ich will mein Match gewinnen, aber mit Absicht habe ich noch keinen meiner Gegner um einen Punkt betrogen. Nur muss ich eben auch kein Tennisprofi werden. Man merkt ziemlich schnell, ob jemand aus Spaß und eigenem Ehrgeiz spielt und gewinnen will oder unter Leistungszwang steht. Auch absolute Einser-Schüler, zu denen ich nicht gehöre, kenne ich nicht als grenzenlose Egoisten, sondern empfinde sie eher als hilfsbereit. Wer etwas weiß, gibt sein Wissen auch weiter. Die Vermutung, dass man, wenn man unbedingt erfolgreich sein möchte, automatisch zu einem verbissenen und rücksichtslosen Menschen wird, ist für mich abwegig. So etwas kommt in Einzelfällen vor, entspricht aber ansonsten nicht der Wirklichkeit.

Hinter den Vorbehalten gegenüber unserer Leistungsgesellschaft, die Erfolg noch mehr als vor ein paar Jahrzehnten belohnt und Faulheit stärker bestraft, steckt manchmal auch die Bequemlichkeit von Eltern, die mit ihren Kindern partout nicht in Konflikt geraten wollen. »Erfolg ist nicht alles«, heißt es dann jovial. Oder es wird gejammert, die Kinder stünden zu sehr unter Druck, sie seien überfordert, gestresst, depressiv. Darüber hinaus gingen sie ihrer eigenständigen Persönlichkeit verlustig, würden sie permanent zu höheren Leistungen angetrieben. Vieles davon sind Ausreden, weil es nun einmal ziemlich anstrengend ist, seinen Kindern zum Erfolg zu verhelfen und sie dafür auch ordentlich ackern zu sehen. In der Tat ist es am einfachsten, den Nachwuchs vor der PlayStation oder dem Computer sitzen zu lassen. Dann gibt es garantiert keine Konflikte. Das kenne ich natürlich auch.

Aber stimmt die Grundannahme wirklich, dass leistungsstarke, womöglich gedrillte Kinder und Jugendliche mehr menschliche Defizite haben als andere? Sind sie rücksichtsloser, egoistischer, weniger kreativ und phantasievoll? Fehlt es ihnen womöglich an Empathie für ihresgleichen, an Abstraktionsvermögen und der kritischen Distanz gegenüber Lehrern und Erziehern?

Nein, mitnichten. Der Annahme, dass erfolgs- und leistungsorientierte Erziehung in charakterlicher und vor allem sozialer Hinsicht schlechtere Menschen hervorbringt, liegt ein großes Missverständnis zugrunde. Es ist das Missverständnis, dass Leistung und Solidarität nicht zusammengehen, dass Drill und Disziplin Menschen notwendigerweise entmündigen und uns direkt in die finstersten Zeiten der deutschen Geschichte zurückführen. Ohne Drill und Disziplin wäre es zum Beispiel einem Dirk Nowitzki niemals gelungen, sich in der NBA durchzusetzen und dann auch noch zum besten Basketballspieler des Universums zu werden. Tausende von Stunden hat er nach dem regulären Training, das so oder so schon hart genug ist, seinen nicht mehr abzuwehrenden Korbwurf im Rückwärtsfallen geübt. Niemand würde diesem »nice guy« das kleine, hässliche Wörtchen »Drill« anhängen.

All die wohlklingenden Tugenden wie Kreativität, Phantasie, Hilfsbereitschaft, Mitgefühl sind ohne eine gesunde Leistungsbasis gar nicht denkbar. Nur wer leistungsstark ist, kann anderen wirklich helfen. Das lernen die Kinder übrigens schon in der Schule, wenn kluge Lehrer zum Beispiel in einer Absage an dauerhaften Frontalunterricht gute Schüler zu »Experten« erklären, an die sich andere Kinder mit ihren Fragen wenden können. Das Verblüffende daran ist, dass es den »Experten« auch noch Spaß macht, ihr Wissen mit anderen zu teilen, und dass sie eine aufrichtige Freude daran entwickeln, wenn der andere dann etwas kann.

Nur wer viel gelernt und viel im Kopf hat, bringt es zu hoher Kreativität und hat auch Freude daran. Improvisation am Klavier hat beispielsweise mit desorientiertem Geklimper nichts zu tun. Es ist eine hohe Kunst, die hart erarbeitet sein will und erst, wenn sie beherrscht wird, der Kreativität zur Entfaltungsfreiheit verhilft. Ihr geht also eine gewisse Lern- und Leistungsbereitschaft voraus. Malerei, der Inbegriff der Kreativität und Phantasie, basiert oft auf der Beherrschung bestimmter Techniken. Das Kind mag eben nicht auf dem Niveau der Fingerfarben stehenbleiben. Geschichten schreiben kann vor allem der Wortgewandte gut, der sich auszudrücken gelernt und in seinem Leben schon viel gelesen hat. Nur erfolgreiche Kinder und Jugendliche entwickeln jenes Selbstbewusstsein oder Selbstwertgefühl, das sie benötigen, um Auseinandersetzungen mit allzu autoritären Lehrern oder destruktiven Mitschülern zu bestehen. Nur leistungsstarke Jugendliche trauen sich genügend Urteilsvermögen zu, um sich dem Gruppenzwang so mancher Peers zu widersetzen und

Lehrer fachlich oder persönlich in Frage zu stellen. Und nur, wer in sich selbst ruht, wird auf Dauer in der Lage sein, Zivilcourage zu entwickeln, um gemobbten Mitschülern beizuspringen.

Vor allem gebildete, leistungsstarke Menschen beginnen schon ziemlich früh, ihr Gehirn in Bewegung zu setzen und Antworten auf unendlich viele Fragen zu verlangen, weil sie sich mit dem, was man ihnen vorsetzt, nicht zufriedengeben. Toleranz gegenüber Andersdenkenden oder Menschen anderer Herkunft bringen vor allem die jungen Menschen auf, die zweisprachig aufwachsen, mal im Ausland waren, gern lesen und reisen und damit wissen, dass es andere Länder und andere Sitten gibt. Wer im Beruf später erfolgreich ist, wird leichter in der Lage sein, sich sozial zu engagieren, als jemand, der gar nicht erst die Chance hatte, sich selbst zu ernähren. Leistungsbereitschaft und Leistungswille sind also Grundvoraussetzungen vieler Sekundärtugenden, mit denen man der angeblich so kalten, herzlosen Leistungsgesellschaft, wie sie in Deutschland immer wieder beklagt wird, etwas Wärme abtrotzen kann. Dass durch Leistungsorientierung andere Aspekte des Lebens zu stark in den Hintergrund geraten könnten, ist allenfalls zeitweise der Fall. Leistungsbereitschaft ist ein Wert an sich, eine Tugend. Leistungs- und Werteerziehung passen wunderbar zusammen. Sie bestärken sich gegenseitig.

Trotzdem bleibt ein leichtes Unbehagen, wenn man an die vermeintlichen Leistungsmaschinen denkt, die der asiatische Raum hervorbringt, und zwar nicht erst in letzter Zeit – und auch nicht ausschließlich, aber immer noch sehr viel häufiger als hierzulande. Denn es ist zu befürchten, dass ein Großteil dieser jungen Menschen unseren Nachwuchs überholen wird. Vielleicht ist es unfair, den Jugendlichen dort soziale Kompetenz und Kreativität abzusprechen, nur weil wir seit den siebziger Jahren mit einer grundsätzlichen Skepsis gegenüber unserer Leistungsgesellschaft aufgewachsen sind und uns nicht mehr vorstellen können, dass konsequentes Lernen und Üben den Charakter unserer Kinder gerade nicht verdirbt. Gedrillte chinesische Kinder beginnen spätestens als Studenten, über ihr Leben, ihre Mitmenschen und – zur Unbill der Regierung – auch über das System, in dem sie leben, nachzudenken. Dass ausgerechnet in China das kritische Denken der jungen Menschen aufgrund des überbordenden Leistungsdrucks und des auf Disziplin ausgerichteten Bildungssystems auf der Strecke bleiben soll, ist eine Mär. In China denken junge Menschen wahrscheinlich eher mehr über ihre Möglichkeiten, über Korruption, mangelnde Meinungsfreiheit und gesellschaftliche Fehlentwicklungen nach als ihre Altersgenossen hierzulande.

Die Illusion vom leichten Lernen

Wenn es um Leistung geht oder sogar um das heikle Thema der Elitenbildung, wird es in Deutschland sehr schnell ideologisch. Das hat einen guten Grund. Seit den sechziger Jahren hat sich hier eine eher leistungs- und auch elitenkritische Haltung breitgemacht – das Ergebnis eines Gemischs verschiedener Neuausrichtungen, wie der Wirtschaftshistoriker Werner Plumpe meint. Vieles spiele hier hinein, wie etwa die vergleichsweise repressive Welt der Adenauer-Zeit, die eine gewisse Leistungsskepsis beförderte. Schließlich schrieb man gerade dieser Zeit die Entstehung sozialer Ungleichheiten zu, der man in den siebziger Jahren mit einem Schwenk in eine ganz andere Richtung beizukommen versuchte. »Nicht zu unterschät-

zen ist die kritische Haltung der 68er gegen die obrigkeit-
lich organisierten und lustfeindlichen Bildungssysteme«,
meint der Forscher.

Hinzu kam die moderne Pädagogik, die es ihrerseits
verstanden habe, viele von den Vorteilen eines selbstbestimmten, partizipatorisch organisierten und sogar an-
strengungsfreien Lernens in den Schulen zu überzeugen.
Mit, seiner Meinung nach, höchst zweifelhaftem Ergebnis.
»Wie wichtig gute Bildung ist, wissen Eltern nämlich seit
jeher ziemlich genau«, sagt Plumpe. »Die leistungsorientierten Eltern holen sich diese, wenn sie der öffentlichen
Bildung nicht mehr trauen, dann eben anderswo her.« Sie
wenden sich an Privatschulen, schicken ihre Kinder in
Nachmittagskurse und allerlei andere Fördereinrichtun-
gen oder organisieren Privatlehrer. Dass der Erfolg von
Kindern in Deutschland mehr als in anderen Ländern
vor allem mit ihrer Herkunft zusammenhängt, liegt in
der Leistungsfeindlichkeit der Gesellschaft begründet.
Bürgerliche Eltern kennen diesen Zusammenhang. »Du
wirst nur was, wenn du was kannst«, meint der Wissenschaftler. Seit den siebziger Jahren sei der Gedanke der
traditionellen Elitenausbildung kontaminiert. Mittlerweile beherrsche eine Larmoyanzsemantik die öffentlichen
Debatten über Deutschlands so sehr geplagte Kinder, die
in den Schulen weniger denn je geboten und beigebracht
bekämen. »Leistungseliten werden in Deutschland nur
noch als Fußballspieler oder Rennfahrer akzeptiert«, sagt
Plumpe. »Alle anderen tun sich schwer.«

Vor allem die Eltern mit ihrem chronischen Misstrauen
in das öffentliche Bildungssystem. Sie reden nicht mehr
viel über ihre Leistungserwartung an ihre Kinder, sondern
fördern sie, ohne sich unbedingt zu ihrer leistungsorientierten Erziehung zu bekennen. Andernfalls handelten sie
wider die Mainstream-Meinung und gerieten auch noch

in den Verdacht, der sozialen Spaltung weiter Vorschub zu leisten, weil sie durch ihr Verhalten den Keil der Herkunft immer tiefer in Deutschlands Jugend hineintrieben.

Was Kinder leisten können und wo ihre Grenzen liegen, ist bei all den Debatten noch immer unbeantwortet. Womöglich wird man es niemals wissen, wenn man ihnen nicht die Möglichkeit gibt, es wirklich auszuprobieren. Ihre Grenzen liegen wahrscheinlich nicht dort, wo wir Eltern sie vermuten. Das ist das Spannende an der Erziehung und auch das Nervenaufreibende, weil Erziehung nun einmal ein Unterfangen mit unbestimmtem Ausgang ist. Die Gefahr ist groß, dass Kindern künstlich Grenzen gesetzt werden, was ihre Leistungsmöglichkeiten angeht – aus Angst, dass sie uns entwachsen, aus Sorge, dass sie Anfeindungen ausgesetzt werden könnten, oder auch aus eigener Wehleidigkeit, die wir als Menschlichkeit verbrämen. Oft ist dann von geradezu unmenschlichem Leistungsdruck die Rede, dem viele Kinder und Jugendliche inzwischen ausgesetzt seien, und davon, wie schlecht Menschen sind, die immerzu an Leistung denken.

Rückkehr der Ehrlichkeit

Eltern wollen ihren Kindern etwas mitgeben. Sie haben – logischerweise – eine Vorstellung davon, was ihnen wichtig ist. Wer von uns hegt keine Wünsche für seine Kinder? Ich hoffe immer, dass meine fröhliche Menschen werden, die in der Lage sind, sich für etwas zu begeistern. Ich hoffe, dass sie Leidenschaften entwickeln und sich für ihre Ziele einsetzen werden, welche auch immer das sein mögen – und wenn es so etwas wie Fischzucht ist, für die sich zum Beispiel Julia (14) begeistert. Sie hat ein Aquarium zu

Hause, hegt und pflegt ihre schwimmenden Lebewesen und beobachtet sie unaufhörlich – was sie fressen, wie sie wachsen, wie sie sich verhalten und ob wieder einer von der Umwälzpumpe angesogen wurde. Oder Alexander (15) und Leonhard (15), die Fische nicht züchten, sondern lieber aus dem Wasser ziehen. Beide sind leidenschaftliche Angler, belegen Kurse und absolvieren Prüfungen, um ihrem Hobby nachgehen zu können. Vielleicht auch wie Marilena (18) und Marie (15), die sich der Musik verschrieben haben, oder Dominik (13), der selbst längere Zugfahrten nicht scheut, um seine naturwissenschaftliche Wissbegierde in irgendeinem Spezialkurs zu stillen.

Wie viele Eltern sicher auch hoffe ich natürlich, dass meine Kinder in der Lage sein werden, Lebenschancen zu erkennen und sich daraus ihr Glück zu schmieden. Wie sie das allerdings lernen sollen, weiß ich nicht, weil es dafür wohl kaum eine Erziehungstechnik gibt. Vermittelbar sind Werte, oder nennen wir es Tugenden: Kinder und Jugendliche sollten offen und ehrlich sein, hilfsbereit, solidarisch und ein gewisses Maß an Selbstdisziplin gelernt haben. Solche Dinge sind dann schon wieder einfacher unterzubringen, man kann sie immer wieder thematisieren und muss sie vorleben. Letzteres ist sicher wichtiger und anstrengender. Wenn man immer nur redet, dann erkennt der Nachwuchs das ziemlich schnell. Was die jungen Menschen dann allerdings aus dieser Werte-Tugend-Mischung machen, entzieht sich am Ende des elterlichen Einflusses.

Befragt man die Eltern nach ihren Prioritäten bei der Erziehung, geht es ihnen vor allem darum, ihren Kindern Tugenden zu vermitteln, die ihnen helfen, sich im Leben zu behaupten und irgendwann einen guten Job zu finden. Das jedenfalls haben die beiden Erziehungswissenschaftlerinnen Ursula Horsch und Julia Roth von der Pädagogischen Hochschule in Heidelberg herausgefunden. Sie haben Eltern befragt, welche Werte ihnen wichtig seien. Dabei ist ihnen aber nicht nur die Zukunftstauglichkeit ein Anliegen. An erster Stelle unter den Top Five der Werteskala steht inzwischen die Ehrlichkeit. Das war nicht immer so. Anfang der achtziger Jahre lag das Ziel, seine Kinder zu ehrlichen Menschen zu erziehen, auf dem vierten Rang hinter Selbstvertrauen, Selbständigkeit und Lebensfreude. Mitte der neunziger Jahre hatte sich der Wert dann auf Platz drei vorgeschoben. Mittlerweile steht er ganz oben – noch vor den Werten Verlässlichkeit, Hilfsbereitschaft, Selbstvertrauen und Selbständigkeit. Fast könnte man meinen, Eltern würden solidarischer. Anfang der achtziger und auch noch in den neunziger Jahren war die Hilfsbereitschaft unter den Top Five nämlich überhaupt nicht zu finden.

Im Grunde sind die Eltern von heute mit ihren Vorstellungen nicht besonders weit vom Kanon der »preußischen Tugenden« entfernt, die Friedrich der Große (1712–1786) im »preußischen Tugendkatalog« niedergelegt hat. Dabei handelt es sich um Charaktereigenschaften, die im allgemeinen Ansehen der Öffentlichkeit lange Zeit eher als »Sekundärtugenden« verpönt waren. Friedrich der Große zählte Fleiß dazu, Treue, Disziplin, Pflichtbewusstsein, Zuverlässigkeit und Pünktlichkeit. Aufgrund des Missbrauchs dieser Begriffe durch den Nationalsozialismus geißelten sie Vertreter der antiautoritären Bewegung in den siebziger Jahren als spießbürgerlich, gestrig und vor allem gefährlich – eine Einschätzung, die dem preußischen Kanon noch immer ein wenig anhaftet. Solidarität, Kreativität, Phantasie und Selbstverwirklichung waren die Schlagworte von damals, als wären diese nicht möglich, erzöge man die Menschen zu Fleiß, Treue und Disziplin. Die Wertschätzung bestimmter Tugenden ist eben immer im Wandel. In der Antike galten vor allem Weisheit,

Gerechtigkeit, Mäßigung und Tapferkeit als oberste Erziehungsziele, an denen sich der Mensch sein Leben lang versuchen sollte. Und die Tugenden der Aufklärung waren dann eben wieder andere.

Tatsächlich werden Eltern wieder »preußischer«. Das hat auch das Institut für Demoskopie Allensbach herausgefunden, das seit Jahren Studien zu den großen Themen Familie und Erziehung erhebt. Ehrlichkeit, Höflichkeit, Verlässlichkeit, Pünktlichkeit – diese vier Tugenden sind Eltern enorm wichtig. Disziplin und Fleiß stehen auch hoch im Kurs, liegen aber hinter der Rücksichtname auf andere und Toleranz. Dass hier allerdings Wunsch und Wirklichkeit immer wieder einmal auseinanderfallen, haben die Demoskopen gleich mit herausgefunden. Eltern sind der Meinung, dass ihren Kindern zu wenig Werte vermittelt werden und sie zu häufig vor dem Fernseher oder dem Computer sitzen. Werte – dafür wollen sie nicht mehr allein verantwortlich sein. Auch Kindergarten und Schule sollen an der Werteerziehung mitarbeiten. Das tun sie vielfach auch, vielleicht noch nicht unbedingt in der Kindertagesstätte, aber in den Schulen. Werte-Unterricht, der den Kindern und Jugendlichen moralische und ethische Fragen näherbringt, findet überall statt. Auch wenn, wie Isabel findet, die Werte-Frage nicht eine ist, die Jugendliche an erster Stelle interessiert:

Welche Werte wichtig sind? Also, wenn ich verschiedene Werte mit einer Skala von 0 (nicht wichtig) bis 5 (am wichtigsten) beurteilen soll, dann kann ich für mich eigentlich nicht richtig entscheiden, welche Werte ganz vorn liegen. Disziplin 4 bis 5, Pflichtbewusstsein 4, Phantasie 4, Fleiß 5, Zuverlässigkeit 4, Pünktlichkeit 4, Solidarität 4, Ehrlichkeit 4, Höflichkeit 4, Manieren 4, Verlässlichkeit 5 und Toleranz 5.

Wie sich das im Alltag zeigt? Nicht immer, weil man eben die eigenen Ansprüche an sich selbst oft nicht erfüllen kann. Von meiner Schwester wünsche ich mir, dass sie beim Essen nicht mit vollem Mund spricht oder dass sie nicht immer gleich laut wird, wenn sie etwas will. Dann bin ich wohl intolerant. Und manchmal lüge ich auch: Wenn ich zum Beispiel von meiner Mutter gefragt werde, ob ich schon Flöte oder Klavier geübt habe, antworte ich einfach mal mit Ja, obwohl es nicht stimmt. Dann bin ich unehrlich, obwohl Ehrlichkeit mir ein wichtiger Wert ist. Und bin ich pflichtbewusst und fleißig? Ja, schon, aber eben auch nicht immer. Wenn ich mir am Sonntagabend zum Beispiel lieber das »Promi-Dinner« im Fernsehen anschaue, als Matheaufgaben zu machen. Vielleicht sind Werteranglisten wirklich eher was für Elternumfragen als für den Alltag.

Hedonisten und andere Elterntypen

Die Erziehungswissenschaftlerinnen Horsch und Roth haben nicht nur Werte ermittelt, sondern Eltern anhand ihrer Erziehungsbemühungen und Zielvorstellungen auch typisiert. Neben den »wertkonservativen Materialisten«, die mit knapp 34 Prozent die größte Gruppe bilden, gibt es auch noch die »Macher« (28 Prozent), die »Sozialidealisten« (14 Prozent), die »unauffälligen Konventionalisten« (14 Prozent) und schließlich die »modernen Hedonisten« (10 Prozent). Den wertkonservativen Materialisten – eine Bezeichnung, die nicht gerade besonders sympathisch klingt – sind Sekundärtugenden wie Höflichkeit, gute Manieren, Fleiß, Zuverlässigkeit, Gerechtigkeit und Hilfsbereitschaft für ihre Kinder wichtig. Sie hoffen, dass ihr Nachwuchs, wenn er erwachsen ist, gut ins Leben startet. Die Macher legen indes mehr Wert auf die Durchsetzungsfähigkeit ihres Kindes, auf seinen Mut, sein Selbst-

bewusstsein und seine Selbständigkeit. Für die Sozialidealisten wiederum steht die Entwicklung der sozialen
Eigenschaften ihrer Kinder im Vordergrund. Sie sollen
Verantwortung tragen, Zuverlässigkeit an den Tag legen
sowie Toleranz und Nächstenliebe. Die Konventionalisten
wünschen sich eine gute Gesundheit für ihr Kind und
einen ehrlichen Charakter. Bleiben noch die moderaten
Hedonisten, die – ehrlich gesagt – ein wenig aus der Mode
sind. Ihnen liegt vor allem die Lebensfreude des Kindes
sehr am Herzen, sein Humor und Optimismus.

Zu welcher Gruppe würden Sie sich zählen? Nicht so
einfach, denn wer würde sich schon gern als Materialist,
Konventionalist oder gar Hedonist bezeichnen, wenn auch
als moderater. Werteerziehung ist wahrscheinlich immer
ein wenig von allem. Natürlich wünsche ich mir Lebensfreude für meine Kinder, Humor und Optimismus. Doch
gibt es dafür nicht bestimmte Grundvoraussetzungen?
Wer Lebensfreude haben will, braucht Erfolg, zumindest
ein klein wenig. Und wer Erfolg haben will, der muss fleißig sein, diszipliniert und womöglich auch noch durchset-
zungsstark. Aber was ist mit Werten wie Hilfsbereitschaft
und – um es mal christlich auszudrücken – Nächstenliebe?
Das sind sehr wichtige Werte, ohne die ein Zusammenleben gar nicht funktionieren kann, doch klingen sie so
ziemlich nach Sozialromantik, und die hat ja bekanntlich
ihre besten Zeiten hinter sich.

Die Kunst der Muße

»Ich sehe die Dinge ein bisschen anders als du«, sagte
neulich meine Freundin Ulrike zu mir, als ich mit ihr
über Werte in der Erziehung sprach und offenbar darüber

klagte, dass Leistungs- und Erfolgsorientierung in unserer Gesellschaft so verpönt seien. Interessanterweise sprechen Eltern darüber relativ selten. Und auch ich kenne eigentlich niemanden, mit dem ich mich explizit darüber ausgetauscht hätte, wäre mir meine Freundin nicht plötzlich ins Wort gefallen. Das Wort »Werte« fällt meiner Erfahrung nach eigentlich nie. Wenn überhaupt, dann geht es um Ziele oder um das, was einem als Eltern sonst noch so wichtig ist. Meistens aber werden die Banalitäten des Alltags besprochen, solche Sachen wie die beste Methode fürs Vokabeln-Lernen. »Für mich gehört auch der Müßiggang zu den Werten, die ich für wichtig halte und meinen Kindern unbedingt vermitteln möchte«, sagte Ulrike auch. Damit läge sie natürlich nicht nur mit Friedrich dem Großen über Kreuz, sondern auch mit den griechischen Philosophen und ihrem Verständnis der Tugenden, mit der christlichen Lehre und auch mit so manchem Verfechter der Aufklärung.

Ihre Grundeinstellung zum Leben ihrer drei Kinder ist dabei offenbar von der Rastlosigkeit unseres Alltags geprägt. »Wichtig ist, dass sie auch die Muße erlernen, das Nichtstun, das Einfach-nur-Herumsitzen und Träumen«, fuhr sie fort. Die Kinder seien derart herausgefordert, verplant, eingespannt, dass gerade dafür nicht mehr viel Zeit bleibe. Dabei sei die Muße doch eine Kunst, die man beherrschen müsse, um die Seele in der Balance zu halten. Und seelische Balance brauche man wiederum für ein erfolgreiches und glückliches Dasein auch im Erwachsenenalter. Ich atme auf: Glücklicherweise ist meine Freundin nicht unter die Hedonisten gegangen, weil auch bei ihr selbst Freizeit und Muße irgendwie zweckgebunden stattfinden. Muße – das sei vielleicht mal ein Tag in der Natur, sagte Ulrike. So ganz unrecht hat sie nicht, finde ich, wobei sie eben keine Verfechterin des reinen Müßiggangs ist.

Wenn sie mit ihren Kindern im Wald ist, dann studieren sie Bäume, Käfer und Pilze. Und dann setzt sie noch eins drauf: »Meine Kinder lesen glücklicherweise relativ viel. Das ist mir sehr wichtig.« Lesen – natürlich, ein ungemein sinnvoller Zeitvertreib. Müßiggang des Bildungsbürgertums in seiner reinsten Form. Denn auch das Lesen bringt die Kinder voran. Es macht sie vor allem schlau. Und welchen Eltern ginge es nicht gerade darum?

Wenn meine Freundin also von der Kunst der Muße sprach und davon, dass sie diese erlernen müssten, weil sich erst im Müßiggang die Kreativität der Kinder und ihre Phantasie entfalten könnten, dann kommt es mir vor, als spräche sie weniger von ihren Kindern als von sich selbst oder von mir. Als berufstätige Mutter dreier schulpflichtiger Kinder bleibt für Muße schließlich nicht viel Zeit. Da kann es über die Jahre hinweg durchaus passieren, dass man die Fähigkeit zur Muße einfach verlernt und sich unvermittelt einer großen Leere gegenübersieht, wenn alle drei am Wochenende plötzlich verabredet sind. Dann hat man einen freien Nachmittag und weiß gar nicht, wohin mit sich, wenn man sich nicht wieder einmal vorgenommen hat, die Unterlagen auf dem Schreibtisch in Ordnung zu bringen. Dass aber Kinder den Müßiggang erst lernen müssten, wäre für mich eine neue Erkenntnis, wo ich doch bei meinen Kindern permanent gegen diesen Hang zur Muße, der ihnen einfach nicht auszutreiben ist, angehe. Sollte es mir allerdings einmal einfallen, einen Waldspaziergang anzuregen, einfach, um ein bisschen auszuspannen, frische Luft zu schnappen oder Vögel zu beobachten, dann haben sie alle drei plötzlich wieder ganz viel für die Schule zu erledigen. Kein Wunder: Meine Kinder mögen Spaziergänge nicht besonders. Fortbewegung, egal ob auf dem Fahrrad oder – schlimmer noch – zu Fuß, sollte ihrer sehr einhelligen Meinung nach niemals Selbstzweck sein. Sie rennen eben gern Bällen hinterher.

»Was machst du, wenn du nichts machst?«, lautete die Frage meiner Tochter an ihre Altersgenossen. Eigentlich eine unsinnige Frage, da sie sich selbst bereits die Antwort gibt, wäre es nicht die Frage nach den Momenten der Muße, die – o Wunder – auch bei meinen Kindern vorkommen. Doch die Kinder haben sie allesamt genau verstanden: Was machst du, wenn du gar nichts vorhast oder tun musst? Wie sieht bei dir der Müßiggang aus? Fischforscherin Julia (14) schreibt: Fische beobachten. Mara (12) ärgert ihre Meerschweinchen. »Dann schaue ich sie an, was sie gar nicht mögen.« Justin (18) sitzt am Computer, Niki (17) auch, Felicitas (16) chattet, Sophie (16) liest oder liegt einfach auf dem Bett, Carolin (15) macht es sich auf ihrem Fatboy gemütlich und träumt – »aber nicht nur von Jungs«, Oscar (13) schreibt: »Entspannen, schlafen, glücklich sein.« Florian (13) langweilt sich. Nikolaus (15) hört Musik wie sehr viele andere auch. Polina (14) zeichnet. Nele (12) auch, aber sie näht Kleider – ihre große Leidenschaft. Janine (15) denkt nach. Emilia (14) spielt mit ihrem kleinen Bruder. Viele Jungen gehen auch einfach ein bisschen Fußball spielen. Johannes (17) sieht fern, liegt herum, ruht sich aus oder schreibt Freunden. Und Wilhelm antwortet: »Fernsehen gucken und essen. Ich esse total viel.« Es gibt allerdings auch Kinder wie Alexander (14), die auf die Frage »Was machst du, wenn du nichts machst?« so antworten: »Passiert eigentlich NIE!« Oder wie Oscar (17): »Kommt, ehrlich gesagt, relativ selten vor.«

In einem aber sind meine Freundin Ulrike und ich uns einig. Wer seinen Kindern Werte und eine bestimmte Lebenseinstellung vermitteln will, der muss Zeit mit ihnen verbringen. Im Wald oder in der Küche, auf dem Rad oder dem Sofa – das ist unerheblich. Dass dies dann in dem knappen Kontingent an freien Stunden erledigt werden kann, das Experten des Zeitmanagements schon mal gern als »quality-time« bezeichnen, ist dabei nichts weiter als eine Illusion. Als Ursula von der Leyen noch als Familienministerin agierte, trug sie, die voll berufstätige, karrierebewusste siebenfache Mutter das Konzept der Quality-Time verständlicherweise deutlich sichtbar vor sich her. Familie könne nur gelingen, wenn man Zeit miteinander verbringe, in der sich jeder dem anderen zuwenden könne. »Deswegen möchte ich erreichen, dass das Thema ›Qualitätszeit für Familien‹ auf der familienpolitischen Agenda ganz oben steht«, sagte sie seinerzeit. Ganz nach der Devise: Nimm dir jeden Tag ein bisschen Zeit und spiele mit deinem Kind. Und noch immer hält sich hartnäckig die Vorstellung, man könne mit kontingentierter Quality-Time seine Kinder tatsächlich erziehen.

Das aber funktioniert nicht wirklich. Denn erstens wird Elternschaft dadurch noch mehr als so oder so schon zu einer Pflichtveranstaltung, weil in den zeitlich eng getakteten Alltag eben auch noch »Qualitätszeit« eingeplant werden muss. Und zweitens hält der Nachwuchs hier selbst das Zepter in der Hand; schließlich ist er es, der ziemlich rigide bestimmt, wann und wie die Zeit, die man miteinander verbringt, zur Qualitätszeit wird und Werte, die Eltern vermitteln wollen, auch wirklich bei ihm ankommen. Was, wenn in den festbestimmten 35 Qualitätsminuten der pubertierende Sohn überhaupt kein Bedürfnis danach hat, Karten zu spielen oder ein bisschen zu plaudern? Man muss schon eine ganze Menge an weniger bedeutenden Themen vorbeiziehen lassen, bevor Gespräche eine Tiefe erreichen, die die Bezeichnung »Qualität« wirklich verdienen. Das geht eben nicht auf Knopfdruck oder präzise geplant am Donnerstagabend zwischen 20.30 und 22 Uhr.

Im Dienst des Bruttosozialprodukts

Vielleicht ist es genau das, was Eltern in ihrer Skepsis gegenüber den Anforderungen der Leistungsgesellschaft bestärkt. Es geht gar nicht um ihre Kinder, sondern um die Ansprüche an sie selbst. Alles dreht sich um Effizienz, die auch bei der Zeit mit den Kindern nicht aufhört. Wenn die Zeit knapp ist, dann muss sie möglichst sinnvoll genutzt werden. Das ist ein Postulat der Leistungsgesellschaft, das bis in die Familien hineinwirkt. Alles ist geplant, nichts darf sinnlos oder vergeudet sein, Geld nicht und schon gar nicht die Zeit. Seit einigen Jahren wird einer stärkeren Erwerbsbeteiligung der Frauen und vor allem Mütter das Wort geredet und politisch, jenseits etlicher Milliarden für Kinderbetreuung und Ganztagsschulen, auch eine Menge dafür eingesetzt. Wenn bei diesen Bemühungen vordergründig von Gleichberechtigung und Chancen gesprochen wird, liegt dahinter ein ganz anderes Bestreben: Es geht um Frauen als Arbeitskräfte in einer Gesellschaft, der aufgrund der demographischen Entwicklung just diese auszugehen drohen.

Frauen im Dienste der Volkswirtschaft oder, besser, des Bruttosozialprodukts. Nur entsteht dadurch ein Problem: das mit den Kindern und der Zeit. Es funktioniert nicht mehr reibungslos, wenn sich nicht alle dem Diktat der Quality-Time unterwerfen. Mit den Kindern wird dann genauso verfahren wie mit den Frauen – auch sie werden sozusagen ökonomisiert, sind das Humankapital der Zukunft, von dem das Wohl und Wehe unseres Landes abhängt. Wenn es um den Nachwuchs, seine Leistungsbereitschaft, seinen Bildungsstand und auch seinen Erfolg geht, dann stehen immer häufiger gesamtgesellschaftliche Überlegungen im Vordergrund, nicht etwa sein individuelles Wohlergehen. Und genau das stört selbst mich als Mutter, die dem Leistungsgedanken an sich sicherlich nicht allzu skeptisch gegenübersteht. Soll ich meine Kinder wirklich für Deutschlands Bruttosozialprodukt nach allen Regeln der Kunst zu intelligenten, leistungsbereiten und solidarischen Menschen erziehen? Muss ich sie stark machen, damit sie, wenn sie erwerbstätig sind, möglichst tatkräftig dazu beitragen, dass Deutschlands Wirtschaft wächst und die Sozialversicherungssysteme nicht kolla bieren?

Die Organisation für wirtschaftliche Zusammenarbeit und Entwicklung (OECD), in deren Tätigkeitsfeld auch die internationalen Leistungsvergleiche 15-jähriger Schüler fallen, hat sich genau dies auf die Fahnen geschrieben. Sie verfolgt keinen individuellen Ansatz, sondern betrachtet die Gesellschaft als Ganzes unter dem Blickwinkel ökonomischer Prosperität. Sie hat denn auch versucht zu ermitteln, wie sich mehr Bildung in ökonomischen Fortschritt umrechnen lässt. »Pauken für die Volkswirtschaft« – auf diese prägnante Kurzform brachte eine Zeitung die Aussage der Organisation, die wahrscheinlich nicht unbegründet behauptet, dass die Generation, die derzeit in Deutschland aufwächst, bei verbesserten Pisa-Ergebnissen über ihr aktives Berufsleben 8000 Milliarden Dollar mehr an zusätzlichem Wachstum für die Volkswirtschaft erzielen könnte. Zu recht ähnlichen Ergebnissen kommen deutsche Wirtschaftsforschungsinstitute. Gelänge es, den in Deutschland sehr hohen Anteil schwacher Schüler zu reduzieren, die sich als Bremsen für die Entwicklung des Bruttosozialprodukts erst noch erweisen werden, und die guten zu noch höheren Leistungen zu bringen, stünde unserem Land tatsächlich eine Wachstumsexplosion bevor.

So richtig all diese Überlegungen auch sind, so sehr müssen sie uns Eltern zuwider sein. Kinder gehören zum Leben, ihre Leistungsfähigkeit und ihr Erfolg sind uns ebenso wichtig wie ihr seelisches Wohlbefinden – um ihrer selbst willen. Man zeugt und gebärt sie nicht für den Staat und schon gar nicht für eine Steigerung des Bruttosozialprodukts, zur Absicherung des Generationenvertrags in der Sozialversicherung oder gar einer Verbesserung des Humankapitals. Wenn die Leistungsgesellschaft auch noch die Kinder in ihren Dienst stellen will, dann ist die elterliche Ablehnung nicht verwunderlich. Wir wollen eben keine chinesischen Verhältnisse. Denn genau diese Signale gehen von China aus, wobei die demonstrativ zur Schau getragene Leistungsstärke des Nachwuchses im internationalen Muskelspiel seine Wirkung nicht verfehlt. Und genau deshalb sind wir immer wieder versucht, der chinesischen Jugend ihre Menschlichkeit abzusprechen. Die Bildungswelt befindet sich angesichts des hervorragenden Abschneidens der Schüler aus Shanghai in einer Art Schockstarre. Und uns Eltern bleibt nicht viel mehr, als diesen ganzen Leistungshokuspokus einfach beiseitezuschieben. Da wird einem dann plötzlich D.H. Lawrence wieder sympathisch, der in seinem 1918 verfassten Essay über *Education for the People* ganz einfache Regeln für den Umgang mit Kindern aufstellte. »Erste Regel: Lass sie in Ruhe. Zweite Regel: Lass sie in Ruhe. Dritte Regel: Lass sie in Ruhe. Das wäre es erst einmal für den Anfang.«

Doch ganz so einfach ist es auch nicht. Kinder in Ruhe zu lassen – das gelingt ja noch nicht einmal denen, die dem Leistungsdruck so lautstark abschwören. Irgendwas soll ja aus ihnen werden. Die Ansprüche der Gesellschaft sind umfassend: Sie sollen wohlerzogen sein, meinungsstark, irgendwie dann doch bitte leistungswillig, natürlich kreativ, bloß nicht zu angepasst, am besten auch solidarisch mit den Schwächsten der Gesellschaft und in letzter Konsequenz sozial engagiert. Kinder sollen älteren Herrschaften Gesellschaft leisten, ihnen die Taschen über die

Straße tragen, sich in der Kirche für die Jugendarbeit interessieren, vielleicht in benachteiligten Schulbezirken Nachhilfe geben, politisch aktiv werden, um schon mit 14 Jahren an der Zukunft der Gesellschaft mitzubauen. Das machen sie sogar auch, will man der Shell-Jugendstudie Glauben schenken, die seit Jahren vom sozialen Engagement gerade Jugendlicher zu berichten weiß. Vor allem die leistungsstarken sind ehrenamtlich aktiv. Denn die Bereitschaft der Teenager, sich für die Gesellschaft einzusetzen, steigt mit dem Grad ihrer Bildung. Je gebildeter sie sind, desto eher sind sie bereit, etwas für andere zu tun. Leistung bedingt Einsatz für andere, sie verhindert sie nicht.

So gnadenlos, wie die Öffentlichkeit seit Jahren mit den Eltern ins Gericht geht, so umfassend und unersättlich sind ihre Ansprüche an die nächste Generation. Dabei haben Jugendliche nicht in erster Linie die Aufgabe, sich sozial zu engagieren, sondern vielmehr, sich vor allem um sich selbst und ihr eigenes Fortkommen zu kümmern. Das ist ihr gutes Recht. Zugespitzt könnte man sagen: In diesem Sinne dürfen und sollen sie Egoisten sein, sich mit sich selbst beschäftigen und an ihrer Entwicklung arbeiten. Der Rest kommt bei leistungsstarken Jugendlichen dann von allein.

»Es gibt keine andere vernünftige Erziehung, als Vorbild sein, wenn es nicht anders geht, ein abschreckendes.« Das meint Albert Einstein. Ganz so einfach wollen wir es uns auch nach diesem Buch nicht machen. Wer Lust hat, über Erziehung, Drill und Leistungsdruck zu diskutieren und darüber, wie das alles so ist zwischen Kindern und Erwachsenen, der findet uns, Isabel und Inge Kloepfer, auch im Internet: www.facebook.com/GluckenDrachen-Rabenmuetter

»Die inkosequente, lasche Erziehung schadet einem nur«

1. Wie heißt du?
   Tobias.

2. Wie alt bist du?
   18 Jahre alt.

3. Wo lebst du?
   In Kiel.

4. Wie viele Geschwister hast du, und wie alt sind sie?
   Zwei ältere Brüder, 31 und 30.

5. Welche Sprachen sprichst du zu Hause?
   Deutsch.

6. In welche Schule und Klasse gehst du?
   Ins Gymnasium in die 12. Klasse.

7. Welches sind deine Lieblings-, welches deine Hassfächer?
   Mein Lieblingsfach ist Wirtschaft, mein Hassfach ist Spanisch.

8. Lernst du viel für die Schule?
   Nichts, absolut nichts. Ich kann mich dazu nicht aufraffen.

9. Wie verhalten sich deine Eltern in Sachen Schule – machen sie Druck, überlassen sie dir alles allein, helfen sie dir?
   Meine Eltern halten sich total raus. Sie machen keinen Druck. Ob es ihnen egal ist, weiß ich nicht. Aber sie sagen seit Jahren, es ist meine Sache.

10. Bekommst du Notenvorgaben von deinen Eltern?
    Nein, natürlich nicht. Sie halten sich – wie schon gesagt – einfach raus, alles liegt in meiner Verantwortung.

11. Spielst du ein Instrument? Wenn ja, welches?
    Nein.

12. Wie lange übst du und wie oft?
    Dann natürlich gar nicht.

13. Zwingen dich deine Eltern dazu, machen sie Druck, oder ist alles freiwillig?
    Alles ist freiwillig; ich werde zu absolut gar nichts gezwungen.

14. Verpflichten dich deine Eltern zum Sport?
    Nein.

15. Wie oft trainierst du?
    Ich habe früher mal jeden Tag trainiert. Aber das ist schon länger vorbei.

16. Nimmst du gern an Wettbewerben und/oder Turnieren teil?
    Das habe ich mal gern gemacht – damals. Aber heute mache ich nichts mehr.

17. Treiben dich deine Eltern grundsätzlich an?
    Wenn du hier unterstützen meinst, dann ja, ein wenig. Aber von Antreiben kann keine Rede sein. Ist alles meine Sache.

18. Wenn ja, wer ist dein Motor: deine Mutter oder dein Vater?
    Wenn überhaupt, dann wohl eher meine Mutter. Aber es kommt selten vor, dass sie mir überhaupt irgendetwas sagt, das mich motiviert.

19. Was machst du sonst noch, wenn du nicht in der Schule bist?
    Ich führe ein ziemlich aktives Nachtleben, treffe mich mit Freunden, sonst nichts eigentlich.

20. Wie laufen bei dir die Wochenenden ab?
    Freitag bis Sonntag treffe ich Freunde oder gehe auf Partys.

21. Streitest oder diskutierst du oft mit deinen Eltern?
Mittlerweile ja, weil ich mich im Haushalt mehr engagieren sollte.

22. Bekommst du Ärger bei schlechten Leistungen/Noten?
Ja, ich bekomme Enttäuschung zu spüren und werde getadelt. Aber daran habe ich mich längst gewöhnt.

23. Macht es dir etwas aus, wenn deine Eltern unzufrieden mit dir sind?
Na ja, nicht wirklich. Manchmal vielleicht.

24. Wie wirst du bestraft und wofür?
Niemals.

25. Macht dir dein Leben richtig Spaß?
Nicht immer, weil einem mit 18 das Leben Dinge abverlangt, die eben keinen Spaß machen.

26. Was machst du, wenn du nichts machst?
Abhängen, nichts halt.

27. Bist du zufrieden mit deiner Erziehung?
Nein, überhaupt nicht. Die inkonsequente, lasche Erziehung schadet einem nur.

28. Was würdest du gern an deinem Leben jetzt ändern?
Ich wäre gern ein leistungsorientierter, motivierter Schüler. Aber dafür ist es wohl zu spät.

29. Was würdest du bei deinen Kindern später anders machen?
Ich würde sie garantiert leistungsorientierter erziehen – aber natürlich auch locker dabei.

30. Welche Note würdest du deinen Eltern für ihre Erziehung geben?
Eine Drei, mehr ist nicht drin.

Epilog

»Bevor ich heiratete, hatte ich sechs Theorien über Kindererziehung. Jetzt habe ich sechs Kinder und keine Theorie.«
Diesen Satz soll John Wilmot (1647–1680), der Earl of Ro-
chester, von sich gegeben haben, ein scharfzüngiger Sati-
riker und Vertrauter des englischen Königs Karl II. Sicher
ist der Lebemann in Erziehungsfragen keine ehrwürdige
Referenz. Aber mit diesem Satz fasst er die Erfahrungen
vieler Eltern und auch meine vortrefflich zusammen:
Alle guten Erziehungsvorsätze treiben einem die Kinder
ziemlich bald aus. Darauf kann man sich getrost verlassen. Wenig von dem, was man sich – noch unerfahren und
kinderlos – für den Ernstfall seiner Elternschaft vornimmt,
hat über die Jahre Bestand. Stattdessen überwiegen mit
dem Heranwachsen der Kinder die Zweifel, wie viel
Erziehung überhaupt bewirken kann. Wenn der Nachwuchs zu lebensfrohen und verantwortungsbewussten
Menschen wird, ist wahrscheinlich sehr viel mehr Glück
als Erziehung im Spiel. Erziehung ist wohl nicht mehr als
der Versuch, das größtmögliche Unglück zu verhindern.

Ich danke meiner Tochter Isabel für ihre Idee, sich selbst
und andere ihres Alters nach ihrer Sicht zu befragen. Ich
danke meinem Mann für seinen Langmut und die große
Unterstützung und meinen Freundinnen für die vielen
Gespräche, die immer wieder deutlich machten: Gute Erziehung ist ein Ding der Unmöglichkeit. Die richtige gibt
es so oder so nicht.

Berlin, im Januar 2012   *Inge Kloepfer*

Zitierte und empfohlene Literatur

Agassi, Andre: *Open. Das Selbstporträt*, München 2009

Baader, Meike Sophie (Hg.): »*Seid realistisch, verlangt das Unmögliche!*« *Wie 1968 die Pädagogik bewegte*, Weinheim 2008

Badinter, Elisabeth: *Der Konflikt. Die Frau und die Mutter*, München 2010

Bauer, Joachim: *Lob der Schule. Sieben Perspektiven für Schüler, Lehrer und Eltern*, Hamburg 2007

Bergmann, Wolfgang: *Das Drama des modernen Kindes. Hyperaktivität, Magersucht, Selbstverletzung*, Weinheim 2007

Bergmann, Wolfgang: *Halt mich fest, dann werd ich stark. Wie Kinder fühlen und lernen*, München 2008

Bergmann, Wolfgang: *Lasst Eure Kinder in Ruhe! Gegen den Förderwahn in der Erziehung*, München 2011

Bernstein, Leonard: *Konzert für junge Leute. Die Welt der Musik in 15 Kapiteln*, München 2007

Brumlik, Micha (Hg.): *Vom Missbrauch der Disziplin. Antworten der Wissenschaft auf Bernhard Bueb*, Weinheim 2007

Bueb, Bernhard: *Lob der Disziplin. Eine Streitschrift*, Berlin 2006

Bundesministerium für Bildung und Forschung: *Macht Mozart schlau? Die Förderung kognitiver Kompetenzen durch Musik*, Bonn, Berlin 2006

Bundesministerium für Bildung und Forschung: *Begabte Kinder finden und fördern. Ein Ratgeber für Eltern, Erzieherinnen und Erzieher, Lehrerinnen und Lehrer*, Bonn, Berlin 2010

Bundesministerium für Familie, Senioren, Frauen und Jugend: *Zusammenfassung der Umfrage zum Thema Werteerziehung des Instituts für Demoskopie*, Allensbach 2007

Bundesministerium für Familie, Senioren, Frauen und Jugend: *Monitor Familienleben 2011 des Instituts für Demoskopie*, Allensbach 2011

Chua, Amy: *Die Mutter des Erfolgs*, München 2010

Coyle, Daniel: *Die Talentlüge. Warum wir (fast) alles erreichen können*, Köln 2009

Deutscher Kinderschutzbund: Einführende Stellungnahme des DSKB zum Thema Gewältprävention, 3. 2. 2010

Ericsson, K. Anders, Prietula, Michael J., und Cokley, Edward T.: The Making of an Expert, *Harvard Business Review*, Juli 2007

Ericsson, K. Anders, Krampe, Ralf T., und Tesch-Römer, Clemens: *The role of deliberate practice in the acquisition of expert performance*, Cambridge University Press 1993

Furedi, Frank: *Die Elternparanoia. Warum Kinder mutige Eltern brauchen*, Frankfurt am Main 2002

Gardner, Howard: *Abschied vom IQ. Die Rahmen-Theorie der vielfachen Intelligenzen*, Stuttgart 1991

Gardner, Howard: *Der ungeschulte Kopf. Wie Kinder denken*, Stuttgart 2001

Golestani, Narly, Price, Kathy, und Scott, Sophie K.: Born with an Ear for Dialects? Structural Plasticity in the Expert Phonetician Brain, *The Journal of Neuroscience*, März 16, 2011

Grünewald, Stephan: *Deutschland auf der Couch. Eine Gesellschaft zwischen Stillstand und Leidenschaft*, Frankfurt am Main 2006

Henry-Huthmacher, Christine, Borchard, Michael, Merkle, Tanja, Wippermann, Carsten, und Hoffmann, Elisabeth: *Eltern unter Druck*, Konrad Adenauer Stiftung 2008

Henry-Huthmacher, Christine, und Hoffmann, Elisabeth: *Wenn Eltern nur das Beste wollen ...*, Konrad Adenauer Stiftung 2010

Hodgkinson, Tom: *Die Kunst, frei zu sein. Handbuch für ein schönes Leben*, Berlin 2007

Hsee, Christopher K., Yang, Adelle X., und Wang, Liangyan: Idleness Aversion and the Need for Justifiable Busyness, *Psychological Science Online*, Juni 2010

Hurrelmann, Klaus, und Timm, Adolf: *Kinder, Bildung, Zukunft. Drei Wege aus der Krise*, Stuttgart 2011

Jäncke, Lutz: *Macht Musik schlau? Neue Erkenntnisse aus den Neurowissenschaften und der kognitiven Psychologie*, Mannheim 2008

Juul, Jesper: *Die kompetente Familie. Neue Wege in der Erziehung*, München 2007

Juul, Jesper: *Dein kompetentes Kind. Auf dem Weg zu einer neuen Wertgrundlage für die ganze Familie*, Reinbek bei Hamburg 2009

Juul, Jesper: *Pubertät. Wenn Erziehen nicht mehr geht*, München 2010

Ke Yu: Warum Shanghai Pisa-Sieger wurde – eine kulturkritische Innensicht, Archiv der Zukunft – Netzwerk 2011

Kling, Angela, und Spethmann, Eckhard: *Pubertät. Der Ratgeber für Eltern*, Hannover 2010

Largo, Remo: *Kinderjahre. Die Individualität des Kindes als erzieherische Herausforderung*, München 2000

Largo, Remo, und Beglinger, Martin: *Schülerjahre. Wie Kinder besser lernen*, München 2009

Luckner, Andreas: Erziehung zur Freiheit. Immanuel Kant und die Pädagogik, in: *Pädagogik* 7–8/2003

McPherson, Gary: The role of parents in children's musical development, *Psychology of Music*, October 2008

McPherson, Gary: Commitment and Practise: Key Ingredients for Achievement during the Early Stages of Learning a Musical Instrument, *Council for Research in Music Education* 147, S. 122–127, 2001

Mietzel, Gerd: *Wege in die Entwicklungspsychologie. Kindheit und Jugend*, Weinheim 1995

Münch, Richard: Pisa als Selbstzweck, *Novo-Argumente* 11/12 2009

Oelkers, Jürgen: Was ist Erziehung heute? Vortrag an der Universität Trier am 28. 1. 2002

Oelkers, Jürgen: Die Eltern sind die wichtigsten Vorbilder, in: *Schweizer Familie*, 26. 5. 2010

Rheingold Institut für qualitative Markt- und Medienanalysen: Die Absturz-Panik der Generation Biedermeier, Rheingold-Jugendstudie 2010

Rühle, Ulrich: »… *ganz verrückt nach Musik*«. *Die Jugend großer Komponisten*, München 2004

Sacks, Oliver: *Der einarmige Pianist. Über Musik und das Gehirn*, Reinbek bei Hamburg 2008

Siefer, Werner: *Das Genie in mir. Warum Talent erlernbar ist*, Frankfurt am Main 2009

Spitzer, Manfred: *Medizin für die Bildung. Ein Weg aus der Krise*, Heidelberg 2010

Syed, Matthew: *Was heißt schon Talent? Mozart, Beckham, Federer und das Geheimnis von Spitzenleistungen*, München 2010

Timm, Adolf: *Die Gesetze des Schulerfolgs. Das Fortbildungsbuch für Eltern*, Stuttgart 2009

Thomä, Dieter: *Väter. Eine moderne Heldengeschichte*, München 2011

Tschöpe-Scheffler, Sigrid: *Konzepte der Elternbildung – eine kritische Übersicht*, Leverkusen 2006

Unverzagt, Gerlinde: *Eltern an die Macht. Warum wir es besser wissen als Lehrer, Erzieher und Psychologen*, Berlin 2010

Vinken, Barbara: *Die deutsche Mutter. Der lange Schatten eines Mythos*, München 2001

Winterhoff, Michael: *Warum unsere Kinder Tyrannen werden*, München 2008

Wößmann, Ludger: *Letzte Chance für gute Schulen. Die 12 großen Irrtümer und was wir wirklich ändern müssen*, München 2007

Zeitungsbeiträge

Erdmann, Lisa: Spielen ja, spülen nein, *Spiegel Online*, 4. 11. 2011

Horsch, Ursula, und Roth, Julia: Was im Leben wirklich zählt, *Gehirn & Geist*, Serie Kindesentwicklung Nr. 6

Haberl, Tobias. und Zerwes, Christine: »Wenn ich lange nicht übe, fühle ich mich schmutzig«, *BR-Klassik, Das Musikmagazin des Bayerischen Rundfunks*, 01/2011

Köcher, Renate: Junge Frauen – Wirklichkeit und symbolische Politik, Allensbach-Analyse, *Frankfurter Allgemeine Sonntagszeitung*, 24. 2. 2011

Ranniko, Julia: Starker Leistungsdruck. Kinder leiden vermehrt unter psychischen Problemen, *stern.de*, 12. 8. 2010

Reimann, Anna: Mythos neue Väter. Bügeln ist nicht Papas Ding, *Spiegel Online*, 7. 11. 2011

Rühle, Alex: Zwischen Patriarch und Kumpel. Ein Vätergespräch mit drei Männern der Familie Thomae über Rollenbilder, Brad Pitt und Alexander Mitscherlich, *Süddeutsche Zeitung*, 21. 5. 2009

Sandberg, Britta: »Frauen sind keine Schimpansen«. Die französische Philosophin Elisabeth Badinter über Mutterliebe und Mutterwahn, Rückschritte der feministischen Bewegung und das Streben nach dem perfekten Kind, *Spiegel Online*, 23. 8. 2010

Schultz, Tanjev: Pauken für die Volkswirtschaft, *Süddeutsche Zeitung*, 25. 1. 2010

Sußebach, Henning: Schulzeitverkürzung: Liebe Marie, *Zeit Online*, 30. 5. 2011

Thielicke, Robert: Jeder kann Weltklasse werden, *Focus Online*, 12. 4. 2009

Tokarski, Michael: Die besten Tipps. Gehirnjogging, *Hörzu Wissen*, 24. 4. 2011

Werner, Cornelia: UKE: Jedes vierte Kind ist psychisch auffällig, *Hamburger Abendblatt*, 12. 8. 2010